Les Mœurs Lége[...]

Souvenirs de M[...]

de l'Opéra

1748—1830

Avec une introduction de [...]

Louis Michaud
Éditeur à Paris
168 B.ᵈ S.ᵗ Germain

SOUVENIRS DE Mlle DUTHÉ

DE L'OPÉRA

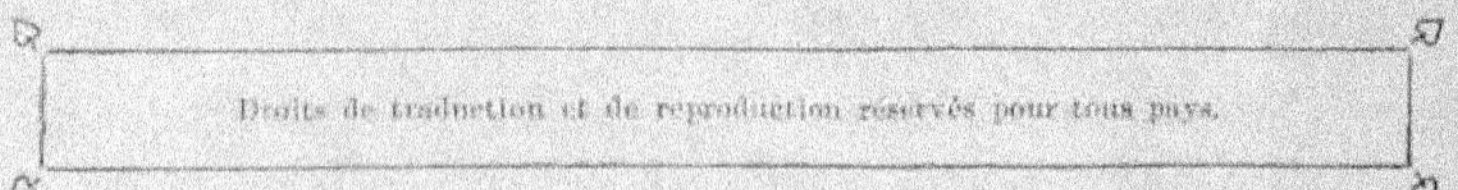

Souvenirs de Mˡˡᵉ Duthé

de l'Opéra

(1748-1830)

(par Lamothe-Langon)

AVEC INTRODUCTION ET NOTES

de

PAUL GINISTY

Illustrations et documents de l'époque.

LOUIS-MICHAUD

ÉDITEUR

168, boulevard Saint-Germain, 168

PARIS

Mlle DUTHÉ ET SON TEMPS

I

Ces frivoles Mémoires ne peuvent être précédés que de quelques pages frivoles elles-mêmes, pour rester en harmonie avec ce léger ouvrage, ajoutant quelques touches à la peinture de cette société française de la seconde partie du xviiie siècle, qui a gardé l'indestructible prestige de la grâce et de l'élégance, doublé par le contraste de sa fin tragique. Par là, par ces menus traits, par quelques accents de vérité, par quelques notes caractéristiques, ce livre n'est-il pas tout à fait vain. Et, après tout, il est assez naturel de demander l'histoire d'une époque galante à une femme dont une partie de l'existence se passa dans la galanterie, et qui doit à sa seule beauté de n'être pas complètement oubliée.

Cette époque, dont on ne peut pas ne pas garder une vision charmante, offre une foule d'aspects, par quoi elle se laisse envisager. Ce sera, ici, par son goût du plaisir, qu'elle eut, assurément, d'une façon effrénée; mais elle fut si vivante que, tout en semblant se jouer, elle trouva le moyen de faire des choses sérieuses, et, fut-ce à son insu, d'en préparer de très grandes. La plupart des noms qu'on rencontrera dans ces souvenirs, prononcés à l'occasion de quelque aventure de cœur ou des sens, de quelque folie ou même de quelque scandale, ont eu, en effet, de valables raisons de durer, et ils évoquent, au delà de ces griseries amoureuses, la bravoure, l'esprit, l'audace de pensée. Au demeurant, pour ceux des personnages figurant dans ces esquisses, qu ne furent que des épicuriens, et qui pratiquèrent la maxime de Gentil-Bernard :

Jouir est tout ; les heureux sont les sages...

l'expiation fut si rude, en un effrayant règlement de comptes, qu'elle a entraîné le pardon. L'intérêt de ces Mémoires est précisément, pour nous, dans le dramatique latent de ces croquis d'une existence de luxe, d'abandon, d'insouciance, en cette période où, selon un mot fameux, il était si doux de vivre, car il nous est malaisé de ne pas penser au terrible réveil. Une ombre se projette sur ces scènes souriantes, l'ombre du prodigieux inattendu qui devait emporter un monde.

Catherine-Rosalie Gérard, qui prit comme nom de guerre — de guerre en dentelles — le nom de Duthé, fut intimement mêlée à ce monde, et, encore qu'elle n'eût point l'esprit philosophique (bien que les philosophes eussent, eux aussi, fréquenté chez elle) elle dut ressentir l'âpre ironie de ce dénouement, en lisant, bien abritée, à l'étranger, dans les gazettes anglaises, la liste des condamnés de la justice révolutionnaire, parmi lesquels elle avait tant d'anciennes connaissances de jeunesse. Favorisés du sort étaient ses amis de jadis qui avaient disparu avant la grande tourmente, sans se douter qu'elle fût si proche !

Sa vie, jusqu'aux alentours de la Révolution, fut celle du Paris mondain d'alors, où la bonne compagnie risquait souvent de ressembler à la mauvaise, mais avec tant d'amabilité encore, de fantaisie, de gaîté vive, de crânerie que, à la distance où nous sommes, grâce aux confusions que le temps a opérées et à ce que notre imagination ajoute au tableau, cette société a, en somme, une légende sympathique. Contre cette légende, il y a bien les piquants et implacables rapports des inspecteurs de police de M. de Sartine, rapports où un roi blasé, pour qui ils étaient rédigés, trouvait encore un semblant d'amusement. Ils enlèvent un peu de ce que nous lui attribuons de poésie jusque dans l'impertinence à ce temps de l'amour; ils donnent les chiffres de bien des capitulations; ils ne montrent pas toujours les passions sous un aspect héroïque; ils révèlent les intermédiaires de rencontres galantes, ils ne se gênent même point pour dire les suites fâcheuses de quelques-unes de ces rencontres, et, à force d'être exempts de bégueulerie, ils risquent de transformer en vices de tendres faiblesses. Ces inspecteurs, d'ailleurs souvent spirituels, sont pour nous de grands destructeurs d'illusions, en éclaircissant trop ce que dit si joliment Crébillon fils : « A vous parler avec franchise, il y a bien peu d'affaires où l'on se serve du sentiment : l'occasion, la convenance, le désœuvrement les font naître presque toutes. On se dit, sans le sentir, qu'on paraît aimable; on se lie, sans se croire, et on se quitte, de peur de s'ennuyer. » Mais il faut s'aviser que ces rapports vont droit au but, qu'ils ne donnent que des faits et que, lorsqu'ils enregistrent une passade, par exemple, ils ne tiennent pas compte de ses préliminaires. Avec ce qu'il y a d'un peu brutal dans leurs notes, ils peuvent être véridiques tout en n'étant pas complètement vrais. Ils narrent l'accomplissement du désir, sans avoir fait état de la naissance et de la forme de ce désir. Ils ne vont donc pas autant qu'on le croirait d'abord contre l'image qu'il nous plaît de garder de ce siècle qui eut l'art de mettre de la politesse jusque dans le libertinage.

Mlle Duthé, qui débuta fort jeune et fut bien lancée, reçut les tributs des hommes les plus distingués par leur naissance (voire des monarques et de futurs monarques) et leur situation. Ils se la disputèrent, où elle s'accommoda pour les contenter tour à tour. Elle inspira des goûts fort déterminés ou des attachements assez prononcés. Ses relations furent généralement illustres, sauf quelques liaisons de distraction et de caprice, et quelques complaisances pour des aventuriers, du moins séduisants, ce qui donne une pointe de romanesque à sa physionomie, et la venge, devant une postérité disposée à l'indulgence, des traits satiriques des *Mémoires secrets* et des pamphlets contemporains, ne l'épargnant point. Au demeurant, on n'attaque point les indifférents, et ces traits décochés contre elle attestent sa manière d'importance. N'est pas caricaturé ni chansonné qui veut. Elle serait donc un témoin bien placé pour donner ses avis sur une époque qui n'eut rien de caché pour elle, et elle aurait quelque droit à être écoutée, elle à qui les grands de son temps apparurent, sans métaphore, en déshabillé. Par là est-elle une sorte de figure historique (il y a diverses façons d'en devenir une), tout au moins représentative des années où elle exerça son empire de jolie blonde, de « moderne Laïs », comme dit un de ses détracteurs, qui ne put peut-être pas, selon le mot de l'ancien Grec, « acheter un repentir », et qui ne lui faisait pas, en tout cas, le mauvais compliment qu'il lui pensait faire. Mlle Duthé n'eut pas l'influence d'une Laïs, mais, comme elle, elle fut aimée par des gens d'esprit, lui prêtant le leur quand elle n'en avait pas assez d'elle-même ; elle eut ses peintres et ses poètes, et on ne laissa même pas de lui dédier des ouvrages. Après tout, il n'y avait pas que le boudoir, dans son hôtel de la Chaussée-d'Antin : il y avait aussi un salon qui, d'aventure, était l'antichambre du boudoir. Quand elle l'eut, ce salon, après avoir connu des hauts et des bas, elle sentait déjà la nécessité d'un peu de mise en scène. Mais elle mena assez bien sa barque fleurie, qui résista aux orages, et elle fit même cette dernière gageure d'enterrer tous ses contemporains.

Un essai de biographie se peut justifier ; mais il faudrait qu'il fût écrit avec de la mousse, et je sens tout le ridicule qu'il y aurait à trop appuyer sur cette existence légère…

II

Les dictionnaires, qui veulent bien s'occuper de Mlle Duthé en remplaçant d'ailleurs les faits par des commentaires sur l'immoralité de son temps, comme c'est le cas du vertueux

Larousse, donnent des dates erronées de sa naissance, sans avoir l'air de se douter de l'invraisemblance que prennent par là certaines flétrissures qu'ils lui infligent sévèrement. Il n'y a plus de doute possible depuis que M. Adrien Marcel a retrouvé l'acte de vente de la maison de la Chaussée-d'Antin où se rencontrent les mêmes prénoms que ceux de l'acte de naissance de Versailles. C'est là qu'elle vit le jour, en 1748 (1). « Officier du roi » ne signifiait point militaire, et son père occupait quelque infime emploi au château. Elle y devait revenir, un jour, galamment mandée par le frère d'un souverain. Quelques années passées au couvent de Saint-Aure, dont des restes existent aujourd'hui rue Lhomond, puis elle est livrée aux soins d'une tante qui s'avise qu'elle a une fort jolie nièce, et qui lui donne des conseils analogues à ceux de la mère d'Amine dans le *Sopha* : « Je vous l'ai dit mille fois, vous êtes née trop douce... Se donner par pure indolence est un grand vice... il n'y a pas moins de ridicule à se donner par fantaisie : je ne dis pas qu'on ne se satisfasse quelquefois, à Dieu ne plaise ! mais il ne faut pas tellement se sacrifier à ses plaisirs qu'on en néglige sa fortune... Rien ne perd tant les personnes de votre condition que ces étourderies que l'on entend nommer des complaisances gratuites. » Elle profite des leçons assez vite, tout en ayant encore quelques-unes de ces « étourderies » et ne tarde pas à se former, sous l'œil vigilant de conseillères expertes. Un archevêque et un prince italien lui rendent d'abord leurs soins. Après Mgr Dillon et le prince Altieri (2), c'est la ferme générale qui entre en scène, en la personne de M. Hocquart, la ferme générale qui rend galamment à la circulation l'or

---

(1) Paroisse Saint-Louis, Versailles, 1748, 23 novembre. Acte de naissance de Catherine-Rosalie Gérard, fille de Jean-Baptiste Gérard, officier du roi et de Louise-Rosalie Caumont, son épouse, domiciliés à Versailles. — Cet acte a été découvert par M. André Foulon de Vaux. (*Intermédiaire des Chercheurs*, 1903, t. XLVI.)

(2) Je renvoie aux notes des *Souvenirs*. Il faut se garder d'alourdir de commentaires cette histoire dépourvue de gravité.

drainé par ses percepteurs. Un fermier général doit aux habitudes du temps de pourvoir au luxe d'une ou plusieurs jolies personnes, qui lèvent une contribution sérieuse sur l'administration des finances. Par là se rétablit l'équilibre. Ces « messieurs du coffre », selon le mot de la Guimard, se piquent volontiers de découvrir quelque jeune beauté, qui est le plus souvent un peu usagée déjà, et ils mettent leur gloire à la parer de tous les présents « tirés des ateliers de Plutus ».

Le fermier général, qui tient à faire honneur à sa réputation de libéralité, se ruinât-il, ce qui lui arrive parfois, tant que la source de ses revenus paraisse intarissable, semble avoir pour mission de rendre un culte somptueux à la beauté, qui ne répond pas à ce magnifique encens par la fidélité. On n'est vraiment « sur le trottoir » qu'après l'intervention du fermier général; c'est lui qui consacre une réputation naissante, c'est lui qui donne le renom. On a cent fois cité les vers satiriques de Barthe :

> Fières de vider une caisse
> Que celles qu'entretient un fermier général
> N'insultent pas, dans leur ivresse
> Celles qui n'ont qu'un duc...

Les annales de la galanterie au XVIIIe siècle associent intimement charmeresses et fermiers généraux : Ferrand et Mlle Rossignol (si Ferrand n'a commencé avec elle que par une pension modique, elle a pris sa revanche); M. de Cramoyel et Mlle Allard, qu'il fait peindre nue par Lenoir; La Borde et Mlle Guimard; M. de Villemur et Mlle Clairon; M. Bertin et Mlle Hus; Brissart et Mlle Deschamps; M. Gaulard et Mlle Adeline, qui a M. de Longuerue, officier, pour greluchon; M. Duvaucel et Mlle Minos; M. d'Épinay et Mlle Verrière l'aînée, M. d'Épinay qui se disait « le premier moteur » des amusements d'une maison devenue le temple du plaisir; M. Baudard de Saint-James et Mlle Beauvoisin; M. Dangny et Mlle Beaumenard, dite Gogo, surnom venu du personnage de la pièce de Favart, le *Coq de village*, qu'elle

avait joué à ses débuts; tous les fermiers généraux ou presque tous, et Mlle Dervieux.

Le fermier général, souvent dupé et qui ne peut guère prétendre à être aimé pour lui-même, a les mains pleines d'or
et de diamants, fait bâtir des hôtels, a parfois le goût de les
décorer avec art, installe sa conquête dans une demeure
digne de son faste (car l'opinion est là qui le guette et le
juge; et, non sans raison, elle serait sévère à une lésinerie),
édifie pour un avenir auquel il ne sera généralement point
mêlé. Il apparaît providentiellement dans la destinée de ces
ensorceleuses. Il rend aussi, par ses moyens d'action, des
services appréciables. Ainsi M. Hocquart facilite-t-il à
Mlle Duthé, encore toute jeune, son entrée à l'Opéra, comme surnuméraire, dans les chœurs. Ce n'est point la seule passion
de l'art qui la pousse vers la scène, encore qu'elle ait la voix
juste et quelques éléments de l'art de la danse, de sorte qu'elle
eût pu être aussi bien surnuméraire dans le ballet. Il fallait
bien, d'ailleurs, qu'elle eût quelques légers talents pour se
produire plus tard, sur le théâtre de la Guimard, devenue
son amie, car ces spectacles, innocents ou licencieux, du
petit théâtre de la Chaussée-d'Antin se donnaient devant des
gens de goût.

Ce qui jetait vers l'Académie royale de musique nombre
de nouvelles recrues bien protégées, c'était le privilège que
conférait le fait de lui appartenir. La fille d'Opéra, une fois
« encataloguée », n'était plus sujette à la puissance paternelle
ni à la rigueur de la police. Elle pouvait être selon le mot de
Chevrier, en 1762, « dénaturée et libertine, avec impunité ».
Elle ne dépendait plus que de l'autorité royale.

> Échue à l'Opéra par un rapt solennel
> Sa honte la dérobe au pouvoir paternel...

disent deux vers de Gilbert, dans une âpre satire. L'Opéra
était lieu d'asile.

La question est piquante. A défaut de règlements formels,
il y avait tradition bien établie; elle résultait d'ailleurs de

l'obligation pour les filles de ballets et des chœurs de faire honneur à l'engagement signé par elles et de la condition imposée aux directeurs d'avoir toujours exactement leur personnel au complet.

« Ce règlement, que je me fis expliquer, dit l'*Espion anglais* (à propos d'une affaire assez scandaleuse, la fille d'un paysan de Villiers-le-Bel, qui s'était fort émancipée, au point d'être surnommée Sapho, avait signé avec Mme de Furiel le pacte de la « secte anandryne », et qui échappait, par son inscription à l'Opéra, aux effets de l'indignation paternelle), ce règlement me parut d'abord barbare et infâme, mais, par le développement d'esprit, je vis qu'il était sinon d'une législation austère, au moins d'une politique bien entendue. En effet... à quoi servirait-il de faire rentrer sous le joug de l'honneur une fille qui s'en est affranchie une fois? Cela ne pourrait servir qu'à l'exposer aux mauvais traitements de ses parents dont toute la sévérité ne lui rendrait pas la sagesse. »

Une lettre inédite curieuse, dans son pittoresque un peu débraillé (1), va montrer quel rêve était, pour certaines, cette inscription à l'Opéra, assurant l'indépendance et l'immunité contre des sévérités menaçantes.

Le 25 juillet 1751, un ordre d'incarcération pour inconduite et scandale était lancé contre une jeune femme nommée Jeanne Dupré, dite Velvrique, sur une plainte du curé de la paroisse Saint-Germain. Il fallut quelque huit mois pour dénicher cette vierge folle, qui se cachait. L'ordre n'avait été lancé qu'après cette note de l'inspecteur de police Meusnier :

« La nommée Jeanne Velvrique, demeurante ci-devant chez le sieur Bentier, américain, rue de Seine, à l'hôtel d'Arras, et avec lequel elle vivait, n'est *ni à l'Opéra*, ni en magasin. »

On s'était donc assuré, avant tout, qu'elle n'était aucune-

---

(1) Je me suis interdit les notes dans cette préface, mais il m'est agréable de remercier M. Funck-Brentano, l'érudit conservateur de la Bibliothèque de l'Arsenal, qui m'a signalé cette lettre, et je fais exception à la règle que je me suis imposée.

ment attachée à l'Opéra. Ce n'était pas l'envie d'y être acceptée qui faisait défaut à cette petite personne, pendant sa captivité à la dure prison Saint-Martin, si incommode qu'il était déjà question de la démolir (elle ne fut remplacée, cependant, qu'en 1785), se souvenant à propos que M. le maréchal, duc de Duras n'avait pas été indifférent à sa gentillesse. La lettre, en son style fantaisiste, devient, vers son milieu, moins cérémonieuse. Entre parenthèses, Jeanne Velvrique s'abusait sur l'auteur de la dénonciation dont elle avait été l'objet et accusait à tort son « Amériquain ».

A Monseigneur le Maréchal de Duras, duc et pair de France, en son hôtel, faubourg Saint-Honoré.

Monseigneur,

Je prends la liberté de vous écrire pour implorer votre secours, étant dans un état de compassion ; jay l'honneur de vous représenter que, il y a eüe vendredy huit jours, que l'on m'a arrêtée et conduite à Saint-Martin : un nommé le sieur Jellie, exemps de robe courte, quy demeure rüe des Guenégaud, chez Pochet, chandelier du roy. C'est à ce qu'il madit, un ordre obtenu par cet ameriquain quy mentretenait quand la dame Fontaine ma fait avoir votre connaissance, quy ma toujours été présieuse. Comme vous m'a(vez) fait la grace de me promettre d'estre toujours sous votre protection, j'implore votre miséricorde à ce suget de me faire avoir ma sortie, le dit ameriquain ayant fait avoir cette ordre de M. Berger (1) du mois de juillet passé, ce quy a fait que jay été un temps caché, ou je nay osé me présenter devant vous, de crainte de ne outrer ladite personne. *Vous maviez promis, monseigneur, que vous me donneriez une lettre de recommandation pour lopéra à M. de Bernage.* Je nay pue trouver loccasion qu'une fois depuis le jour de lan où, par votre grande bonté, vous mavez accordé le pardon, où javais manqué daller à votre hotel vous assurer de mes respects, je vous demande en grace, mon cher papa, d'employer votre autorité auprès de M. Berger, pour me procurer mon élargissement. Sy vous avez conçue depuis untent de la défiance pour moy, faite le, monseigneur, par charité ; vous êtes le seul dequy jatend ma destinée. Je demeurait depuis peu chez Charle Chapelier, auprès de lopéra. Lon mapellait Jullie. Vous pouvé vous faire informer que

____

(1) Lieutenant de police.

jetait tranquille. Je languit dans la prison, dépourvüe de tout
secours ; je me jete aux jenoux de votre miséricorde pour implorer
votre secour et de quelque bièn fait de votre part. Sur l'ordre de
lameriquain l'on me nomait Jeanne Velvrique de la paroisse Saint-
Gervais, je suis, avec un profond respect de vous, monseigneur, la
fidelle servante.

DUPRÉ.

(Bibl. de l'Arsenal, *Archives de la Bastille*, ms. 11727, f. 152-153)

Cette lettre est typique au point de vue des avantages de
sécurité concédés par l'usage au personnel de l'Opéra. Presque toutes les belles « nymphes », comme on disait mytho-
logiquement, les Dervieux, les Cléophile, les Tacite, les
Sarron, les Leclerc, seront encataloguées comme chanteuses
ou danseuses.

Voici donc Mlle Duthé « espalier d'opéra ». En cette année
1766, l'Opéra est depuis deux ans, depuis l'incendie de la
salle du Palais-Royal, installé dans la salle des Tuileries,
aménagée par Soufflot et Gabriel, qui ont eu la préoccupation
d'assurer aux titulaires des loges des dispositions analogues
aux loges qu'ils avaient quittées par force. Les spectateurs
sont d'ailleurs plus à l'aise dans cette salle, peinte en vert
clair avec des ornements en or « assez artificieusement exé-
cutés pour rendre tout l'effet du relief ». Le rideau est un fond
damassé « relatif au coloris général », sur lequel est un
chiffre royal en or.

Le *Mercure* a loué l'œuvre des architectes, qui ont amé-
nagé trois rangs de loges et un vaste amphithéâtre, et a
avancé que, si le public devait revenir au Palais-Royal, il ne
supporterait plus les inconvénients qu'il avait acceptés. Mais
Bachaumont a reproché au parterre d'être trop élevé pour le
théâtre, aux premières loges de n'être pas assez cintrées, au
« paradis » d'être si reculé qu'on y est vraiment dans un
autre monde, et il s'est étonné de tant de fautes commises
par des hommes de talents supérieurs.

Voici l'état administratif et artistique de l'Opéra à cette
époque, dans son état-major du moins :

OPÉRA

ÉTAT DES PERSONNES

qui composent l'Académie Royale de musique.

DIRECTEURS

MM. Rebel et Francœur, Chevaliers de l'Ordre du Roi, Surintendants de la Musique, à l'Hôtel de l'Académie, rue Saint-Nicaise.

SECRÉTAIRE PERPÉTUEL

et Inspecteur breveté du Roi.

M. Joliveau, l'aîné, à l'Académie Royale de Musique, rue Saint-Nicaise.

ÉCOLE DE CHANT

MM.

Levasseur, maître de chant, à l'Académie.

Mapotin, maître de musique, rue Saint-Honoré, près la rue des Frondeurs.

Parant, accompagnateur de clavecin.

Simonneau, accordeur de clavecin.

Durand, copiste de musique.

ÉCOLE DE DANSE

MM.

Hiacynthe, maître de danse, à la Villeneuve, près la rue des Filles-Dieu.

Paris, violon pour les répétitions.

ACTEURS CHANTANT

Rôles.

Basses—Tailles.

MM.

Gelin, rue Saint-Roch.

Larrivée, rue et près la porte Saint-Honoré.

Durand, rue Saint-Honoré, à côté de la rue des Poulies.

Cassaignade, rue Traverserie, hôtel des Trois Milords, quartier Saint-Honoré.

HAUTES-CONTRES

MM.

Pillot, rue Saint-Honoré, près le Palais-Royal.

Muguet, rue Fromenteau.

Legros, rue d'Argenteuil.

Dupar, rue Saint-Honoré, près le Palais-Royal.

Firot.

ACTRICES CHANTANTES

Mesdemoiselles
Chevalier, rue Sainte-Anne.
Larrivée, rue Saint-Honoré.
Dubois, rue de Richelieu.
Arnould, rue du Dauphin.
Rivier, rue du Champ-Fleuri.
Rozet, rue Feydeau.
Dubrieulle, rue Saint-Honoré, près Saint-Roch.
Duplant, rue Coquillière, vis-à-vis la rue des Vieux-Augustins.

DANSE

Compositeur et Maître des Ballets.

M. Lany, place du Palais-Royal.

DANSEURS SEULS

MM.
Lany.
Vestris, en survivance de maître de ballets.
Laval, adjoint au maître des ballets.
Lyonnois.

DANSEURS SEULS ET EN DOUBLE

MM.

Gardel.   Dauberval.

DANSEUSES SEULES

Mesdemoiselles
Gélin, rue Saint-Roch.
Lyonnois, rue...
Vestris, rue Saint-Honoré.
Allard, rue Sainte-Anne.

DANSEUSES SEULES ET EN DOUBLE

Mesdemoiselles
Guimard.   Pettin.

A quoi il est peut-être amusant de joindre le personnel des employés :

PRÉPOSÉS

Contrôleurs, commis et employés pour le service de l'Académie.

MM.
Girault, machiniste.
Boquet, dessinateur des habits et entrepreneur des peintures des décorations.

MADEMOISELLE DUTHÉ, *par Perin* (Musée de Reims).

Bourbon, garde-magazin général et chargé du détail de la caisse.

Delaistre, maître tailleur d'habits.

A L'OPÉRA

MM.

Dupleffis, inspecteur de tous les commis de la salle et contrôleur à l'entrée dans la Cour des Suisses.

De la Porte, receveur au bureau des balcons, amphithéâtre et loges dans la Cour des Suisses.

Joliveau cadet, receveur au bureau du parterre et du paradis dans la Cour des Suisses.

Assolin, chargé de recevoir des billets et de recevoir les contre-marques à l'entrée dans la Cour des Suisses.

Lefevre, contrôleur à l'entrée, par la Galerie du côté du Jardin.

Bertrand, receveur au Bureau général par la Galerie.

Beaulieu, chargé de recevoir les billets et de donner les contre-marques à l'entrée par la Galerie.

Bourque, chargé du recouvrement des loyers des loges louées à l'année, contrôleur des places dans la salle et receveur au bureau intérieur des suppléments.

Leloutre, pour placer à l'amphithéâtre.

La demoiselle Leloutre La demoiselle Dun	Aux balcons et aux premières loges.
La demoiselle Morizot La demoiselle Houbaut	Aux secondes loges.
Le sieur Boutellier La demoiselle Bulle La demoiselle Brochard Chamberry	Aux loges louées à l'année dans partie du théâtre.
Saint-Jean Domaine Waguier	Avertisseurs et postiers aux différentes entrées du théâtre.

Il faut s'adresser pour louer des loges, soit pour les représentations d'opéra, ou pour les bals, chez M. De la Porte, marchand-parfumeur, rue Saint-Honoré, vis-à-vis des Quinze-Vingts.

GARDE DE L'OPÉRA

La garde de l'Opéra est composée de soixante hommes du régiment des gardes françoises, y compris deux sergents et quatre caporaux. Elle est commandée par MM. La Garenne et Deschamps, sergents-majors. Pour les jours de bal, elle est augmentée de quarante hommes.

Les critiques ne manquent point, alors ; il ne semble pas qu'elles aient jamais manqué à l'Opéra. Elles sont formulées d'une façon assez piquante dans la *Correspondance secrète entre milord All'Eye et milord All'Ear*. Elles portent sur « l'impéritie des chefs », sur l'insuffisance du répertoire, sur l'abus des congés donnés aux premiers sujets, « de sorte que le spectacle est souvent dénué de ses supports », sur les distributions de rôles faites selon la protection plus que le mérite, sur l'inaction et l'engourdissement dans lesquels on laisse les talents, sur les excès de dépenses. On retrouve ces doléances à d'autres époques, mais milord All'Eye s'indigne que l'Opéra, au lieu d'être une grande école d'art, soit surtout « une école de galanterie et de luxure », qu'il serve « de réceptacle à l'impudicité, à l'adultère, à la prostitution, à la crapule la plus honteuse » et qu'il soit « l'asyle de toutes les turpitudes ». Les lettres de milord All'Eye n'ont point toujours ce ton d'indignation et on sait qu'il s'arrête avec complaisance à la description de ces « turpitudes ». Il est sévère, car une scène qui compte à la fois Sophie Arnould, la Guimard, Legros, le fameux Vestris ne semble pas tant en décadence.

III

Voici Mlle Duthé pourvue d'un protecteur sérieux et inscrite à l'Opéra. La fortune lui sourit. Il ne saurait déplaire qu'elle la compromette par un petit roman de cœur avec le beau Létorière, qui a si bien abusé Eugène Sue par sa gentillesse, par son surnom de Létorière-le-Charmant. La légende, née sous la plume de l'auteur des *Souvenirs de la marquise de Créquy*, est celle d'un cavalier véritablement irrésistible, qui meurt héroïquement après une vie consacrée à l'amour. Jouvenceau encore, il a tant de grâce qu'un cocher de fiacre, par un jour de pluie, veut absolument véhiculer gratis « un joli seigneur comme lui », tout désargenté qu'il soit. Son tailleur n'ose point lui réclamer d'argent, et la femme du tailleur, qui s'indigne de la magnanimité de son mari vient, elle-même, présenter son mémoire ; non seulement elle n'en sollicite point le payement, mais elle laisse discrètement, sur la cheminée, une poignée de louis. Pouvait-on tourmenter un si ravissant jeune homme, qui était en train de jouer de la guitare? M. de Létorière se promène dans les jardins de Versailles ; le roi l'aperçoit de sa fenêtre et demande au conseiller Chérin quel est ce galant. — « Un petit gentilhomme du Poitou, répond M. Chérin, mais qui aurait de la peine à monter dans les carrosses du roi, parce que ses preuves ne sont pas tout à fait... — Je permets qu'il me soit présenté sous le titre de vicomte, dit Louis XV. » Il gagne ses procès, rien qu'en se montrant à ses juges et surtout aux femmes de ses juges. Il a les plus brillants duels du monde ; il est la coqueluche de Paris, et il prend fantaisie au public de l'applaudir quand il paraît dans sa loge, à l'Opéra, dans son habit moiré de couleur paille, l'aiguillette vert et or sur l'épaule, avec une agrafe d'émeraude...

Au fait, M. de Létorière est un joli homme qui coûte cher aux femmes. Cet officier aux gardes-françaises qui n'est point gêné par les scrupules, ne laisse pas de tirer parti des passions qu'il inspire ; il reste des traces de sa brouille avec une demoiselle Caroline, ayant cessé d'être sous le charme et s'avisant qu'il lui a mangé tout ce qu'elle devait à la libéralité du comte de La Marche. Les demoiselles Le Riche et le Baile perdent aussi avec lui ce qu'elles ont gagné avec M. de Lowendal, et on ne peut dire qu'il ne leur laisse que leur chemise, puisque c'est leur chemise qu'il a commencé par leur ôter. Mais enfin, il faut bien qu'il soit aimable, et il y a un moment où Mlle Duthé est un peu Manon — Manon dans le temps qu'elle rompt sans ménagement avec son premier entreteneur. Mais Létorière n'a point le robuste attachement de Des Grieux, et il s'accommode plus nettement que lui des nécessités. Il pourvoiera même à se donner un successeur, et c'est une petite comédie d'une fringante immoralité.

Les *Souvenirs* ne disent pas tout ; peut-être brodent-ils

complaisamment, en de certains points. Ils pêchent, en d'autres, par abstention. Au demeurant, qui se chargerait de donner une liste complète de ceux qui furent les intimes amis d'une femme qui eut plus de vingt ans de grande mode? Mais les heures difficiles, avant cette furieuse faveur, paraissent ne pas lui avoir manqué. Elle n'a point alors, avec la vivacité de son tempérament, la prudence qu'elle montrera plus tard, et ce vernis que lui donnera le commerce des gens de qualité et d'esprit. Elle ne laisse pas d'être embarrassée, et une note de l'inspecteur Marais, qui connaît sur le bout du doigt son personnel de la galanterie, constate « qu'elle a dû emprunter un écu de six louis pour aller aux Italiens ». Et il ajoute, en connaisseur : « C'est pourtant une très jolie fille. » Cet argus qu'est Marais, flairant une destinée brillante, suit volontiers Rosalie Duthé dans ses tentatives d'ascension. Il enregistre une brève liaison avec M. de Hautefort. Une amie, Mlle La Croix, qui est la maîtresse du comte de Duras, lui fait faire la connaissance du marquis de Duras, frère du comte. Le marquis s'éprend d'elle. Il a sa petite maison à Montrouge et ce sont là des parties carrées, d'ailleurs sans faste. Les deux frères sont fort unis, et font, à frais communs la dépense d'une loge à l'Opéra, mais d'une petite loge, « pour y jouir tout à leur aise des talents de leurs maitresses », ce qui indique que Mlle Duthé paraît tout au moins quelquefois sur la scène. Mais le marquis de Duras « la laisse mourir de faim », et elle s'endette de plus en plus avec lui. Il est plus tendre que prodigue, et Mlle Duthé se décide à reprendre sa liberté.

Il semble que cette rupture ait été sensible à M. de Duras, car il aime Mlle Duthé « à la fureur », et il « tente l'impossible » pour renouer avec elle. Mais un sieur Toquiny, moins séduisant et plus magnifique, ne s'affichant point d'ailleurs, et se contentant des visites secrètes, s'est présenté et a été le bienvenu.

Un événement va d'ailleurs survenir qui tournera la curiosité de Paris vers cette débutante, encore tâtonnante. Au xviiᵉ siécle, il n'y a point de batailleuse de l'amour sans une femme expérimentée auprès d'elle, qui lui sert de mére. Une certaine Duval a commencé à tenir cet emploi auprès de Rosalie Duthé. Une autre joue ce rôle à présent : sans doute est-ce elle qui a découvert le sieur Toquiny. Mais elle a plus d'ambition, et elle fait un coup d'éclat. D'anciennes relations de pourvoyeuse avec le duc d'Orléans lui inspirent une idée qui est, à son point de vue, une manière d'idée de génie. Il s'agit de l'éducation amoureuse du fils de ce prince, le jeune duc de Chartres. Cette matrone circonvient le duc d'Orléans, orne de qualités toutes neuves sa pupille, la rajeunit encore... Et l'on voit, un matin, sortir le duc de Chartres, en chaise à porteurs, de chez Mⁱˡᵉ Duthé. « Lorsque l'éducation du duc de Chartres fut terminée, écrit Mᵐᵉ de Genlis, qui ne se voulut étonner que sur le tard de ces mœurs, le premier soin paternel de M. le duc d'Orléans, fut de lui donner une maîtresse, qu'une exécrable créature lui vendit comme toute neuve; c'était la fameuse Mⁱˡᵉ Duthé qui, depuis, ruina mon beau-frère et tant d'autres. M. le duc d'Orléans se vantait de cette action comme d'une précaution fort prudente pour la santé de son fils. » Mais l'ironique Marais riait sous cape, et notait que « la demoiselle Alcmène » était de complexion telle que Jupiter n'était pas, avec elle, si fort assuré de toute immunité. Il se servait même de mots un peu plus libres.

On trouvera dans les *Souvenirs* un portrait du duc de Chartres, qui avait bien profité des leçons : les Mémoires contemporains ne flattent pas, certes, le futur Égalité, les inspecteurs de police ne l'épargnent point non plus et savent ce qui se passe de scandaleux dans les fêtes de Monceaux. « Il fallait du courage pour l'aimer, de la générosité pour le défendre, a dit Talleyrand, parlant du temps de sa première jeunesse... Si seulement il eût été vraiment amoureux... Effréné dans ses goûts, se faisant des plaisirs un rempart contre l'amour même, il commença par l'abus de tout, et n'eut de constance que dans les excès. »

Le duc de Chartres devait revoir parfois Mlle Duthé, et les soupers de Monceaux la comptèrent parmi les convives, bien que le prince, oubliant la reconnaissance qu'il devait à son initiatrice, eût d'assez acides plaisanteries sur « le thé vert », allusion assez malaisée à expliquer convenablement par une des accusations les plus répandues du temps, les plus prodiguées, même aventureusement, et à laquelle il n'était guère personne qui échappât.

L'aventure fit du bruit, semble en avoir fait longtemps. Le continuateur de Bachaumont ne laisse pas de revenir plusieurs fois sur cette liaison, et, près de dix ans après, Sophie Arnould, écrivant au duc d'Orléans pour lui demander l'autorisation de tirer un feu d'artifice au Palais-Royal, ne manquera pas de rappeler « que le théâtre lyrique semble avoir été plus spécialement que les autres dévoué aux amusements de son illustre maison », et, après avoir fait une allusion fort peu discrète aux amours mêmes du prince, évoque celles de son fils, le duc de Chartres. « Nous n'oublierons pas non plus qu'une troisième d'entre nous a fait goûter à un prince qui vous est cher, votre fils unique, les prémices du plaisir ; que vous en avez félicité le jeune athlète dans la carrière de l'amour... »

Le sort réservait à Rosalie Duthé, plus tard, d'avoir d'autres écoliers illustres, comme le jeune duc de Bourbon.

L'heure de la vogue était venue. Elle semble mettre dès lors un choix assez délicat dans ses relations, si elle accepte les hommages du gros traitant Colin qui, après sa banqueroute, est remplacé par un négociant de Bordeaux, M. Armès, ravi d'être introduit dans une société élégante et raffinée, et disposé à payer cet honneur du prix qu'il faudra le payer. Mlle Duthé demeure dès lors rue Saint-Pierre-Montmartre, dont une partie de la rue Paul-Lelong occupe aujourd'hui l'emplacement. Lauzun y avait une maison et mit ce voisinage à profit ; c'était un de ces hommes qu'il y avait coquetterie à avoir ; il y eut caprice de part et d'autre.

Le logis devait être agréable. M. Armès était flatté d'être

l'amphytrion à des soupers qui réunissaient MM. d'Escars, de Fitz-James, de Roye, de Louvois (celui-ci s'imposant parfois), de Buzançois. On l'imagine heureux de frotter sa roture dorée à toute cette gentilhommerie, faisant mine de comprendre toute la finesse des plaisanteries, un peu rabroué, peut-être, mais voyant là des marques de familiarité qui l'honorent de la part de cette jeune noblesse, moqué et, naturellement, trompé à souhait. M. de Buzançois, qui était tout jeune, le supplanta même un moment, mais il avait compté sans les dépenses qu'impliquait la situation qu'il avait voulu prendre en titre (bien que marié de la veille); il battit en retraite, se contenta à nouveau de l'emploi de « greluchon », et M. Armès, qui suppliait pour être repris, rentra quelque temps en grâce.

Plus tard, à une compagnie brillante, sur ce terrain neutre de la maison d'une jolie femme, se mêlent les gens de lettres et les philosophes, Diderot, « ce volcan », qui n'est jamais plus à l'aise, avec sa prodigalité de conversation, que parmi des comédiennes ou des affranchies de tout préjugé, Gentil-Bernard qui ne peut se résoudre à vieillir et qui vient de Choisy à Paris, puisque Paris ne vient plus à Choisy, Gentil-Bernard, professeur de l'art d'aimer (on a découvert, depuis peu, qu'il était surtout ardent en paroles), qu'attend une fin lamentablement ironique; Colardeau, que Diderot compare à un tiercelet d'épervier, mais dont l'air mélancolique ne déplaît pas aux femmes, et qui est mal guéri d'une grande passion pour Mlle Verrières l'aînée, passion qui étonne en ce temps d'amours frivoles; Dorat, l'ami de Colardeau, d'humeur plus insouciante, qui risque de longues inimitiés pour de petits vers satiriques, et qui sera aussi détesté de certaines qu'il a été aimé d'autres; Marmontel, qui va partout où peut lui tomber une aubaine, de quelque nature qu'elle soit; Palissot, qui selon une note de Grimm, aura, pour sa comédie des *Courtisanes*, les suffrages de Sophie Arnould, de Mlles Duthé, Raucourt, Dervieux, affectant de donner le signal des applaudissements; Barthe, qui aimait tant lire sa pièce,

L'Homme personnel, qu'il la lisait jusqu'à un moribond, déjà entré en agonie.

C'était, en somme, un salon. Mlle Duthé, qui donnait à aimer, donnait aussi à causer. Elle avait ses diners du samedi, où on retrouvait ses intimes Mlles Le Clerc, Beauvoisin, Grandville, des Mays, Blondeval, où elle avait même ses parasites, comme le chevalier de Menou, un parasite qui n'était point tout à fait inoffensif, car, s'il se mêlait à une partie de jeu, un merveilleux hasard faisait toujours qu'il gagnait, — avec réserve d'ailleurs, juste ce qu'il lui fallait pour vivre. En ces diners, auxquels ne manque guère M. de Sennetaire, qui trouve toujours le moyen d'accompagner jusque chez elle une des femmes présentes, on engage entre voisins de table, quelque commerce galant, on échange mille propos vifs, on raconte mille histoires, on commente les événements du jour, on s'attendrit volontiers sur des histoires sentimentales, car, après tout, il y en a dans ce monde voué au plaisir, comme celle de Mlle Gernancé ne pouvant supporter l'abandon de son amant, M. de Flammanville, officier aux gardes, et cherchant à s'empoisonner avec de l'opium, ou celle, beaucoup plus étonnante, de Mlle Siam, vendant ses diamants pour empêcher l'arrestation du prince Guttoscki, se trouvant en fâcheuse posture. On sacrifie au jeu à la mode, qui est de mystifier Poinsinet, ce petit Poinsinet qui a de l'esprit, parfois, quand il écrit, et qui est la dupe la plus tentante à duper, par son étonnante crédulité. Le goût des mystifications commence, qui reprendra avec fureur dans les toutes dernières années du siècle, et l'on ne laisse pas de s'entretenir de celles qu'excelle à faire M. Goy, qu'on appelle aussi milord Ghors, parce qu'il contrefait l'anglais à merveille. On rit aux larmes de sa dernière, qui est un peu bien cavalière. Mme de Crussol avait grande envie de connaître M. Goy : une amie lui promit de la faire diner avec lui, et qu'il la mystifierait, sans qu'elle fut prévenue. « — Oh ! pour cela ! dit Mme de Crussol, je serai sur la défensive ! — Nous verrons ! » Le jour du dîner arrive : M. Goy se fait attendre. Enfin une lettre de lui arrive : il s'excuse de ne pouvoir venir. Quel contretemps! Mme de Crussol était placée à côté d'un vieux médecin hollandais qu'elle voyait pour la première ois. En l'absence du boute-en-train dont on avait espéré la présence, le dîner était morose; Mme de Crussol se mit à parler au docteur de ses maux, et se fit peu à peu donner une vraie consultation. Le savant hollandais était d'une inépuisable obligeance. Le dîner fini, il offrit même à Mme de Crussol de l'examiner plus consciencieusement. Elle passe avec lui dans une pièce voisine, et « comme le droit des médecins est de visiter au doigt et à l'œil », il s'acquitte de sa fonction, et reçoit des aveux qu'on ne fait qu'au docteur ou au confesseur. Puis on rentre au salon, et le Hollandais change soudain de ton, disant tout haut qu'il vient d'avoir le bonheur d'apercevoir des merveilles : le prétendu docteur n'était autre que M. Goy, qui avait tenu sa promesse de mystifier la dame. Celle-ci se fâcha, et M. Goy paya la plaisanterie d'une détention de quelques jours.

On raconte quelque aventure où la Gourdan, « la petite comtesse », a sa part, car, parmi les convives, qui ne connait point la célèbre entremetteuse de la rue des Deux-Portes-Saint-Sauveur, la « première abbesse de Paris », qui a des relations si étendues? On la plaint, si quelque éclat, malgré sa prudence, risque d'interrompre sa carrière, mais on sait bien qu'elle a assez de protections intéressées et d'entregent pour se tirer des plus mauvais pas. Soit en amateur, soit en chercheur blasé de secrets d'amour, soit en associée d'un moment, soit en solliciteuse, en une heure d'embarras, qui, homme ou femme, n'a pas eu recours à ses bons offices?

Ou bien l'on parle, avec un reste de surprise, de cette jolie fille, à qui, même dans ce milieu, on reprochait d'être trop facile, la petite L'Ange, qui venait parfois s'asseoir à la table, mais à la dernière place, et qui est aujourd'hui Mme du Barry, déjà installée à Versailles, en passe d'être présentée, et dont la prodigieuse fortune ne s'arrêtera plus...

« Chut! dit le gazetier Marin, à la fois loquace et prudent.

avec son fort accent provençal, songez plutôt, Mesdames, que tous les espoirs vous sont désormais permis... »

Les propos deviennent lestes, si quelque grâce spirituelle excuse parfois leur licence : le siècle n'a plus guère qu'une politesse extérieure. Du moins une « belle impure » (le mot est d'époque), même lorsqu'elle fait sans mystère commerce de ses charmes, reflète-t-elle volontiers, aux heures de liberté, le ton, les goûts, les curiosités de la société véritable.

A défaut d'un roi de France, le jeune roi Christian VII de Danemark qui vient faire visite à Louis XV et séjourne ensuite quelque temps à Paris, est fort circonvenu. On loue beaucoup dans les complaisantes relations de son voyage, son désir de s'instruire, l'intérêt qu'il porte à tout ce qui est nouveau pour lui, son attention éclairée dans l'examen des travaux des manufactures, l'à-propos de ses réponses aux compliments des académiciens, qui tiennent séance en son auguste présence, ses mots, qui vont au cœur du peuple, dont la badauderie est ravie, voire ses malices. Comme, sur la route de Fontainebleau, on l'acclame, même sans le voir, il met la tête à la portière de son carrosse et répond aux cris de : Vive le roi : « Mes enfants, je viens de le voir, il se porte bien ! » Mais l'histoire officielle ne fait pas mention de toutes les façons dont il s'instruit. Mlle Duthé est de celles qui concourent à donner à ce prince scandinave, un peu trop vanté déjà et qui devait faire pauvre figure dans les annales de son royaume, une idée parfaite de toutes les distractions de Paris. Au demeurant, il a un peu trahi la bonne opinion qu'on avait de lui, et l'une de celles qui lui ont tenu compagnie aura quelques raisons de dire que des rois ne donnent pas toujours l'impression de la toute-puissance. Christian VII a auprès de lui son médecin, dont les services discrets lui sont souvent utiles ; ce médecin est un assez bel homme, dont personne alors ne retient le nom : il s'appelle Struensee. Deux ans plus tard, Struensee sera le ministre omnipotent du Danemark, gouvernera libéralement au nom de son souverain, vite tombé dans une sorte d'imbécillité, sera aimé de la reine Mathilde, ayant l'horreur et le dégoût de son époux; quatre ans plus tard, victime d'une conjuration de palais, il périra sur l'échafaud...

M. Armès a été ravi un moment à Rosalie Duthé par Mlle Dervieux, qui songe déjà à son hôtel de la rue Chantereine et qui l'a joint à la troupe illustre de ses adorateurs contribuant à le construire, mais le négociant bordelais revient, tôt repentant, rue Saint-Pierre, et il expiera cette fugue par le don de diamants et celui d'un carrosse. Ce sont les éternelles petites comédies : M. Armès se persuadera qu'il a été un grand ingrat de ne pas se laisser bafouer, implorera son pardon de s'être aperçu, à la fin, qu'il était outrageusement trahi, se laissera prendre à quelques larmes feintes, s'enorgueillira de la tendresse dont il se croit l'objet, et à peine est-il réinstallé que ce sera lui qui subira les plus amers reproches, s'il ose hasarder quelques réflexions sur les assiduités du chevalier de Clermont, attaché au duc d'Orléans, ou sur les trop fréquentes visites que Mlle Duthé fait, rue Saint-Avoye, au duc de la Trémoïlle. Il faudra longtemps avant que les yeux de cet autre Turcaret se dessillent complètement et qu'il retourne à Bordeaux, un peu étrillé, mais où, en passant sous silence ses mésaventures, il se pourra donner le prestige d'un homme à grandes bonnes fortunes.

On comprendra qu'il serait téméraire autant que vain de prétendre donner une chronologie minutieusement exacte de ces liaisons de Mlle Duthé; au reste quelques-uns de ses amis se retrouveront à différentes époques ayant, à ce qu'il semble, gardé d'heureux souvenirs ; il ne s'agit ici que d'évoquer, par quelques traits significatifs, une clientèle galante.

Faut-il croire que, en 1770, elle eut la fantaisie de se mêler presque de politique, en allant trouver Choiseul, déjà menacé par le parti qui obtint sa chute, en se piquant de lui pouvoir rendre des services? Le comte Jean du Barry, qu'elle rencontrait chez ses amies, ne se gênait point pour parler des

complots ourdis contre le ministre. Y avait-il, de la part de
Mlle Duthé quelque désir de jouer un rôle, puisque la petite
L'Ange en jouait bien un, et considérable, à présent. Était-ce
(car tout est possible chez une femme) entraînement généreux,
vanité de se donner quelque importance à ses yeux ? Ce n'était
point, en tout cas, la galanterie qui la menait chez Choiseul,
non à Versailles, mais en son hôtel de la rue de la Grange-
Batelière : l'homme d'État, s'il avait grand air, était fort
laid. Il eut en cette circonstance l'esprit qu'il fallait avoir ; le
ministre éconduisit cette alliée volontaire, un peu trop
neuve sans doute en matière d'intrigues autour d'un porte-
feuille, mais il eut les plus aimables attentions pour la jolie
femme.

« Mais monseigneur, dit Mlle Duthé, j'étais venue pour
faire de la diplomatie.

— Et moi, dit Choiseul, je ne voudrais pas partir sans
avoir fait un peu de l'amour. »

Le lendemain, Mlle Duthé recevait un cabaret de porce-
laine de Sèvres à six services : dans chacun d'eux il y avait
un bijou de prix, et, par une délicatesse de vrai grand seigneur, ne voulant point paraître rémunérer une démarche
qui avait été désintéressée, le cabaret était plein de pièces
d'or étrangères, pouvant, s'il plaisait qu'on le comprît ainsi,
passer pour des curiosités.

Les Mémoires contemporains ne laissent pas de décocher
des flèches acérées contre Mlle Duthé, en l'atteignant dans
sa beauté même. « Une blonde fadasse, une figure mouton-
nière, qui n'annonce aucune pétulance », dit le successeur
de Bachaumont. « Une beauté froide et muette qui n'inspire
rien », dit de son côté l'*Espion anglais*... il y a beaucoup plus
de vanité que d'autre sentiment de la part de ceux qui se
disputent ses faveurs... » Mais ces assertions peuvent être
entachées de partialité, elles peuvent avoir été inspirées dans
un camp rival. L'inspecteur Marais, bon juge, la déclare
« une des plus belles filles de Paris, grande, très bien faite,
fort blanche, la figure la plus aimable, une très belle che-

velure (1) ». Contre ces médisances, il y a surtout le témoignage de ses portraits, s'il ne suffit pas de la liste de ses admirateurs, gens de goût délicat ; il y a même la conversion de ses détracteurs.

Ce fut le cas du marquis de Sillery-Genlis, qui se prit de passion pour Mlle Duthé, jusqu'à la folie, et c'en était bien une que d'éprouver, à propos d'elle, les pires tourments de la jalousie. Le marquis de Genlis faisait profession de scepticisme, et, depuis qu'il avait rompu avec Mlle Danozanges, dont il avait meublé la maison de la rue de l'Arbre-Sec, il se piquait de garder sa liberté, de ne se plaire qu'à des passades, et il raillait ceux qui se laissent prendre en des filets. Il criblait notamment d'épigrammes Mlle Duthé et acceptait volontiers la légende qui la représentait comme assez pauvre d'esprit. Il ne se laissa pas moins « enferrer de la première force », dit Marais, et Mlle Duthé « lui fit payer cher le ton avantageux qu'il avait pris dans le passé. »

Le marquis de Sillery-Genlis était le beau-frère de Mme de Genlis : elle a tracé de lui ce portrait, et l'on sait qu'en dépit de ses leçons de morale, elle savait au moins distinguer une agréable figure d'homme : « Le marquis avait une belle taille, ainsi que son frère, mais il se tenait mieux, et je n'ai jamais vu de tournure plus noble, plus leste et plus élégante... Ses traits étaient beaux et l'ensemble de sa figure séduisant. Rien ne décelait chez lui le goût de la licence : il avait le ton le plus décent. Ses plaisanteries étaient toujours fines, mesurées et délicates. Il a passé pour un esprit supérieur : c'est ce qu'il n'avait pas ; il n'avait que des saillies et un grand usage du monde, mais il mêlait à tout une nuance d'ironie et un très léger persiflage qu'il mit à la mode, mais que personne n'a su employer avec autant de grâce ; cette manière n'avait en lui rien d'offensant ; c'était son genre de gaîté, la méchanceté ne s'y mêlait jamais ; ce ton moqueur le rendait piquant... »

----

(1) *Bibl. nat.* Ms. fr. 11360.

Au demeurant, parfaitement écervelé. Mais toute sa frivolité ne devait pas l'empêcher d'être épris à la fureur de Mlle Duthé, qui le laissa se ruiner, mais qui lui rendit assurément quelque tendresse, autant qu'il était en elle d'en donner.

M. de Genlis avait galamment commencé sa carrière. Le sort l'avait comblé : à quinze ans, il avait hérité d'une des plus belles terres du royaume, et M. de Puisieux, son tuteur, très aimé du roi, l'avait fait faire colonel. M. de Puisieux le dirigeait vers une grande carrière militaire et vers un grand mariage. Mais à dix-sept ans, M. de Genlis s'était déjà livré à toutes les extravagances. Un peu plus tard, il perdait au jeu, en une nuit, cinq cent mille livres contre le baron de Vioménil. M. de Puisieux se fâcha, cette fois, obtint une lettre de cachet et fit enfermer le jeune colonel au château de Saumur, où il resta cinq ans, « une année par chaque cent mille francs ».

Il ne sortit du château de Saumur qu'avec un goût plus vif pour le plaisir dont il avait été longtemps privé, et le mariage qu'on lui avait fait contracter n'était pas pour le guérir beaucoup ; il avait d'ailleurs prévenu sa femme qu'il ne fallait promettre que ce qu'on pouvait donner et c'est pourquoi il ne lui promettait que l'attachement dont il était susceptible. Ce fut, un peu plus tard, un ménage d'amis, tout au moins. Il fut bien aise que la marquise lui dit un jour, au Vauxhall où elle apercevait Mlle Duthé, que sa maîtresse était jolie. Au Longchamps de 1772, la voiture à l'anglaise de Mlle Duthé, livrée rouge galonnée d'argent, six chevaux « bien élégants et bien pomponnés », suivait immédiatement, par un hasard qui ne laissa pas d'être remarqué, le carrosse de la marquise de Genlis.

M. de Genlis était devenu si ombrageux, en ce qui concernait Mlle Duthé qu'il demandait à Marais des « observateurs » qui lui rendissent compte de sa conduite. Il arriva à ce frivole marquis de se rendre importun, en devenant sérieux, et les « entresols » de la rue des Bons-Enfants où il avait donné tant de soupers galants ne virent plus celle qui s'était d'abord presque attendrie de sa jalousie, et à qui elle devenait fatigante. Il est vrai que M. de Genlis avait fait de si grandes dépenses qu'il était à bout. Il semble cependant, que Rosalie Duthé mit quelque ménagement dans la rupture et une manière de loyauté qui n'en était pas moins cruelle. Elle lui donnait pour successeur un fastueux Anglais, milord Eggremont, qui la mit en goût pour les étrangers de qualité.

Un autre fervent de Mlle Duthé, ce fut M. de Durfort, liaison dont une chanson, sur l'air *Si le roi m'avait donné...* a consacré le souvenir. Cette chanson faisait plaisamment allusion à de notables mariages de la main gauche.

> Bouillon est preux et vaillant
> Il aime *Laguerre!*
> A tout autre amusement
> Son cœur la préfère,
> ... A Durfort, il faut *Duthé*
> C'est sa fantaisie,
> Soubise, moins dégoûté
> Aime *La Prairie...*

Mlle Laguerre, qui a laissé sa légende de bacchante, figure ronde et vermeille, — vermeille comme le vin pour lequel elle avait un goût décidé — avait mené loin le duc de Bouillon, qui avait mangé pour elle près d'un million en trois mois. Mlle La Prairie figurait dans le sérail du prince de Soubise.

M. de Durfort paraît avoir marqué aussi dans l'existence de Mlle Duthé; ils eurent certainement du goût l'un pour l'autre, un goût qui dura à travers mille infidélités des deux côtés, et qui prit la forme d'une amitié capable de complicités. M. de Durfort qui hérita du titre de duc, a aussi un bout de croquis dans les *Mémoires* de Mme de Genlis, et bien que très superficiellement dessinée, la silhouette est amusante : « M. de Durfort est assurément l'homme de la société que pousse le plus loin l'exagération de démonstration et d'expression. L'ambassadeur de Suède, louant un jour un air de l'opéra nouveau, ajoutait : « Cet air est véritablement divin. — Qu'appelez-vous divin, dit M. de Durfort ; non seulement il est divin, mais il est... » Il fut forcé de s'arrêter, maudissant la langue française qui ne lui fournissait pas une expression plus juste que le mot « divin ». Eh bien, cet homme si enthousiaste ne sait pas la musique, ne l'aime point, ne l'écoute point. Il est à cet égard ainsi que sur toutes les choses qui le transportent. Il est plus facile de feindre le délire que le sentiment. »

Avant un héritage qui le remit à flot et une réconciliation à laquelle il fut tenu avec la duchesse sa femme, il avait eu ses heures de gêne. Il y a trace d'une sorte de crise pour Mlle Duthé : à ce moment elle a dû renoncer à ces carrosses pour lesquels elle eut toujours une grande fantaisie et mettre ses bijoux en gage. J'ai prononcé le mot de « complicité » tout à l'heure. Une étrange comédie, assez représentative du temps, se dessine, d'après les notes des inspecteurs de police. Il apparaît que M. de Durfort n'est pas étranger à la connaissance que fait Mlle Duthé d'un gentilhomme polonais, assez bien argenté, M. de Matowsky, poussant aussitôt sa pointe. Il n'est pas impossible que M. de Durfort ait été prévenu du moment où il trouvera son ami dans les bras de sa maîtresse. Grande colère feinte de la part de M. de Durfort, qui poursuit M. de Matowsky en chemise, jusque dans la rue, à telles enseignes qu'il doit réclamer, en se faisant connaître, l'assistance du guet. Mais voici M. de Matowsky piqué de jeu, engagé d'honneur, d'ailleurs, à réparer ce que les bontés de Mlle Duthé ont fait perdre à celle-ci, à se substituer à son protecteur. Durant ce temps, et attendant assez patiemment, pour renouer avec son amie, que le Polonais se soit ruiné à son tour, M. de Durfort se console avec Mme de Matowsky, à demi abandonnée par son mari, dans l'emportement de sa passion nouvelle. « La demoiselle Duthé et M. de Durfort sont certainement d'accord sur cet article, » écrit Marais, sans se trop étonner : il a vu se dérouler tant d'intrigues, et, au demeurant, il n'a pas à philosopher. « Le fait est, dit-il, que quand M. de Matowsky est chez Mlle Duthé, le duc est chez sa femme. »

M. de Matowsky, en tout cas, s'éprend de plus en plus, et il renvoie — un peu tardivement — sa femme en son pays, pour être complètement libre. C'est avec lui que Rosalie Duthé fait son premier voyage en Angleterre, où elle reviendra, où elle finira par résider et vieillir.

Le prince de Conti ne devait pas être indifférent à Mlle Duthé : ce prince galant, dans tous les sens du mot (on sait l'histoire du diamant refusé par une femme de qualité, à qui il l'avait offert, et qu'il fit broyer, séchant l'écriture d'un billet à elle adressé, avec cette poudre scintillante) et vorace en ses plaisirs, en même temps que maniaque, ayant à ses appointements la moitié de l'Opéra, eut, en effet, un caprice pour elle. Il n'eut garde en effet, de ne pas rendre son tribut d'hommages à cette autre beauté. Figure curieuse en qui s'incarne véritablement une époque, que celle du prince de Conti; il mourra du moins, lui, sans avoir vu crouler cette société où il aura été si fort à son aise (1) !

C'est le temps où il est si scandaleux de ne pas avoir au moins une liaison qu'un homme fort sérieux, dont le cerveau est plus occupé que le cœur, comprend ce ridicule. Il importe, en raison de sa situation et de sa fortune, qu'il soit au moins censé le protecteur d'une fille d'Opéra. C'est à quoi il ordonne à son intendant de pourvoir, en choisissant la personne qu'il voudra, pourvu que cette personne soit belle. Il lui fait parvenir, sans la connaître encore, les plus évidents témoignages de sa générosité, avec un billet spirituel. Un soir au spectacle, il se la fait désigner.

« Monseigneur, lui dit l'intendant, c'est celle-ci.

— Bien. »

Le protecteur se rend sur le théâtre, se fait présenter sa

____

(1) Encore une note. Mais comment ne pas mentionner ici *La Vie du Prince de Conti*, de MM. Gaston Capon et Yves Plessis, si abondante en informations curieuses.

protégée. Il lui dit : « Bonjour, mon enfant. » Et il s'en va. Il est en règle avec le monde.

IV

Voici maintenant le lot des anecdotes contemporaines, des plaisanteries, des pamphlets, des méchancetés, des escarmouches de petites guerres, allumées par des rivalités et des jalousies, des facéties satiriques par lesquelles s'expie toute gloire de bon ou de mauvais aloi.

C'est l'historiette souvent citée de la surprise de Mlle Duthé, assistant à la première représentation, chez Audinot, des *Curiosités de la Foire Saint-Germain*, d'un obscur auteur, nommé Landry, et se voyant raillée effrontément au milieu des éclats de rire des spectateurs. Il ne s'agit pas que d'elle, d'ailleurs, et c'est tout le « haut trottoir », (Sophie Arnould, Mlles Raucourt, Dubois, Beauvoisin, Dervieux, d'autres encore), qui est criblé de flèches. Mlle Duthé est représentée comme un automate qui figure une très belle créature, « fait tous les actes physiques, mange, boit, danse, chante et agit comme une personne naturelle, comme un corps animé, doué d'intelligence : il dépouille un étranger proprement. On serait flatté de le faire parler. Les connaisseurs y ont renoncé, les amateurs aiment mieux le faire mouvoir. » Le duc de Durfort, en qualité d'ancien chevalier de la belle offensée, serait intervenu, et Audinot aurait dû s'engager à s'abstenir de mettre en scène « à peine de voir son théâtre réduit en poudre » l'irascible victime de cette moquerie, trouvant bientôt de chaleureux défenseurs.

C'est cette autre plaisanterie, dont parlent les *Mémoires secrets*, sous la forme de l'imitation du *Journal général de France, annonces, affiches et avis divers*, à l'article « vente de meubles, tableaux et effets : Beau tableau représentant Danaë, recevant une pluie d'or dans le tonneau des Danaïdes. S'adresser à Mlle Duthé. »

Plus difficile à citer serait, dans cet ordre d'idées, un per-siflage qui roule sur « une serinette qui a une vertu parti-culière », et qu'on peut entendre chez Mlle Duthé. Ici, ce n'est plus de l'esprit, c'est de l'ordure.

C'est le dialogue célèbre du Colysée de l'*Espion anglais*; c'est, selon la *Correspondance secrète*, le récit, d'ailleurs sujet à cau-tion, de la mésaventure de Mlle Duthé, accueillant avec em-pressement un libéral seigneur qui la prie d'accepter, en souvenir de lui, un énorme sac, semblant gonflé de pièces d'or : le prétendu seigneur est un valet de chambre qui avait pris le carrosse de son maître, s'étant fait accompagner de la-quais de ses amis, et le sac n'est rempli que de jetons de cuivre.

C'est, plus authentique, la lutte de magnificence engagée au Longchamps de 1774 avec Mlle Cléophile. « Qui n'a vu les promenades de Longchamps du mois d'avril 1774 n'a rien vu, dit Fleury dans un chapitre fameux de ses Mémoires (qui ne sont d'ailleurs pas de lui), où ce duel est décrit dans toutes ses phases. « Le jeudi, Mlle Duthé eut la pomme : six chevaux, carrosse doré sur tranche, harnais empanachés, ferrure empanachée, et cœtera. On n'imagine pas quel attirail de soie, de bijoux, de chevaux, de poudre, de vernis, de rouge, de mouches, il faut pour faire une femme à la mode. Quelqu'un nombrait près de moi tous les ouvriers employés pour constituer Duthé telle qu'elle était; je le quittai à cent soixante, et il n'arrivait encore qu'à la ceinture. Les lauriers de Mlle Duthé ayant empêché de dormir Mlle Cléophile, le vendredi, il y eut lutte, combat, victoire. Ladite Cléophile effaça toutes les magnificences de la veille : quel merveilleux équipage, chevaux étincelants, voiture ciselée, découpée, travail d'orfèvrerie, comme une tabatière... Les brides s'as-souplissaient à peine, tenues raides par des incrustations en pierres de couleur du soleil, et parmi la foule, ce char bril-lait comme une traînée de paillettes; on n'y voyait que du feu. Cela courait, éblouissait, éclaboussait... » C'était le comte d'Aranda, ambassadeur d'Espagne, qui avait fourni le carrosse.

M{ᴵˡᵉ} Duthé avait à cœur de prendre sa revanche; elle la prit, en effet, à la promenade de Longchamps du printemps suivant, mais, cette fois, on faisait honneur de son luxe — bien à tort — au comte d'Artois, et le public se fâcha. M{ᴵˡᵉ} Duthé devait être d'ailleurs vengée de Cléophile, qu'un certain M. Dutrey avait trouvée chez Audinot, où elle dansait avec agrément, et qui bientôt faisait la loi au ministre de Sa Majesté catholique. M{ᴵˡᵉ} Cléophile, qui ne se piquait point de fidélité, fut victime d'un fléau qui régnait alors « dans le meilleur des mondes » et perdit une partie du palais, ce qui faisait dire qu'elle avait joué à qui perd gagne « car elle avait remplacé cela par un palais d'argent artificieusement fabriqué. » Cela n'empêcha pas, plus tard, l'académicien La Harpe de se rendre assez ridicule par la passion qu'il afficha — même à l'Académie — pour cette belle un peu fatiguée. Il lui en coûta assez cher, si l'on en croit le mot de cette infernale et délicieuse Sophie Arnould : « M. de la Harpe a quelque chose des anciens, disait le marquis de Louvois — Oui, la lèpre, fit-elle. »

C'est encore, parmi ces anecdotes, les petits vers du mousquetaire, n'ayant pour lui que sa bonne mine, cherchant à attendrir Rosalie Duthé :

> Duthé, tu cherches à plaire
> A qui peut t'enrichir
> Moi qui suis mousquetaire
> Je n'ai rien à t'offrir,
> Mais je sais faire usage
> D'un moment de loisir,
> Un homme, à mon âge,
> Ne paye qu'en plaisir,

Ces vers touchèrent-ils M{ᴵˡᵉ} Duthé, souhaitant se passer un caprice, comme au temps où elle suivait mal les conseils de sa tante Duval? On trouve, en effet, l'indication d'une fantaisie avec un petit officier, M. de Sérignac, « ne souhaitant qu'un brevet de partisan et combattant sans s'embarrasser du matériel ». Lasse de cet écornifleur, mais lui voulant quelque bien, en raison d'un bon souvenir, elle aurait envoyé M. de Sérignac, avec une lettre de sérieuse recommandation, à une femme de qualité, curieuse de plaisirs positifs, qui lui avait fait demander, en s'adressant confidentiellement à son expérience, un vrai champion.

Mlle Duthé se lie fort, à cette époque, avec Mlle Guimard : elle est de toutes les réunions, de tous les spectacles et de toutes les fêtes de l'hôtel de la Chaussée-d'Antin, de ce « temple de Terpsychore » dont la construction avait été amoureusement surveillée par le fermier général Le Borde. Elle doit danser, tandis que Mlle Guimard chantera, à cette fête que, pour le premier jeudi du carême de 1776, ont organisée, chez la danseuse, les « aimables libertins de la Cour ». Pique-nique pour lequel chaque convive est taxé à cinq louis. « Spectacle suivi de bal, d'un jeu d'enfer et de tout ce qui peut accompagner une pareille orgie, disent les *Mémoires secrets*; Mlle Dervieux, surintendante du repas, avait ordonné le festin... Le jour étant venu, tout était prêt pour le spectacle, consistant en deux pièces connues, la *Colonie* et les *Sabots*, quand un ordre du roi est intervenu qui a tout arrêté, même le souper. On ne doute pas que le zèle de Mgr l'archevêque n'ait beaucoup contribué à faire supprimer une fête aussi scandaleuse. » Le comte d'Artois, frère du roi, proteste, mais vainement, et il faut d'autant mieux obéir à l'ordre royal que les précautions ont été prises un peu rudement pour le faire exécuter.

Mlle Guimard n'était pour le grand public que la danseuse délicieuse de grâce : par un public d'élus, en son théâtre aux loges à tentures de taffetas rose relevées d'argent, elle était comédienne. « Sa voix, un peu rauque, n'était pas sans charme ; cette sorte de voile donnait aux intonations du sentiment un accent qui allait à l'âme. » C'est Fleury, et cette fois, Fleury lui-même, bon juge en fait de comédie, qui parle ainsi. Insouciante, généreuse, bonne dans le fond de son cœur de véritable artiste, la Guimard est assurément la meilleure de toutes les irrégulières de son temps, de toutes

ces prodigues de leur personne, de leur fantaisie et de l'or,
souvent follement employé, qui passe entre leurs mains.

Cette époque est l'apogée du règne de Rosalie Duthé. C'est
encore une manière d'hommage, adressé du moins comme à
la plus importante des « Sirènes du jour », que la dédicace
que lui fait Godard d'Aucourt de ses *Mémoires turcs, par un
auteur turc, licencié en droit turc, de toutes les académies maho-
métanes*, livre très parisien, malgré son titre, où un ambassadeur ottoman est censé raconter ses aventures en France,
lui ayant, en vérité, fait découvrir les plus charmants
monstres qui soient dans les filles et les femmes qu'il a fré-
quentées.

Godard d'Aucourt, fermier général, mais fermier général
homme d'esprit, avait une soixantaine d'années, quand il
écrivit cette dédicace ironique. Il avait composé nombre
d'ouvrages badins, de petits poèmes, voire, élevant soudain
sa muse, des dithyrambes en l'honneur de Louis le Bien-Aimé.
On avait fort goûté de lui *Thermidore*, ou *Mon histoire et celle
de ma maîtresse*, miroir, à peine grossissant, des mœurs du
temps, dans le récit des amours, traversées de mécomptes,
d'un jeune homme, ardent au plaisir, et de sa maîtresse
Rozette, qu'il délivre de Sainte-Pélagie où elle a été enfermée.
C'est un livre plein de sentences et d'aphorismes : « Pourquoi la nature a-t-elle borné nos forces et étendu si loin nos
désirs? — On dit qu'il y a de la gloire à prendre empire sur
la nature : je trouve qu'il y a plus de plaisir à lui en laisser
prendre sur nous. — Quand, dans un tête-à-tête, deux personnes s'entretiennent de choses indifférentes, c'est une
preuve qu'il s'en est passé qui ne l'étaient pas ». etc.

La dédicace des *Mémoires turcs* ne vaut pas certaines pages
de *Thermidore*, où il y a une franche vivacité. La satire n'y
est point fort légère :

« Siècle divin, qui sais fouler aux pieds les préjugés, les lois et
qui, confondant tous les états, tous les âges, consacres tous les
excès, tu seras à jamais célèbre dans l'histoire.

« C'est à vous et à vos amies, charmante Duthé, que l'on doit cette heureuse révolution dans les mœurs ; à vous seules en est la gloire et vous en jouissez. Soit que, traînées dans des chars élégants, vous embellissiez les boulevards poudreux, soit que, nymphes emplumées, la tête échafaudée et couverte de mille pompons, vous éclipsiez dans une première loge la modeste citoyenne, ou qu'au monotone Colysée, le front levé, l'œil assuré, vous étaliez vos grâces et fixiez sur vos pas une foule empressée, tous les regards ne sont-ils pas tournés vers vous ?

« Vos privilèges, déités du jour, sont aussi grands que sacrés, et comment ne le seraient-ils pas ?... Vous fondez, sous la protection de Cypris, une république indépendante... Rien ne vous arrête, plus d'obstacles ! L'hymen, tourné en ridicule, ose à peine se montrer. Vous vous pavanez publiquement dans les voitures de vos amants, vous portez leurs livrées, leurs couleurs ; souvent les diamants de leurs épouses. Vos petites maisons s'élèvent, voisines des débris des grandes et forment par leur nombre, dans les faubourgs de la capitale et sur les boulevards, une espèce d'enceinte, de circonvallation, qui, la tenant bloquée, vous en assure à jamais l'empire...

« Que l'on dise encore que la France est folle, que ses modes, ses mœurs et ses usages n'ont pas le sens commun ! Jamais fut-elle mieux policée ?

« Vous prenez le plaisir en général pour but, tous les hommes pour objet et le bonheur public pour fin de vos sublimes spéculations... Oui, mesdemoiselles, vous êtes le véritable luxe, essentiel à un grand État, l'appât enviable qui lui attire les étrangers et leurs guinées ; vingt modestes citoyennes valent moins au trésor royal qu'une seule d'entre vous... »

Godard d'Aucourt fit quelques comédies : il n'en fit point d'aussi bonne que celle que lui joua son fils, qui devait, d'ailleurs, être auteur, lui aussi. Godard d'Aucourt était plein de ressentiment contre un parent, et avait regretté que son âge ne lui permit plus de le provoquer. Son fils lui vint dire qu'il s'était chargé, lui, de la provocation. Godard d'Aucourt est un peu inquiet, mais enthousiaste d'un si généreux mouvement. — « La seule chose qui me préoccupe, dit le jeune homme, est que j'ai laissé quelques dettes, et en cas de malheur... — Quel mot prononcez-vous ! — Ce n'est qu'un peu de superstition de ma part ; il me semble que je serais plus sûr de moi si je n'avais pas ce souci de faire tort à d'honnêtes gens... » Godard d'Aucourt ne peut-il pas par-

donner quelques folies à un fils qui embrasse si fougueuse-
ment sa cause? Il s'engage à tout acquitter. Son vengeur va
trouver le parent ennemi, et loin de lui faire la moindre in-
jure, déclare qu'il
vient en concilia-
teur, que son père
veut oublier ses
torts et le convie
à dîner. Il rentre
et tient à Godard
d'Aucourt un autre
langage : le cousin,
repentant, a re-
connu ses mauvais
procédés et viendra
s'en excuser, hum-
blement. Celui-ci
arrive, en effet, ne
fait aucune allusion
à un débat qu'il es
time terminé, mais
réclame le dîner
promis, qu'il ne
voit point préparé.
Il est de bonne hu-
meur ; sa bonne
humeur est com-
municative, et tout
s'arrange au mieux
— même pour les
créanciers de Go-
dard le fils.

PANNEAU DU BOUDOIR DE Mlle DUTHÉ

Le comte d'Artois, rencontré chez la Guimard par
Mlle Duthé, est fort de ses amis. Celui qui devait être,
après tant d'événements, un roi morose, d'une singulière
étroitesse d'esprit, entêté et si peu clairvoyant, et à qui

Béranger dirait un jour, dans une chanson composée à la Force :

> Mon bon roi, vous me le paierez !

celui-là était un prince très de son temps, fort porté à la galanterie, assez hardi même dans ses plaisirs et à qui l'opinion pardonnait beaucoup, parce qu'elle croyait à quelque grâce dans ses excentricités. C'est lui qui prenait des leçons de danse de corde du père de Mme Saqui. Cette bonne réputation ne l'empêchait point d'être parfois brutal : il allait l'être parfaitement à un bal de l'Opéra de 1778 en brisant sur la figure de la duchesse de Bourbon, le masque qu'elle portait, ce qui amena entre le duc de Bourbon et lui un duel fameux au bois de Boulogne, devant une foule passionnée de curiosité, duel sans blessé, d'ailleurs et terminé par une réconciliation et par une ovation, à l'Opéra, le soir, pour les deux princes.

Mlle Duthé avait quelque crédit sur le comte d'Artois. Elle en usait pour ses intérêts, ainsi que l'indique une lettre de la *Correspondance secrète* datée du 4 avril 1777. Ce n'est pas le plus beau de son histoire : on eut préféré ne la rencontrer qu'au milieu des grâces légères :

Il s'en est fallu de peu que la fameuse Duthé n'ait été la cause d'une nouvelle crise dans notre magistrature, car vous savez que les plus petites causes peuvent produire les plus grands événements. Voici le fait : un particulier qui avait de riches possessions auprès d'Orléans, avait si bien dérangé sa fortune qu'il en était aux expédients pour subsister. Il s'était adressé à des courtiers qui lui avaient fait prêter différentes sommes, dont moitié en argent et l'autre en marchandises, sur la revente desquelles il avait grandement perdu.

Ce particulier, réduit à voir tous ses biens saisis par ses créanciers, alla informer de sa déplorable situation M. le garde des Sceaux, avec lequel il était fort lié. Ce magistrat donna l'ordre à la justice d'Orléans d'examiner avec soin la nature des créances de son ami. Elles se trouvèrent toutes plus ou moins usuraires. Tous les créanciers, sans en excepter un seul, furent jugés très sévèrement. Ils en appelèrent au Parlement de Paris, qui confirma le jugement de la justice d'Orléans.

Les condamnés, effrayés, sentirent qu'il fallait faire un sacrifice d'une partie de leurs biens pour sauver l'autre. Ils se déterminèrent à aller implorer la protection de la Duthé en lui offrant cent mille livres. Cette fille parla de l'affaire au comte d'Artois, et ce prince au garde des Sceaux, de manière que ce magistrat fut obligé de donner des ordres en conséquence au Parlement, à l'effet que son arrêt ne fut point publié ni même exécuté en ce qu'il contenait de rigoureux. Notre Parlement, dont plusieurs membres sont connus pour se prêter au même commerce, prétendit l'exécution complète de son arrêt. M. de Miromesnil, poussé par le comte d'Artois, insista, le Parlement résista; enfin, il fallut que le roi, importuné par son frère, s'en mêlât, menaçant même vivement, et ces messieurs, pour éviter un scandale plus éclatant, plièrent à la condition, pourtant, que quelques-uns des condamnés subiraient la rigueur de l'arrêt. On a choisi pour victimes quelques pauvres courtiers et agioteurs compromis dans l'affaire, et lesquels ont payé pour les plus coupables, mais aussi les plus riches. Tout cela fait horreur, n'est-ce pas? Mais c'est ainsi que nous sommes.

Les *Mémoires secrets* racontent la légende du sylphe mystérieux qui, sans dire de qui il est le messager, apporte à Mlle Duthé les plus beaux et les plus fastueux présents du monde. Elle ne peut pas former un souhait qu'elle ne le voie réalisé aussitôt par une main invisible. Ce sylphe est-il au service du comte d'Artois? On dit bien, par manière de plaisanterie, que le comte d'Artois, gorgé de biscuit de *Savoie* (allusion à son mariage), est venu prendre *Du thé*. Mais le prince aurait-il ces idées magnifiquement délicates? Ce sylphe est-il au service du comte d'Aranda, qui avait Mlle Dervieux, passant dans le camp rival? Appartient-il à un de ces lords, venant volontiers vivre à Paris, pour jouir de plus de liberté qu'en Angleterre, qui étonnent alors l'opinion par leurs libéralités, et que Mlle Duthé excelle à attirer? Enfin, comme on a, de tout temps, aimé le romanesque, le sylphe serait-il un affilié de quelque galant brigand, expiant ses crimes par un hommage à la beauté? Mille versions courent, et il ne peut déplaire à Mlle Duthé, qui sait peut-être parfaitement à quoi s'en tenir, que cette curiosité de Paris s'exerce à son sujet.

Cette histoire de sylphe en rappelle une autre, assez

étrange, qu'on met à cette époque sur le compte d'une « nymphe » d'un rang beaucoup moins élevé, Mlle Briqueville. Un étranger, personnage singulier et fort exigeant, passe quelques heures en sa compagnie : il se déclare satisfait de la rencontre, bien qu'il annonce qu'on ne le reverra plus. Mais, au cas qu'elle fût dans la gêne, la Briqueville pourra s'adresser à lui, en envoyant frapper trois fois à la porte d'une maison désignée, à un certain jour de la semaine, et à une heure déterminée. La Briqueville a la curiosité de tenter l'épreuve et donne mission à une amie d'accomplir les formalités spécifiées; l'amie revient en disant que personne ne lui a ouvert et qu'elle n'a fait le signal qu'en vain. Mais, au milieu de la nuit, la courtisane est réveillée par un bruit d'or, qu'on dépose auprès d'elle, et, à la clarté d'une veilleuse, elle aperçoit parfaitement une main de squelette semant les louis. En dépit de sa terreur, l'épreuve est renouvelée, et la même main décharnée apparaît. Hallucination, vision? Mais l'or était là, témoignant de la réalité de l'énigmatique intervention. Le xviiie siècle finissant se plaît à mêler, dans sa corruption blasée, un certain ragoût d'horreur à son libertinage : c'est le sadisme qui se précise.

Il était un homme qui eût pu dire le fin mot sur ces aventures bizarres : c'était M. de Sartine, avec qui Mlle Duthé était, depuis longtemps, du dernier bien, et l'amitié du lieutenant général de police avait bien valu celle d'un prince. Ce pamphlet, fait avec des bribes de vérité, *la Cassette verte de M. de Sartine trouvée chez Mlle Duthé* (La Haye, 1779), composé par l'Anglais Tickel, donne cette lettre d'elle, d'une authenticité suspecte, faisant du moins allusion à une tendre familiarité :

Lundi matin, onze heures.

Mon cher ami, le jour n'est-il pas assez long pour vaquer aux affaires de l'État? Faut-il encore y sacrifier la nuit? Cruel! Ne craignez-vous pas que je sois jalouse de la reine ou du moins de Mme de Sartine? De grâce, mon cher, venez demain au soir chez moi à la campagne; nous y ferons un petit souper délicieux : le duc de Chartres et le comte d'Artois doivent en être, et j'ai invité le prince de Nassau, le marquis de Genlis, la jolie d'Ervieux, Mlle Michelot

et bien des beautés spirituelles. Tout cela ne vous tente-t-il pas? Laissez là le grand homme et soyez pour le moment l'homme de plaisir. On s'assemblera à minuit. Mais ne pourrez-vous pas venir un moment auparavant pour me tranquilliser? Adieu, ne me faites pas languir.

M. de Sartine, en dépit « de son dur visage d'Espagnol », ne se piquait point d'insensibilité. Il avait même ses heures de coquetterie, et, quand il fut au ministère de la Marine, il y installa cette immense armoire aux perruques qui était célèbre. Ces perruques étaient innombrables et appropriées à toutes les circonstances de la vie.

PANNEAU DU BOUDOIR DE Mlle DUTHÉ,
par Van Spaendonck.

(Hôtel de M. Léopold Double.)

D'après celle qu'il coiffait, ses commis pouvaient tirer des indications sur son humeur, ses dispositions et ses projets.

V

Mlle Duthé a maintenant sa maison dans la Chaussée-d'Antin, paroisse de la Madeleine Ville l'Évêque, dans cette Chaussée-d'Antin qui se peuple d'hôtels d'une élégance raffinée, construits par Le Doux ou par Bellanger, auxquels fait allusion la dédicace de Godard d'Aucourt : elle devient la voisine de Mlle Guimard, de Sophie Arnould et de Mlle Dervieux. Elle l'a achetée, cette maison qu'elle transformera, soixante mille livres à Guillaume-Élie Lefoulon, architecte, et à Marie-Constance Cucu de Rouville, son épouse, par acte passé devant Rouen et son confrère, notaires à Paris (1). C'est l'embryon de la demeure qu'elle rêve et qu'elle agrandira jusqu'en 1787, par de nouvelles acquisitions de terrains faites à Pierre Genon, bourgeois de Paris (2). Elle chargera Bellanger, cet artiste de si belle humeur, que Sophie Arnould appelait son « bel ange », qui avait fixé un moment cette infidèle par tempérament et qui finit par épouser Mlle Dervieux, de l'aménager. Elle entrera dans tous les détails et la désire « couverte en cuivre ». Où est aujourd'hui l'emplacement de cette maison, devenue le n° 46 de la rue du Mont-Blanc, que Mlle Duthé se débattra si énergiquement pour garder pendant la Révolution ? Il est impossible de l'établir exactement, mais elle était probablement voisine du boulevard, et c'est par souvenir pour ces années heureuses que, beaucoup plus tard, celle qui la posséda reviendra se loger près de là.

C'est cette série de longs débats sur la propriété de son hôtel pendant la Révolution qui nous en donnera la description (3). Une grande porte cochère sur la rue, entre deux pavillons de communs, introduit dans une large cour

---

(1) *Archives de la Seine.*
(2) *Archives de la Seine.*
(3) *Arch. nat. F. 7, 5632.*

plantée de marronniers; une charmille court le long des murs. Au rez-de-chaussée, un grand vestibule, un salon d'attente, le salon, la salle à manger, une chambre à coucher, un boudoir. Un escalier en fer à cheval mène au premier étage auquel on accède aussi par un petit escalier intérieur venant du boudoir; au rez-de-chaussée encore, cabinet de toilette et — un inventaire doit tous les détails — lieux à l'anglaise. Au premier étage, grande antichambre, deux salons, chambre à coucher, cabinet de toilette, garde-robe, petite chambre. L'étage lambrissé consiste en un corridor qui communique à plusieurs garde-robes et chambres de domestiques, dont une seule attient à l'escalier, avec cabinet d'aisances.

Le jardin est planté de deux rangées de tilleuls avec une large pièce de gazon formant parterre. Il se termine par un bosquet en charmille.

L'hôtel n'est point une curiosité comme celui de la Guérard, mais il est infiniment coquet et il reste des témoignages de la grâce de sa décoration, boiseries d'un goût charmant, sauvées naguère par le collectionneur illustre que fut le baron Double, panneaux blancs sur lesquels la main experte de Van Spaendonck avait jeté des flèches, des carquois, des roses, des myosotis, des couples de colombes, des cygnes. La décoration du boudoir consistait en banderolles de fleurs sur lesquelles voltigeaient d'élégants papillons.

Le baron Double sauva encore une cheminée, avec tablette en marbre turquin, supportée par deux carquois de bronze doré, et avec chambranle finement ciselé par Gouthières. Et il eut aussi dans sa collection, provenant de ce boudoir, une mignonne pincette d'acier damasquiné d'or et décorée d'emblèmes, carquois, flèches, torche de l'Amour, sinon de l'Hyménée. A l'extrémité de ses deux branches, des fleurs de lys : galanterie peut-être, à l'égard des membres de la famille royale qui fréquentaient chez Mlle Duthé.

Ce sont moins des fêtes qu'elle y donne que des diners de grand goût, où elle a toujours su réunir une compagnie

élégante et dont, jusque dans sa vieillesse, elle se redonnera
une image, tout affaiblie qu'elle soit. Ce sont aussi, après
qu'elle a paru l'hiver, au théâtre, au Vauxhall de Ruggieri,
petit palais « d'or, d'argent et de glaces » où se hasardent
volontiers les femmes de qualité elles-mêmes; l'été, au
Vauxhall de Torré ou à celui des boulevards neufs, au
Colysée, où ont lieu les « fêtes hydrauliques », les « fêtes
pyrrhiques », ou les « fêtes étrangères », telles que le cou-
ronnement d'un empereur de la Chine, ou au Palais-Royal,
que fréquente fort le comte d'Artois, — ce sont de petits
soupers intimes, où il y a toujours quelque Anglais de
conséquence. Elle se tourne décidément volontiers vers les
insulaires, apportant des forces fraîches, des ressources que
n'a plus une société que ses plaisirs ont à demi ruinée.

Ces Anglais de marque sont nombreux à Paris. On raconte
volontiers d'eux des traits de belle générosité : mylord
Crawford est le protecteur de Mlle Desforges, de la Comédie-
Italienne. Il la comble de bienfaits; il la trouve, cependant,
« entre deux draps », avec le danseur Grenier, « paltoquet
de la dernière espèce ». Mylord Crawford se borne à hausser
les épaules. « — Mademoiselle, dit-il à la danseuse, ce petit
gredin vous ruinera, je vous en avertis. En prenant congé
de vous, je dépose chez mon banquier deux cents louis à
votre nom, pour que vous ayez de quoi vivre quand il vous
aura mise sur la paille. » On se rappelait encore le mot de
lord Albermale, ambassadeur d'Angleterre, à Lolotte Gau-
cher, sa maîtresse : « Cessez, ma chère amie, d'admirer
cette étoile, vous me mettez au désespoir, je ne puis vous la
donner. » Sir Staples, faisant la cour à Mlle Lacroix, de la
Comédie-Italienne (et la cour s'était commencée chez Bris-
saut, entremetteur et tenancier, ce qui n'attestait pas une
grande résistance de la part de la demoiselle), lui envoyait
d'abord deux robes magnifiques dans une caisse pleine de
louis. M. Fanke, avec quelque ridicule, traitait la Gourdan
elle-même, cette pourvoyeuse, comme il eût fait d'une des
plus fraîches élèves de ce « séminaire de Vénus ». Lord Fitz-

A Mademoiselle

Lumière

En son hotel

Ma chere manon je donne
la commission a mon louron de
timbraser pour moi, ainsi que
te ma mere, et ma tante jalobie
jaurai besoin de rouge trois
pot a un louis, comme le
dernier, et deux a douze franc
les deux dernier de rouge
de blonde pour la lumiere
il faudra de mander quatre
louis a Mr Perreyaux pour
cette en plaitte tu mettre de la
dans une petite caisse que tu
cacheteras et tu chargera Mr
Perreyaux de me le faire passer
tout de suite car je rien et plus
Duthé

Maurice était magnifique à l'égard de la demoiselle L'Étoile, « sans prétendre la gêner », et en lui laissant sa liberté. Lord Bentinck avait enlevé Mlle Dervieux au prince de Soubise, par des arguments irrésistibles. Lord Coventry est encore plus prodigue à l'égard de Mlle Lacroix, déjà nommée, et la dispute à son compatriote Staples, en finissant par l'emmener en Angleterre, avec ses parents, qui lui donneront une apparence de respectabilité. M. Weoderburn étonne par sa munificence Mlle Verdault, qui s'estimait heureuse de la pension de quinze louis que lui faisait le chevalier de Boissenet. On a vu, précédemment, passer la silhouette dorée de lord Eggremont. L'Anglais était alors la providence des « impures » les moins cotées, dont il édifiait la fortune. Combien ne devait-il pas être fastueux quand il portait ses hommages à une femme ayant une renommée de beauté, ayant un salon de bonne compagnie, liée avec des gens de la première qualité.

Cette renommée de Mlle Duthé s'atteste alors par ses portraits. Vanloo l'a peinte, déjà. Houdon et Fernex sculptent son buste ; Janinet la dessine devant sa glace, Lainé fait sa miniature, dans un cadre où se becquettent des colombes ; un jeune artiste remois, Louis Perin, ne pense pouvoir trouver un meilleur moyen d'établir une réputation qu'en faisant d'elle deux portraits, dont l'un en déshabillé à peu près complet. Plus tard, la jeune gloire de Prudhon cherchera des suffrages dans la reproduction des traits de cette beauté sur le retour.

Quelques années après, de fréquentes absences de Mlle Duthé vont étonner et inquiéter Paris : on se rassurera en apprenant qu'elle fait campagne en Angleterre.

Elle n'a plus la fraîcheur, l'éclat de la première jeunesse, mais elle est à ce moment où la femme semble ramasser tous ses attraits dans un charme où il y a plus d'art pour s'assurer de décisives victoires.

Entre temps, elle a fait la connaissance (et, assurément, la connaissance jusqu'à l'intimité), du banquier Perrégaux,

cette curieuse figure. Le banquier Perrégaux est l'ami des
artistes, leur confident, leur indulgent conseiller, leur
homme d'affaires. Il se plaît dans la compagnie des jolies
femmes, n'est nullement insensible à leur grâce, entend fort
bien le badinage, mais, après avoir été galant, le sérieux
financier qu'il est se charge de leurs intérêts, toujours avec
générosité, leur donne d'utiles indications, se montre pré-
voyant pour elles. Elles l'adorent; elles l'appellent en
souriant « leur tuteur »; il aime à entendre leurs caquetages;
elles sont sincères avec lui, elles lui content leurs aventures,
leurs folies, leurs embarras; il les gronde avec un baiser sur
la nuque, et il donne un bon avis à l'une, il affranchit une
autre de ses soucis, pensant qu'une aimable figure n'a pas le
droit de laisser percer de l'inquiétude; il est, pour une autre,
l'intermédiaire ingénieux d'une réconciliation; il accepte de
menues commissions, il ne travaille jamais mieux à ses
vastes opérations de banque qu'en ayant encore dans
l'oreille le froufroutement des élégances féminines et en
apportant en son cabinet les parfums de ses amies. Ce rôle
de tuteur, mais de tuteur non point berné, estimé au contraire, respecté même de celles qui ont les plus grandes
familiarités avec lui, il le joue en conscience : aux heures
difficiles, son amitié sera fidèle.

En 1786 (Perrégaux s'est alors installé dans l'hôtel que la
Guimard a dû mettre en loterie et est devenu, lui aussi, ayant
quitté la rue du Sentier, un habitant de la Chaussée-d'Antin,
et des plus notables), Mlle Duthé, partie de Paris avec un
Anglais, lord Byng, descendant de l'amiral, lui écrit ses
impressions de Londres. Après un séjour de quelque temps
à Douvres, lord Byng a dû la quitter pour quelque temps au
moins, et elle est arrivée seule dans la capitale anglaise avec
ses gens et sa femme de chambre Manon — qui est restée
sa soubrette et n'a point imité une autre de ses femmes de
chambre, Mlle Quincy, devenue presque une rivale. — Elle
entretient Perrégaux de questions d'argent, l'informe de ce
qu'elle a pris chez son correspondant, « car tout est fort

cher », et elle ajoute, ce qui montre la liberté du ton employé avec ce confident :

« Ce que vous n'allez pas croire, c'est que je suis vierge depuis que j'ai quitté Douvres. Malgré toute la foule de courtisans, je suis très sage, je vous jure, et ne veux prendre personne jusqu'à nouvel ordre (1) »...

On raconte que, vieilli, ayant perdu peu à peu sa merveilleuse activité, près de sa fin, Perrégaux, devenu sénateur de l'Empire, ne s'intéressant plus au présent et se plongeant dans le passé, regardait avec attendrissement le portrait de Mlle Duthé, qu'il avait dans son salon du château de Viry-Châtillon, et que des larmes lui venaient aux yeux. Comblé d'honneurs et de dignités, dont il avait maintenant l'indifférence, il pleurait le bon temps d'autrefois.

VI

Voici venue la Révolution. Mlle Duthé, qui, après quelques séjours à Paris, est retournée à Londres, va avoir plus que jamais recours à Perrégaux. C'est à lui qu'elle adressera ses impressions en apprenant les événements, les troubles de Paris, la prise de la Bastille, la marche sur Versailles. Mais qui croit alors la monarchie près de sa perte? C'est une période d'espoirs, d'effusions, d'illusions.

« Nous voilà revenus d'une belle peur, écrit Mlle Duthé. Qu'en pensez-vous, mon cher tuteur? Mais il faut se dire, comme Pangloss, que tout est pour le mieux; du moins je l'espère (2). »

Perrégaux est le grand homme d'affaires, mais elle a à Paris une manière d'intendant dans la personne d'un cousin, Ménager de Souville, qu'elle a fait entrer dans l'administration des biens des Condé (sa recommandation n'est-elle pas

____

(1) Catalogue d'une collection d'autographes vendue par Laverdet, 6 juin 1849.
(2) Collection Michelot.

PORTRAIT DE Mlle DUTHÉ, *par Prudhon.*
(Collection de Mme la comtesse de Sampigny.)

toute puissante?) Cette sorte de secrétaire d'une grande
femme galante, qui lui restera attaché jusqu'à la fin de sa vie,
est, en second plan, une figure curieuse : il classe les contrats
des libéralités des amants illustres, a la comptabilité des
lettres d'amour qui contiennent des titres de rente ; il forme
des dossiers d'autographes, mais pour leur côté positif. C'est

un homme qui fait de l'ordre avec le désordre d'une vie. Cette physionomie est évoquée par un billet daté du 26 novembre 1789, où se mêlent, d'une façon piquante, des préoccupations sur la situation politique et des préoccupations d'intérêt et de propriétaire :

« Mon bon tuteur, si je ne vous ai pas répondu plus tôt, c'est que je voulais voir comment les affaires tourneraient en France ; il me semble que depuis que la loi martiale est établie, Paris est assez tranquille. D'après cela, je crois qu'il vaut mieux garder mon argenterie jusqu'à nouvel ordre. Je vous prie, mon cher tuteur, de me faire passer mille louis chez M. Hammersky et d'avoir la complaisance de me le faire savoir.

« Je ne me rappelle pas que vous m'ayez rendu le contrat de M. le duc de Duras : c'est celui de M. Fox que vous m'avez remis, vous confondez peut-être l'un pour l'autre, ou Souville l'a peut-être parmi mes papiers. Je vous prie de lui dire d'y regarder, ainsi que de lui recommander de faire du feu de temps à autre dans ma maison pour prévenir « l'umidité ». Voilà assez vous interrompre. Je vous embrasse, et suis pour la vie votre amie (1) ».

Ce billet parlant de Fox laisse entrevoir que Mlle Duthé n'avait pas été étrangère aux trois millions cinq cent mille francs de dettes du grand homme politique anglais.

Elle est rassurée cependant, puisqu'elle échange quelques lettres avec Bellanger, toujours au sujet de sa maison, et qu'elle lui ouvre un crédit de 4 500 livres (2), bientôt dépassé, et qu'elle discutera de près avec l'architecte malgré ses relations amicales avec lui. Et même, en 1790, elle songe à profiter des circonstances, et, dans une de ses lettres, cachetée d'un cachet qui représente deux colombes se becquetant, avec cette inscription : « Amitié », elle demande à Perrégaux, puisqu'il est question de la vente des biens du clergé, si elle ne ferait pas bien d'acheter un terrain appartenant aux Mathurins, à moins que Perrégaux n'ait lui-même le désir de l'acheter (3). En 1791, elle charge Perrégaux d'une

---

(1) Bibliothèque Jacques Doucet. Communication de M. G. Capon.
(2) Vente Charon, 22 mars 1847.
(3) Collection Michelot.

lettre pour le duc d'Orléans lui recommandant de ne pas toucher ses rentes avant de l'avoir vu personnellement.

Mais les événements se précipitent, la Révolution entre dans sa période tragique ; le vieux monde — ce monde qui lui fut si indulgent — est en train de crouler, et, cette fois, l'horreur lui arrache un cri de pitié. C'est une des rares lettres d'elle où il y ait quelque sensibilité, ce qui ne veut nullement dire, d'ailleurs, qu'il n'y en ait pas d'autres, car comment n'eût-elle pas été profondément émue de ces catastrophes fondant sur cette société qui l'avait aimée et fêtée :

Mon bon tuteur, vous venez donc d'avoir encore de nouvelles alarmes ! J'en ai eu beaucoup en lisant les gazettes de France, et j'avoue que le récit m'a fait verser des larmes, surtout en voyant les noms du duc de Guiche et de M. de Luzignan, à qui l'on dit avoir tranché la tête. J'espère de tout mon cœur que ce sont de faux bruits, car j'en serais inconsolable (1).

Et comment ont fini, en effet, tant de ceux qui ont été ses intimes ou qui ont fréquenté chez elle ! Ces fermiers généraux, qui furent si prodigues, ont été envoyés à l'échafaud en une terrible fournée ; Mlle Duthé, parmi les financiers arrêtés ensuite, peut voir le nom d'un Hocquart, lui rappelant son premier protecteur ; Godard d'Aucourt, bien que presque octogénaire, Godard d'Aucourt qui lui dédiait naguère les *Mémoires Turcs*, est en prison ; le duc d'Orléans, initié par elle au plaisir quand il était le duc de Chartres, et devenu Égalité, condamné à son tour, a demandé au bourreau de lui laisser ses bottes : « — Vous débotterez plus facilement le cadavre », ont été ses dernières paroles. Lauzun, le charmant Lauzun, qui a pourtant pris le parti vraiment brave, qui a mis la patrie au-dessus de tout et qui a servi la République, n'a pas échappé non plus à la guillotine, voulant du moins, tout étant perdu, mourir gaiement. Pas une liste où elle ne

---

(1) Catalogue d'une collection d'autographes vendue par Laverdet 30 et 31 mars 1863.

retrouve un nom éveillant en elle des souvenirs. Mme du Barry, la petite L'Ange d'autrefois, est morte, elle aussi, sur l'échafaud. Les autres ont émigré, ruinés, misérables, cherchant, en faisant d'invraisemblables métiers, un semblant d'existence... Et elle rencontrera à Londres, affamés, quelques-uns de ceux qu'elle connut si légers, si insouciants, si fous, et le dîner qu'elle leur offrira dans sa maison d'Abbemarte street ou dans son cottage de Colworth sera, cette fois, un acte de charité.

Ses biens de Paris ont été mis sous séquestre; elle est sur la liste des émigrés. Avec l'aide du bon Perrégaux, qui n'a guère été inquiété pendant la Révolution et dont le nouveau gouvernement réclame les conseils financiers, elle se débattra énergiquement pour se faire rayer de cette liste (1), emploiera mille stratagèmes, aura recours à une vente probablement fictive de sa maison. Cette lutte, commencée en 1792, se poursuivra pendant des années avec des fortunes diverses.

En un long mémoire, auquel est joint un certificat du ministre plénipotentiaire à Londres, Reinhard, elle expose comment on s'est trompé sur son compte :

Catherine-Rosalie-Gérard Duthé est passée en Angleterre au mois d'octobre 1786, conséquemment bien avant la Révolution : son intention n'était pas d'y rester, mais une maladie grave qui lui est survenue l'a mise jusqu'à présent dans l'impossibilité de supporter le trajet de la mer et de réaliser son projet de retour en France. Elle avait tellement l'intention de revenir en France que pendant son séjour en Angleterre, elle fit par le ministère d'un fondé de procuration, l'acquisition d'une maison rue de Mirabeau, aujourd'hui Mont-Blanc. Ce fait est constaté par acte passé devant les notaires à Paris, le 6 novembre 1787.

Est arrivée l'époque de la Révolution et l'Assemblée nationale ayant confisqué au profit de la nation les biens appartenant aux émigrés français, le département de Paris ignorant l'époque et les motifs de l'absence de la citoyenne Duthé, crut devoir la regarder comme émigrée et séquestrer la maison qui lui appartenait. Mais, depuis, un autre décret a déclaré que tous les Français établis en

---

(1) *Arch. nat.* F. 7, 5632.

LA RUE BASSE DU REMPART EN 1830.

(Collection de M. G. Hartmann.)

pays étranger antérieurement au 14 juillet 1789 ne sont et ne peuvent être regardés comme émigrés…

Première victoire : le directoire du département arrête (20 décembre 1792) que la maison dont il est question — l'hôtel de la ci-devant Chaussée-d'Antin, agrandi et augmenté par d'autres acquisitions — sera rayée de la nomenclature des biens des émigrés.

Mais la maison est de nouveau séquestrée par une interprétation de la loi du 28 mars 1793, qui déclare nuls les arrêtés par lesquels les corps administratifs auraient réintégré dans leurs biens les émigrés ou prévenus d'émigration. Il faut un second mémoire pour établir que la citoyenne Duthé, établie en Angleterre depuis longtemps, ne peut être comprise dans les « prévenus d'émigration ».

Acquéreur vrai ou supposé de la maison, la citoyenne Cramoyelle fait savoir qu'elle l'a achetée de bonne foi le 17 avril 1793, qu'elle a pris des lettres de ratification qui ont été scellées sans opposition ; que, avant de payer le prix, elle a encore eu la précaution de demander un certificat du département pour s'assurer que la citoyenne Duthé n'avait pas été rétablie sur la liste des émigrés :

> La citoyenne Cramoyelle a donc eu sujet d'être surprise, après avoir pris toutes les précautions que la prudence exigeait, en apprenant que cette maison était indiquée comme bien national à vendre ou à louer. Elle s'adresse avec raison au citoyen Perrégaux, fondé de procuration de la citoyenne Duthé, pour faire cesser ce trouble ou lui restituer le prix de son acquisition et l'indemniser des dépenses qu'elle a faites depuis dans cette maison.
>
> Quoique le citoyen Perrégaux ait encore entre ses mains le prix de cette vente, il doit cependant pour les intérêts de la citoyenne Duthé, sa mandataire, non seulement la dégager de la demande de la citoyenne Cramoyelle, mais encore conserver à la citoyenne Duthé ce prix, comme n'étant pas dans la classe des émigrés et étant, sur tous les rapports, dans le cas des exceptions portées par toutes les lois relatives aux émigrés.

Cette citoyenne Cramoyelle, entre parenthèses, avait aussi été une personne de mœurs légères qu'on trouve en des temps antérieurs, dans le *Journal des Inspecteurs*, comme ayant eu des relations avec un officier des gardes, M. de Saint-Marc.

A Paris, Ménager de Souville agit aussi. C'est évidemment lui qui soulève une protestation en faveur de Mlle Duthé, à la section des Piques (place Vendôme), et fait parler pour elle un certain citoyen Artus, poussant l'assemblée a décider qu'il est juste de donner un certificat à la citoyenne Duthé, établissant son absence de Paris depuis environ neuf ans. Ce sont les curieux contrastes de l'époque : qui eût dit à la belle impure, quand elle faisait assaut de luxe, à Longchamps, avec Mlle Cléophile, qu'elle rechercherait des appuis parmi ceux qui ont quelque action sur le populaire?

L'affaire traine, avec des vicissitudes diverses. Le 22 floréal, an VIII, le juge de paix de la division de la place Vendôme, Jean-François Michel, (Ibled, greffier), reçoit une déclaration de neuf citoyens, affirmant sur serment qu'ils savent que la citoyenne Duthé s'est absentée de France en 1786, qu'elle n'y est pas rentrée avant 1789 (ce qui est sans doute assez téméraire) et qu'elle a constamment résidé en Angleterre. Le mélange des noms de ces témoins est amusant : ce sont Perrégaux, naturellement; l'architecte Bellanger, 21, rue du Faubourg-Poissonnière; Jean-Estienne Despreaux, artiste (le mari de la Guimard), 384, rue du Mont-Blanc; Louis-Marie Nivelon, le danseur, 350, rue de Clichy; Antoine Bonato, coiffeur de dames, 8, rue Montmartre, division de Brutus; Jacques Collard, ci-devant administrateur municipal du 1er arrondissement du canton de Paris; Henry-François Lançon « citoyen français »; Jacques Laffitte, le futur banquier, rue des Mathurins, 856; Charles-Maurice Talleyrand, ministre des Relations extérieures, « rue du Bacq ».

Les réclamations, en dépit de garants parmi lesquels se trouve un ministre, n'aboutissent point. Il y a un brouillon d'un certain sous-chef de bureau, nommé Caignart, qui semble avoir déterminé la solution :

« En ce qui regarde la trop célèbre Duthé, maîtresse du ci-devant d'Artois,

« Attendu qu'elle n'est pas rentrée en temps utile,

« Qu'aucune pièce justificative de son droit à l'exception comme sortie avant le 1er juillet 1789...

« Qu'il importe de vérifier ces pièces et de provoquer une décision définitive... »

Ce Caignart est, évidemment, un vieux Jacobin qui a gardé une façon originale de préparer les arrêtés. En tout cas, c'est lui qui inspire, en ventôse, la délibération de l'administration centrale du département de la Seine, déclarant que la citoyenne Duthé, quand même il serait prouvé qu'elle a un autre domicile en Angleterre, n'a pas fait constater, comme doivent le faire toutes les personnes ayant un double domicile, sa résidence à Paris depuis le 9 mars 1792; en vertu de quoi son absence est qualifiée d'émigration, son nom maintenu sur la liste des émigrés, ses biens meubles et immeubles demeurent acquis et sont confisqués au profit de la République.

Mlle Duthé a, à Londres, des compensations à ces rigueurs. Ses billets à Perrégaux, sous le Directoire, témoignent même de quelque belle humeur. Se défendant contre l'âge, elle a reparu au théâtre. Elle a une maison bien montée, où, avec cette demi-sauvegarde des apparences qui est nécessaire en Angleterre, elle reçoit bonne compagnie. Il y a trace d'une liaison, non plus affichée, comme jadis à Paris, mais discrète, avec un membre du Parlement, M. Lee. Il s'intéresse même à elle encore en 1802, car ses occupations politiques l'empêchent de l'accompagner dans un voyage à Paris, qu'elle a l'impatience de revoir (1). Elle semble être restée peu de temps en France, puis elle retourne à Londres. Elle y retrouve, durant le temps de l'Empire, dans l'abdication à laquelle elle est peu à peu contrainte, alors que les amitiés remplacent les passions, le prince de Condé dont elle a fait

____

(1) Catalogue d'une vente d'autographes faite par Charavay le 10 mars 1844.

l'éducation amoureuse, qui, après tant de malheurs, aime à retrouver en elle sa jeunesse et la vient visiter avec quelque régularité. Elle n'en est plus, maintenant, qu'à parler du passé avec une mélancolie traversée de quelques sourires, au souvenir de tant de folies d'antan. Avec un reste de goût pour la fantaisie, elle paraît avoir été en termes amicaux avec une originale actrice anglaise, Leah Wells, qui avait naguère empli Londres du bruit de ses aventures et qui, après avoir connu toutes les extrémités, terminait une existence accidentée dans un hôtel de Portland-Place, par la faveur d'un héritage inespéré. C'était cette Leah Wells, une des interprètes préférées de Sheridan qui, internée pour dettes à la prison de la Flotte, y avait fait la connaissance d'un envoyé de l'empereur du Maroc, Sembel, prisonnier, en dépit de ses richesses, parce qu'il s'entêtait à ne pas payer des créanciers qui lui déplaisaient. Sembel, qui menait grand train dans sa captivité sans rigueurs, avait proposé à Leah Wells de l'épouser, et la comédienne, sans difficulté, s'était faite musulmane. Sembel avait d'ailleurs été un mari tyrannique, et Leah Wells avait repris sa liberté, en héroïne qu'elle était, en s'échappant au moyen d'un canot, avec un mousse comme compagnon, du navire sur lequel l'Oriental l'emmenait en son pays. Mlle Duthé, n'en pouvant plus vivre, aimait à entendre conter des romans, et Leah Wells avait beaucoup de souvenirs. En outre de ceux qui lui étaient propres, n'avait-elle pas été naguère la confidente de cette autre actrice, Martha Ray, assassinée devant la porte de Covent-Garden, par son amant, l'officier Harckman, pendu pour ce meurtre?

Rosalie Duthé a les cheveux blancs quand, en 1816, elle retourne achever de vivre en France, s'installant dans la maison portant le n° 36 de la rue Basse-du-Rempart, se prolongeant alors jusqu'à la rue de la Chaussée-d'Antin, maison démolie en 1858 et qui devait se trouver exactement où est aujourd'hui le magasin d'*Old England*, au coin de la rue Scribe. Ménager de Souville, qui a tous ses secrets, s'occupe de ses biens. Que de changements autour d'elle, que de morts, et que d'oublieux parmi les survivants qui, avec la Restauration, ont repris rang à la Cour! Elle-même, ressemble-t-elle à l'image que lui retracent ses portraits? Les années passent : elle s'est transformée en une belle douairière. Cependant, elle n'a pas renoncé à donner à dîner. De vieux convives, épaves d'un autre temps, s'asseoient fidèlement à sa table, le mardi. C'est, parmi ceux qui ne manqueront que lorsqu'ils seront complètement impotents, le vieux marquis du Bouzet, qu'elle a connu à Londres, venant à pied de son logis de la rue Taitbout, mais fort capable de s'imaginer qu'il a donné congé à un cocher qu'il n'a plus, ayant gardé les belles manières d'antan, galant avec un peu de cérémonie, et qui compose encore des énigmes, comme au temps où elles étaient de mode, dans le *Mercure*; c'est le comte de Scépeaux, ancien chevalier d'honneur du comte de Provence, bon appréciateur de cuisine, et qui veut bien convenir que, chez Mlle Duthé, c'est « la simplicité de l'exquis », viandes bien tendres, légumes bien cuits, fruits bien mûrs, vins bien vieux. Pourtant, il hasarde quelques critiques, parfois, et elles sont de poids de la part d'un homme à qui Brillat-Savarin a consacré quelques lignes du chapitre de la digestion des truffes.

Son jeune ami Auger le rencontre un jour sur le boulevard, tandis qu'il neige. M. de Scépeaux paraît radieux de cette avalanche : « Beau temps, dit-il, parce que Mlle Duthé, par une lésinerie ridicule, ne faisant pas frapper son vin de Champagne, je vais recommander à l'office de recueillir cette manne providentielle et de frapper en cachette. »

Et elles sont presque touchantes, ces réunions de gens d'un autre âge, représentant un temps disparu, riches surtout de souvenirs, autour de cette ancienne beauté qui est à présent leur doyenne.

Le prince de Condé, encore qu'il soit asservi à la baronne de Feuchères, qui lui sera fatale, ne manque pas, quand il vient à Paris, de rendre visite à Mlle Duthé, et l'initiatrice et l'initié d'antan s'attendrissent en pensant à leurs belles années. Leurs destinées auront été mêlées, et elle ne lui survivra en effet que d'un mois, après le drame de Saint-Leu.

A quatre-vingts ans, Mme Duthé devient presque aveugle et doit se confiner alors dans la retraite, s'intéressant encore un peu, cependant, aux nouvelles du jour, à la lecture de la *Quotidienne*, que lui fait Ménager de Souville, qui n'est pas loin d'être, lui aussi, un vieillard. Mais la Révolution de Juillet, qui chasse ce roi morose que, par la pensée, elle voulait revoir charmant, comme alors qu'il était le brillant comte d'Artois, lui apparaît la fin de tout, et elle n'a plus qu'à s'en aller. Elle meurt le 24 septembre 1830, et les témoins, pour son acte de décès, où elle est qualifiée de « rentière, célibataire » sont Marie-Philippe Metrot, dessinateur, et Ménager de Souville, qui s'intitule régisseur général des biens de Mgr le duc d'Aumale. Il n'était, à la vérité, régisseur que du domaine de Nanteuil-Dammartin (1).

Le 28 septembre, un service de 4ᵉ classe réunit, à la chapelle de la Madeleine, un bien petit nombre d'assistants, car à ces débuts de la monarchie citoyenne, qui s'avise encore de la belle pécheresse qu'a été Rosalie Duthé, ayant connu Mme Du Barry avant qu'elle fût favorite de Louis XV, ayant fait les beaux jours d'un Paris si différent, ayant été délicieuse sous la poudre et les mouches? Le corps avait été présenté à l'église par Souville et par Thomas Chavernac, demeurant 8, rue Grange-Batelière (2).

Elle était enterrée au Père Lachaise (3), sous deux thuyas, et un petit monument — qui s'effrite aujourd'hui, mais où l'inscription est encore lisible — surmonté d'une urne de pierre était consacré à sa mémoire légère. Le hasard lui donnait, comme voisin de tombe, Barthélemy Sieyès.

---

(1) Communication de M. Macon, conservateur du Musée Condé.

(2) Registres de la paroisse de la Madeleine, année 1830.

(3) 9ᵉ division, 12ᵉ ligne, face l'avenue 4ᵉ division, nᵒ 9 de l'avenue du Puits.

Elle n'avait pas fait de testament (1), et il n'y eut pas d'inventaire, malheureusement pour les curieux d'aujourd'hui, qui eussent été bien aises de reconstituer cet intérieur d'ancienne reine de la galanterie. Ménager de Souville, un de ses héritiers, avait dû bien prendre ses précautions, toutefois, car l'année suivante, on le retrouve installé au Pecq, en rentier. Les autres héritiers étaient Mme Malacrida, veuve Autier, demeurant rue Laffitte, et Mlle Marie-Angélique Malacrida, cousines germaines. La vente du mobilier produisit 9 000 francs.

Le rideau était tiré sur une existence qu'on présenterait malaisément comme édifiante, mais qui, dans sa frivolité même, avait été significative d'une époque. « On jette un peu de terre, comme disait une contemporaine de Mlle Duthé, et en voilà pour une éternité ! »

VII

Mais il y a les Souvenirs, par où se prolonge une vie. Ceux-ci parurent, en 1833, chez Ménard, libraire, « place Sorbonne », en quatre volumes, de ces volumes à grandes marges, semblables aux premières éditions des Romantiques, sous le titre assez singulier de *Galanteries d'une Demoiselle du Monde ou Souvenirs de Mlle Duthé*. Ils étaient devenus extrêmement rares.

Ce n'était point un ouvrage posthume de Mlle Duthé, qui n'écrivit jamais que des billets tendres, d'un sentiment plus ou moins sincère, selon les circonstances, ou des lettres d'affaires. Ces souvenirs avaient été rédigés par le baron Lamothe-Langon, un personnage qui serait peut-être assez curieux, si on le serrait d'un peu près, et sur lequel il y a quantité de légendes. Les dictionnaires le font tous préfet de l'Aude pendant les Cent Jours, ce qu'il ne fut point, pour la

______

(1) Constaté par un acte de notoriété, étude de Me Jacques Baudenom de Lamaze ; Me Ragot, successeur actuel.

TOMBE DE MADEMOISELLE DUTHÉ, *au Père-Lachaise.*

raison que ce préfet fut M. Saulnier, succédant, pour peu de temps, au baron Trouvé (1). Sa carrière administrative ne s'éleva pas si haut, même en des moments critiques (2). Mais il importe peu. C'était un curieux d'histoire. Il recherchait, alors qu'il y en avait encore, des témoins des années insouciantes et aimables du XVIIIe siècle, et il faisait parler ceux qui pouvaient contribuer, après l'abime creusé par la Révolution, à en dessiner l'exacte physionomie. Il avait connu Mlle Duthé en sa vieillesse. Il était très bien informé, et beaucoup de ses assertions peuvent être contrôlées, ce qui a chance de lui assurer une certaine créance générale. Encore que, dans ces Confessions qui sont censées être écrites pendant la tempête révolutionnaire, il ait prêté à Mlle Duthé un ton assez réservé, je doute que, si elle eût été consultée de son vivant, elle eût approuvé l'idée de cette publication. J'imagine que, l'âge venu, elle avait pris son rôle de douairière au sérieux et se considérait surtout, elle aussi, comme une émigrée rentrée en France (3).

Il ne faut point regarder avec trop de dédain les livres apocryphes écrits à une certaine époque et dans certaines circonstances. Ils ramassent des traits épars, et, au-dessus d'une vérité particulière, ils ont une vérité d'ensemble. Lamothe-Langon, qui s'était déjà occupé de Mme du Barry, semble avoir été assez scrupuleux dans sa documentation et on peut lui accorder au moins ce mérite. Il avait, en s'adressant bien, recueilli mille anecdotes qui voltigeaient encore dans la mémoire des derniers représentants d'une société évanouie.

La vogue de ces souvenirs, attribuée à tel ou tel personnage célèbre, fut, à la fin de la Restauration et dans les premières

---

(1) Communication de M. Joseph Poux, archiviste de l'Aude.

(2) Voir sur Lamothe-Langon la *Revue de Toulouse*, notice par Hangar, 1868, tome XXVIII.

(3) Quand les *Souvenirs* parurent, une réclamation signée Lamy, 16, rue Saint-Sébastien, neveu de Mlle Duthé, fut insérée dans plusieurs journaux pour désavouer cette publication. Or, on a vu qu'il n'y avait aucun neveu, et rue Saint-Sébastien, il n'y avait personne du nom de Lamy. C'était une simple mystification.

années du règne de Louis-Philippe, considérable. De vieilles personnes aimaient à y retrouver l'image de leur jeunesse, et d'autre lecteurs se plaisaient à y rencontrer les traditions dont ils avaient été bercés.

Au demeurant, quelle foi pouvait mettre dans ces compilations un curieux du temps évoqué, après s'être entouré de mille indications puisées à bonne source! Coursen, dit de Courchamps, qui fit les *Souvenirs de la marquise de Créquy*, en était arrivé à emprunter tout à fait la personnalité de la grande dame. A mesure qu'il écrivait, il se confondait véritablement avec elle et, oubliant son humble origine, avait un merveilleux dégoût de la roture. Il avait positivement l'amertume de certaines mésalliances anciennes. Quand il composa les derniers tomes de cet ouvrage, il en était arrivé à se coiffer d'un bonnet de femme, à s'habiller en femme, à travailler au milieu de boîtes à mouches, d'éventails, de miroirs, tandis qu'une tapisserie commencée traînait sur un bonheur du jour. Son libraire, l'allant voir un jour, le trouva au lit. « J'ai mes vapeurs, aujourd'hui, » dit-il d'une voix dolente.

Il y a, dans les *Souvenirs de Mlle Duthé*, des portraits d'une assez jolie touche (on avait assez bien, à ce moment, le secret de l'art des portraits), de menues historiettes agréablement choisies, une certaine couleur d'époque, et si tout ne paraît pas neuf dans ces pages, aujourd'hui, c'est qu'elles n'ont pas laissé d'être un peu pillées, d'aventure. On goûtera quelques scènes d'une aimable impertinence, comme celle où le fermier général Hocquart, protecteur de Mlle Duthé, la surprend, sans qu'il puisse douter de son infortune, en compagnie du beau Letorière, ne se laissant point troubler par l'arrivée imprévue du financier : « Monsieur Hocquart, dit Letorière, je me suis permis de m'affubler de votre robe de chambre et de votre bonnet de nuit ; en revanche, vous m'obligeriez de passer mon habit et mes chausses, que je mets à votre disposition. » La scène où le prince de Condé vient, avec des procédés d'une élégance exquise, prier

Mlle Duthé de prendre sous ses auspices les débuts de son fils dans la carrière de l'amour, est charmante. « Mais, monseigneur, dit Mlle Duthé, vous le faites débuter bien jeune ! » Et elle se rend cet hommage qu'elle se conduisit en maître habile et sage tout à la fois. La rupture avec M. de Genlis, la visite à M. de Sartine, l'entrevue platonique avec le comte de Provence à Versailles, où Monsieur, après une conversation qui reste une conversation, congédie celle dont il a souhaité la visite, demeurant un peu étonnée, avec ces mots : « Mon chancelier vous dira le reste » ; certains petits tableaux de la vie intime de l'Opéra sont des morceaux qui ne manquent pas de saveur. L'éditeur d'aujourd'hui a sagement agi en élaguant quelques chapitres parasitaires où Lamothe-Langon reparaissait par trop, et en mettant principalement en valeur ce qui était caractéristique des mœurs du xviiie siècle ou ce qui était historique, par les tout petits côtés de l'histoire... Tel quel, ce petit ouvrage me semble d'une lecture amusante. Et surtout — et c'est là son meilleur mérite — il permet de la rêverie, où se peut même mêler quelque philosophie, à cette sorte de revue d'un siècle vers lequel, en de certaines heures dont l'intérêt est un peu brutal, le regret attendri pour des élégances à jamais disparues ramène volontiers notre pensée...

Paul GINISTY.

Je dois adresser mes remerciements, pour la bonne grâce avec laquelle ils ont bien voulu m'aider de précieuses indications, à M. Lazard, le savant sous-directeur des Archives de la Seine ; à M. Jean Lhomer, dont l'étude sur le banquier Perrégaux est un modèle de tact dans l'érudition ; à M. Gaston Capon, à qui le xviiie siècle est si familier, le plus ingénieux des chercheurs ; à M. G. Lenôtre, l'impeccable historien ; à M. Constantin, le notaire parisien qui s'intéresse le plus à l'histoire de Paris ; à M. le Dr H. Ludger, investigateur sagace ; à M. G. Hartmann qui, avec son inépuisable obligeance, m'a libéralement ouvert cette collection d'estampes formée par lui, qui est un véritable musée.

SOUVENIRS DE MLLE DUTHÉ

DE L'OPÉRA

(1748-1830)

I

IL arrive une époque où l'on veut compter avec soi-même, où pour s'aider à supporter le présent et à craindre moins l'avenir, on trouve une sorte de jouissance à rétrograder moralement vers le passé qui a disparu sans retour, où nos souvenirs ont un charme, ont une puissance sur notre imagination que ne peuvent avoir nos actions actuelles, et où, enfin, le bonheur consiste à se rappeler ce que jadis on a eu de plaisirs et de peines.

C'est là sans doute une fâcheuse époque dans la vie ; car enfin, ce qui n'est plus, n'est qu'une chimère, tandis que ce qui est, nous frappe de sa réalité pénible ; la vieillesse, par exemple, opposée à l'état éblouissant du jeune âge... La vieillesse !... Oh ! Sophie, l'horrible chose que vieillir !... C'est pourtant une des conditions absolues de l'existence et ce n'est que dans la fable, que la fontaine de Jouvence ramène l'homme aux beaux jours de son printemps.

Nous voilà, toi et moi, atteignant à ce terme, nous avons à part le chagrin d'y parvenir, la douleur non moins vive d'être arrivées pareillement à une époque funeste de perturbation. Les tempêtes politiques et les échafauds ont remplacé les pompes de Versailles et les amusements délicieux de

Paris. Nos amis sont morts assassinés par des bourreaux, ou en fuite et dans les malheurs; nos amies ne sont guère heureuses, et la France marche de convulsions en convulsions. Où va-t-elle? qui le sait?

Tu es, dis-tu, à Berlin, à l'abri de l'orage; je suis à Londres, et je puis aussi le braver. Tu exiges que je profite de ma solitude pour remplir une ancienne promesse; tu veux, écrite de ma main, l'histoire de ma vie; tu fais un appel à mon affection, à ma sincérité; tu verras si j'ai dit franchement, car, tu me connais depuis longtemps : eh bien! je vais te satisfaire, tu sauras tout. A quoi me servirait de te rien déguiser? On m'a si étrangement calomniée, que, quelque aveu que je fasse à mon désavantage, je resterai en arrière de la méchanceté. Dès lors, je puis être hardie, et je le serai.

J'ai beaucoup vu; nous sommes nées à une époque heureuse, où une jolie femme pouvait si bien employer sa vie! J'ai amplement profité de la mienne. J'ai été folle, coquette, sensible, froide, maligne. On me disait sotte, cela ne devait pas m'étonner; on m'accordait une beauté peu commune, et on se dédommagea en lui donnant pour compagnon indispensable le manque d'esprit.

C'est une capitulation que l'on fait dans le monde avec celui ou celle qui possède par les qualités de l'âme ou les perfections du corps; qui a du mérite, doit être original, méchant, hargneux, que sais-je! Qui est jolie, ne peut être que cela. Je ne pus échapper à la règle commune, et lorsqu'il fallut convenir de ma rare beauté, on ne manqua pas de me ranger dans la catégorie ordinaire, et cette fiche de consolation resta à mes rivales nombreuses; je ne me suis pas mis en peine de la leur retirer.

J'ai cru ce préambule nécessaire, et pour cause. C'est comme la préface de mon barbouillage, tu en feras à ta fantaisie, et moi je vais entrer en matière par le commencement, ceci étant non un conte, mais une histoire véridique.

Ce commencement est, je crois, pour demeurer fidèle à la

règle des faits chronologiques à avouer, l'époque de ma naissance, le lieu où je suis née, et qui m'a mis au monde; ce sont trois choses que, dans notre position, on couvre toujours d'un voile épais. J'en ferai autant des deux dernières, parce qu'enfin, mon illustration peut ne pas convenir à des cervelles étroites, parce que notre famille a des droits à nos égards. La mienne, perdue dans la foule, pourrait se plaindre de mes révélations, je ne te dirai donc rien là-dessus. Serai-je plus franche sur la première? Écrire de sa propre main sa sentence fatale, désigner positivement le premier anneau de cette chaine qu'on nomme la vie, dater comme si on était princesse, se condamner volontairement au pilori de l'Almanach royal, en aurai-je le courage?... Hélas! oui; il y a quelques années que je me serais réfugiée dans mon sexe et dans ma faiblesse pour te refuser cette satisfaction. Aujourd'hui que m'importe!!

Je suis née vers la fin de 1748 (1), époque de calme où l'on n'avait à se tourmenter, dit-on, que du bien-être. Mes parents étaient pauvres, on m'éleva mesquinement. Je signalerai que mon éducation première eut lieu au couvent de Sainte-Aure (2), où la comtesse du Barry fit aussi un séjour; nous nous y trouvâmes en même temps, elle un peu grandelette, moi enfant à ne jouer encore qu'avec une poupée. On a prétendu que déjà, elle, alors, s'amusait autrement.

Nous n'eûmes aucun rapport ensemble; je restai peu, d'ailleurs, à Sainte-Aure. D'autres revers inattendus, augmen-

---

(1) Date établie.

(2) « Au sortir du cul-de-sac des Vignes, à l'angle de la rue du Pot-de-Fer et de la rue Neuve-Sainte-Geneviève, se trouve le couvent des Religieuses de Sainte-Aure. Le premier établissement fut fondé en 1687 par M. Gardot, curé de Saint-Étienne-du-Mont. Religieuses vêtues de blanc, avec un scapulaire écarlate et un manteau noir, elles portent un cœur en médaillon sur l'estomac. Leur église est fort propre. L'objet de ces religieuses est l'éducation des jeunes demoiselles. Les pensions d'éducation y sont de 450 à 500 livres. (*Guide des Amateurs et des Étrangers voyageurs à Paris*, par Thiéry, 1787.) La rue porte actuellement le nom de rue Lhomond, et une partie de l'ancien couvent existe encore.

tèrent la gêne de mes parents; ils me retirèrent de la maison pieuse. Une de mes tantes me prit chez elle, et, dès lors, il ne fut plus question du reste de ma famille. Cette tante, honnête revendeuse à la toilette, possédait, à un degré éminent, toutes les vertus de sa profession. Achetant à bon marché, vendant cher, se mêlant de divers commerces, prêtant sur gages, procurant à des jolies femmes des connaissances utiles, aidant à la petite poste à soutenir la correspondance de Paris, allant dans de nobles maisons chez les demoiselles du monde, sans dédaigner la bourgeoisie, trafiquant de tout, maquignonnant des unions momentanées, et nouant parfois des mariages qu'on aurait bien plus tard voulu souvent être serrés moins fortement.

Mon Dieu! les belles liaisons qu'elle avait dans la haute noblesse et dans la finance! Que de femmes huppées venaient incognito chez elle! Il y avait dans sa maison un flot perpétuel de noblesse, de gens de robe et d'épée. Les Turcaret ne manquaient pas, car des hommes, non moins que des personnes de notre sexe, avaient toujours à faire à ma tante. On trouvait dans ses magasins toutes les sortes de chiffonneries curieuses ou précieuses : des bijoux, des pierreries, des bagues, des chaînes, des tabatières, des breloques à la mode, des dentelles, les plus riches étoffes; et puis le hasard réunissait là des individus si charmés de s'y rencontrer, il y avait des petites chambres si bien meublées et si obscures, que le logis ne désemplissait pas.

Nous demeurions alors auprès du cimetière des Innocents, rue des Prêcheurs; je vois encore cette antique et vaste maison, rendez-vous de la bonne compagnie, et il me semble que j'entends le marquis de Chauvelin (1), celui qui, plus

---

(1) Le marquis de Chauvelin, fils de l'ancien garde des Sceaux, avait été ambassadeur de France à Tunis. Il était maître de la garde-robe de Louis XV. Il mourut subitement le 24 juin 1773 à la table de jeu de Louis XV. Il avait eu, naguère, une grande passion pour une fille d'opéra, Mlle Minos, et avait voulu se jeter par la fenêtre quand il avait appris sa trahison. Il s'était fort remis de ce chagrin et n'avait plus songé qu'à mettre ordre à ses affaires,

RUE DES PRÊCHEURS

(Angle de la rue Saint-Denis, telle qu'elle était en 1860.)

(Collection de M. G. Hartmann.)

tard, mourut dans le salon de la comtesse du Barry, presque dans les bras de Louis XV, dire à ma tante :

« Maman Duval (c'était son nom de guerre) (1), quand on veut voir des gens bien nés, il faut aller à Versailles ou venir chez toi. »

Non que ma tante fût exclusive ; elle avait un fonds d'amour de l'égalité qui la rendait très avenante pour les jolies filles de bas étage, pour les jeunes gens bien constitués. Elle plaçait ceux-ci valets de pied chez les princesses, laquais chez les douairières du faubourg Saint-Germain, et hommes à tout faire dans les maisons de finance ou de bonne bourgeoisie. Les grisettes avaient le meilleur lot, il y avait tant de cœurs charitables qui s'intéressaient à leur fortune que, pour peu que leur minois fût avenant, elles faisaient un chemin rapide ; aussi, j'ai souvent trouvé la mémoire de ma tante en grande vénération, et quand on parlait d'elle, on la désignait sous l'épithète extrêmement flatteuse de « providence » des demoiselles de l'Opéra.

Il faut dire qu'elle avait un cœur excellent, se tourmentant pour procurer le bonheur aux autres, n'épargnant ni sollicitations, ni démarches, afin de décider celles qui étaient assez insensées pour se refuser à être heureuses de sa façon. Oh ! combien de fois l'ai-je entendu répéter ce vieux proverbe : « Si jeunesse savait, si vieillesse pouvait ! » Ma tante avait acquis tant de science et aurait été si joyeuse de pouvoir encore !

J'étais, on le croira sans peine, à bonne école ; maman

---

fort dérangées par cette passion. — Peu de jours après sa mort, le roi fut à Choisy, un des chevaux de son carrosse s'abattit et mourut sur place. Quand on vint dire cet accident au roi, il répondit : « C'est comme ce pauvre Chauvelin ! » (*Mémoires de Mme de Genlis*.)

(1) Le nom de la Duval se rencontre dans les papiers du fonds des Archives de la Bastille, à l'Arsenal. Il y a une lettre d'un certain Devaraisnes à l'inspecteur de police Meusnier où il est question de cette complaisante personne : « Mlle Duval vous fait mille compliments ; elle me fait dire qu'elle a des choses de conséquence à vous dire. » Et une note de Meusnier rappelle que la Duval a procuré la demoiselle Tourville à M. Pajat. La demoiselle Tourville était même un peu bien jeune.

Duval me témoignait une vive tendresse, s'extasiait sur ma figure, la beauté de mes cheveux, l'élégance et la souplesse de ma taille, la finesse de ma peau; j'étais l'objet de ses soins et, en même temps, elle me retenait presque en charte privée, ne me laissant voir par aucun de ses nombreux amis, et me prêchant toujours une morale austère. Ma tante avait du manège et des principes; il faut l'un et les autres pour faire convenablement son chemin.

Cette vie retirée et passée presque tout entière dans une petite chambre, à la hauteur des toits, me convenait peu; je ne sortais jamais, à part le dimanche, où nous allions entendre la messe et les vêpres à notre paroisse, à moins qu'un prédicateur célèbre ou une fête extraordinaire ne nous appelât à quelque autre église. Maman Duval avait beaucoup de piété, c'était encore une des conditions de sa profession; cette vertu lui procurait l'entrée des couvents d'hommes ou de femmes et des abbayes royales. Le haut, le bas clergé, les chanoines, les moines de toutes couleurs avaient des relations avec elle; ma tante faisait le commerce des reliques non moins que d'autre chose; d'ailleurs, à cette époque, les ecclésiastiques donnaient dans les achats profanes, et elle prétendait que leur robe sanctifiait tout.

Je m'ennuyais, on le comprendra sans peine; j'entrais dans ma quatorzième année; j'étais grande, svelte, élancée et déjà remarquablement belle et un jour où ma tante me surprit à pleurer, elle m'attira sur ses genoux et me demanda ce qui me faisait de la peine.

« C'est d'être seule, répondis-je, c'est si triste.

— Va, mon bijou (elle m'appelait ainsi), je veux que tu aies de la compagnie; je te fais cadeau de mon beau perroquet gris que tu monteras dans ta chambre et tu auras en outre demain un bichon tout blanc à longues soies, et un gros chat isabelle.

— J'aimerais mieux, repartis-je, un petit garçon; donnez-m'en un, j'aurai tant de plaisir à jouer avec lui. »

Un cri échappa d'abord à ma tante, un cri de stupéfaction

et de colère; mais ce premier élan du cœur se changea bientôt en un éclat de rire immodéré, qui se prolongea longtemps
et qui, à mon tour, me rendit toute honteuse; il m'offensa à
tel point que je me promis de renfermer en moi l'aveu com-
plémentaire qui allait m'échapper.

La fenêtre de ma chambre donnait sur une cour et, vis-à-
vis dans une maison voisine au même étage, je voyais
presque toute la journée, dans une espèce de galerie, un
jeune homme de seize à dix-sept ans, à la physionomie
agréable, aux beaux yeux noirs; sa chevelure bouclée naturellement était de la même couleur; il avait une taille parfaite et quelque chose de hardi, de téméraire même dans
l'ensemble de sa tournure qui me donnait de lui une haute
opinion. Je me plaisais à le regarder; lui, je ne sais pourquoi,
trouvait également un attrait dans la contemplation de ma
petite personne. Nous ne pouvions nous parler et cependant
nous nous connaissions déjà et nous nous convenions beaucoup; j'aurais donc préféré que, pour mon amusement, on
me procurât sa compagnie; elle m'eût été plus agréable que
celle des trois animaux dont on voulait me régaler. Je
l'aurais dit, car j'étais alors d'une franchise avoisinant parfois la naïveté; mais la gaieté immodérée de ma tante me
blessa.

Sur ce, maman Duval me repoussa de ses genoux, me
remit le perroquet, m'envoya dans ma chambre où Jeanneton,
notre cuisinière, m'enferma, et où, le lendemain matin, l'on
m'amena le chat isabelle et le chien aux poils longs et soyeux.
Je partis le cœur gros et l'âme en rébellion. Mon jeune voisin
m'avait été jusqu'alors indifférent peut-être, et dès ce moment
voilà que je m'avisai de rêver à lui, que je mis plus d'attention à le regarder, et que mon sourire eut une douceur
inexprimable; j'étais bien jeune, mais bon sang ne peut
mentir.

J'aurais voulu savoir le nom du voisin : le lui demander
n'était pas possible; je m'avisai de lui en donner un, ce fut
celui du serin favori de ma tante. « Mirtil », oh! le joli nom,

« Mirtil ! » Comme je trouvai qu'il convenait mieux à un adolescent qu'à un oiselet insignifiant ! Je m'occupai de celui-là avec plus de suite, lorsque je sus comment le nommer. Je me suis aperçue depuis bien longtemps que le fantastique est un des antipodes de l'amour ; celui-ci, quoi qu'en disent les précieuses, ne se nourrit que de réalités et il augmente à mesure qu'il donne des preuves palpables de son existence ; c'est la cause qui fait que l'absence le tue ; il redevient chimère, pleine illusion et sans solidité, même pour le cœur le plus pur ; jugez des autres, et ceux-ci sont le plus grand nombre.

Sur ces entrefaites, un jour qu'il faisait très beau, ma tante m'habilla avec une robe de soie vert-pomme, doublée de rose, qui m'allait à ravir ; on frisa mes cheveux, on les couvrit d'un œil de poudre et, bien lacée, bien chaussée, nous montâmes dans un fiacre et nous voilà cheminant. Où allions-nous ? je l'ignorais ; j'aurais voulu le savoir ; mais questionner ma tante, Dieu m'en gardait ! Elle aurait répondu par de douces paroles, accompagnées de deux soufflets largement appliqués, selon son usage, à toute demande de ce genre que je lui faisais. Elle prétendait que la discrétion était nécessaire dans son état, qui avait, ajoutait-elle, de grands rapports avec ceux de confesseur et de médecin.

Il y avait bien sur le devant de la voiture le carton obligé ; mais cela n'apprenait rien. Qui pouvait se flatter d'avoir vu ma tante sortir sans lui ? C'était sa contenance, son égide, son secours, son moyen d'attaque et de défense, en un mot, une forteresse inexpugnable, jamais forcée et qui, au contraire, ne cessait de faire feu sur toute vertu récalcitrante, scrupules féminins, bourse d'avare ou de prodigue. Que ne faisait pas ma tante, à quoi ne parvenait-elle pas à l'aide de son carton ?

Le fiacre allait son pas de course ; pris à l'heure, nous avancions lentement. Aux approches de la rue Richelieu, maman Duval me dit :

« Ma fille tu vas être présentée à deux dames qui, **sans te** connaître, te veulent du bien, elles sont très considérées à cause de leur richesse acquise en tout honneur, non moins qu'en raison de leurs belles connaissances. Amies du feu maréchal de Saxe, elles tiennent une maison excellente et laissent crier l'envie.

— Et qui donc leur en veut? dis-je avec naïveté.

— Des méchants, des jalouses. Je leur ai parlé de toi, elles veulent te voir. Ne va pas faire la sotte; sois aimable, gentille : si tu leur plais, tu t'en trouveras bien et par la suite elles peuvent t'aider à te pousser dans le monde, « et un peu d'aide fait grand bien. »

Ma tante se plaisait à sortir sa morale des proverbes; il est vrai que, parfois, elle les détournait de leur acception naturelle; mais ceci était dans l'unique but d'en tirer un meilleur parti. Don Basile, de Beaumarchais, n'est pas le seul qui en ait arrangé avec des variations.

Or, ces amies du maréchal de Saxe étaient mesdemoiselles de Verrière (1), fameuses dans les annales de la galanterie

---

(1) De leur vrai nom Riuteau.

1° Marie Riuteau, née en 1728, la plus importante maîtresse du maréchal de Saxe, puis de M. d'Épinay, de Colardeau, etc., dite Riuteau de Furey, morte en 1775.

2° Geneviève-Claude ou Claudine Riuteau, née en 1730, dite Riuteau d'Orgemont, probablement maîtresse de M. d'Épinay, après la mort de sa sœur Marie, auparavant maîtresse de M. de Francueil, quand celui-ci eut quitté Mme d'Épinay et avant qu'il épousât, vers soixante ans, Marie-Aurore de Saxe comtesse de Horn, fille du maréchal de Saxe et de Marie Verrière, par conséquent nièce de Geneviève. C'est par Aurore de Saxe que George Sand descendait du maréchal. Voir, dans les *Mémoires*, de Marmontel, les pages aimables où il raconte comment il encourut la colère du maréchal de Saxe pour sa liaison avec Marie Riuteau (livre IV). Marie Riuteau, qui s'était compromise « avec ce petit insolent de poète », fut consolée de l'abandon de Maurice de Saxe par le prince de Turenne. « Ce prince, dit Marmontel, me trouvant un soir dans le foyer de la Comédie-Française, vint à moi et me dit : « Vous êtes cause que le maréchal a quitté Mlle Verrière; voulez-vous me donner votre parole de ne plus la voir ? Son malheur sera réparé. » Cela m'expliqua le mystère du rendez-vous qu'elle m'avait donné la veille dans le bois de Boulogne et des pleurs qu'elle avait versés en me disant adieu. « Oui, mon prince, je vous la donne, lui répondis-je, cette parole que vous me

quelques années auparavant. Elles commençaient à mûrir, et, pour prolonger l'illusion, s'avisaient de jouer la comédie; c'était chez elles presque un bureau d'esprit; l'on y jouait un peu, l'on y parodiait l'amour, mais avec la solennité de l'importance. Ces dames tenaient leur rang et faisaient bien; il en est résulté qu'elles ont continué à réunir chez elles bonne compagnie et, quoi qu'on dise ou qu'on fasse maintenant, il y a plus de profit et d'agrément avec elle qu'à fréquenter la mauvaise : j'en ai vu de deux sortes et mon expérience me donne le droit d'en parler.

L'ainée des Verrière s'appelait je ne sais trop comment; cadette portait le nom de madame de Lamare. Toutes les deux étaient belles à ravir, fort usagées, cela va sans dire et imitant les femmes de qualité à s'y méprendre; aussi je les crus d'abord des duchesses, en raison de leur amitié avec le maréchal de Saxe; et malgré ma promesse à ma tante et ma résolution de ne pas me montrer buse, je fus tellement étourdie de la magnificence de leur maison, de leur beauté, de leurs grâces, que la frayeur me saisit et que je me renfermai dans un silence obstiné.

Il fallut cependant que ma figure, que ma taille, que mes yeux, mes cheveux et le reste militassent victorieusement en ma faveur, car on ne tint nul compte de mon mutisme et on me loua jusqu'à l'exagération. Des compliments plaisent toujours; ceux-ci me transportèrent; je me laissai aller à un sourire et je le fis avec tant de bonheur que bien que je n'eusse ni ouvert la bouche ni levé les yeux, tant que dura la visite, on décida que, à part ma beauté sans pareille, j'aurais vraisemblablement beaucoup d'esprit. Ces dames le dirent alors et plus tard le rétractèrent et cela, sans doute, parce que je n'avais pas perdu ma beauté.

Mademoiselle Verrière, l'aînée, était petite, ramassée, très

demandez! Que Mlle Verrière soit heureuse avec vous, je consens à ne plus la voir. Il le faut et je serai fidèle à ma promesse. »

M. Ad. Jullien a, dans une étude de la plus piquante et de la plus aimable érudition, fait l'histoire du célèbre théâtre des demoiselles Verrière.

jolie et fort parleuse. Elle avait eu tant d'aventures qu'il fallait du temps pour les lui entendre raconter ; encore faisait-elle un choix, car tout dire aurait conduit loin. Avec une physionomie vive et piquante, elle affichait la sensibilité ; elle appelait passion ce que plus franche elle aurait nommé passade ; il faut savoir s'entendre, car chez nous les mots sont tout, le fond ne variant jamais. Elle faisait semblant de pleurer au récit d'une histoire mélancolique et soupirait même lorsque son ami payait ; du moins jamais femme n'a mis plus de délicatesse et de mélancolie à ruiner un amant. Les procédés dans les ruptures la présentaient toujours sous un aspect avantageux ; elle chassait les gens à sec en leur faisant entendre que son cœur leur serait rouvert au premier héritage qui leur surviendrait.

La cadette avait dans son ensemble, dans sa prestance, quelque chose de majestueux ; le tour du visage noble, les yeux grands et fendus en amande, la bouche bien coupée et mal meublée ; des mains de fée, un pied de portefaix ; aussi ses falbalas étaient d'une dimension démesurée, ses gants toujours déchirés et ses lèvres pincées. Quand elle marchait on aurait dit une reine et, parlait-elle, c'était pour débiter des extravagances sans nombre, des ordures à faire frémir. Le contraste de ces dehors avec ce qu'elle voulait être, formait une opposition piquante entre elle et sa sœur.

Toutes les deux unissaient à du manège une profonde connaissance de l'autre sexe ; aussi avaient-elles fait rapidement leur fortune. Leur jeunesse orageuse ayant fini, elles mettaient du choix dans leur intimité et qui voulait être leur ami savait ce que ce titre avait de charges. Le marquis de Genlis les comparait plus tard à des restes vénérables de l'antiquité qu'on achète à un prix d'autant plus haut qu'ils sont éloignés de leur origine.

On soupait tous les soirs chez les demoiselles Verrière ; un jeu d'enfer suivait, et de temps en temps on jouait sur un petit théâtre. On représentait des comédies et des opéras-comiques. Cela attirait force monde. L'élite de la Cour, les matadors de la finance, les étrangers de marque, et la mode voulait qu'il fût de bon ton d'aller « se faire égorger chez les veuves du maréchal de Saxe ».

On doit croire que tout cela ne me fut pas connu dès ma première visite; mais, plus tard, je fréquentai cette maison, et je te rapporte ici ce que j'y vis, uni au fruit de mes réflexions et de mon expérience.

Le jour où j'y débutai, enfant, me plut moins, car, après m'avoir beaucoup louée, on me laissa toute seule dans le salon, en la compagnie d'un gros singe qui me fit une peur horrible, et les deux sœurs avec ma tante allèrent s'enfermer dans un arrière-cabinet, où elles parlèrent affaires. Je n'a jamais trop su ce que c'était; mais des paroles saisies à la dérobée me portèrent à croire en ce moment qu'on traitait d'un marché de dentelles dont un prélat allemand fournirait les fonds. J'ai, depuis, compris plus lestement les difficultés de ce genre de commerce.

La conférence prit fin. Nous retournâmes à la maison. Ma tante, pendant la route, ne cessa de me gronder, me traita de niaise et de sotte.

« Dame ! m'écriai-je, comment voulez-vous que j'apprenne à parler dans la société unique d'un perroquet, d'un chien et d'un chat ? »

Maman Duval continua de me quereller jusqu'à la sortie du fiacre; et tandis qu'elle se disputait avec le cocher sur le temps mis en route, je m'esquivai, et, montant rapidement l'escalier, j'allai me réfugier dans ma cellule. Là je m'assis sur mon mauvais fauteuil, mon unique siège, et m'abandonnant à mon désespoir :

« Je veux me faire religieuse, me dis-je; oui, j'entrerai dans un couvent. »

Ce fut ma première vocation; j'en ai dévié depuis, mais, a cette époque, se jeter en religion était la ressource d'une fille trompée, battue, haïe, ou qui avait fait un faux pas. On se donnait à Dieu en dépit de ne pouvoir être au monde; il en résultait que, dans les monastères, on y professait une science qu'on aurait dû n'y pas connaître.

Me voilà donc déterminée à me faire religieuse, et rondement, je l'annonçai à ma tante. Ma tante me répondit avec un sérieux imperturbable qu'elle me ferait postuler chez la sœur Paris ou chez la mère Gourdan (1).

Je demandai le nom et la rue de ces maisons saintes; une tape que j'évitai fut la réponse à ma question. Il y a de par le monde de bonnes gens qui croient répliquer à tout par une raison frappante : je ne recommençai pas à interroger ma tante et lorsque j'eus plus d'usage, je ne m'étonnai plus de sa conduite à ce moment.

---

(1) Voir sur ces entremetteuses célèbres dans les Annales de la galanterie du XVIIIe siècle, G. Capon : *Les Maisons closes* ; O. Uzanne : *Mœurs secrètes du* XVIIIe *siècle* ; Camille Piton : *Paris sous Louis XV*, d'après les rapports des inspecteurs de police du roi.

PANNEAU DU BOUDOIR DE Mlle DUTHÉ

II

Quelques mois s'écoulèrent, je grandissais, j'approchais de ma seizième année et ma position ne changeait pas. La solitude dans laquelle on me renfermait devenait plus sévère à mesure que mes charmes se développaient. Je devenais régulièrement belle ; les miroirs me le disaient déjà. Je ne tardai pas à le mieux apprendre de Mirtil, de mon ami en perspective. Il ne sortait plus de la galerie d'où il pouvait m'apercevoir ; il me faisait des signes, me tendait les bras, se mettait à genoux, et se livrait à cent autres folies qui me charmaient, bien que je n'en comprisse qu'à demi la cause.

Que j'aurais voulu qu'il m'approchât, qu'il pût me parler ! Sa figure céleste (il avait celle d'un ange) me suivait dans mes rêves, et à mon réveil s'offrait à moi encore ; néanmoins j'ignorais ce que c'était que l'amour. Au demeurant, quel dragon j'avais en ma chère tante ! Gardien farouche de ma vertu, dont elle connaissait le prix, elle m'interdisait toute course au dehors de la maison. Une fois par semaine pourtant nous montions en voiture, et nous allions dans un jardin vaste et délicieux, situé au faubourg Saint-Denis, et là nous passions une partie de la journée.

Mon chien Zozo me tenait lieu de compagnie. Je m'amusais à courir avec lui, puis il s'élançait après moi ; il se montrait rempli d'intelligence, on le vantait comme un prodige, je le caressais de mon mieux ; mais il me semblait que la partie de barres aurait été plus animée si je l'eusse entamée avec

Mirtil. Ce garçon me rendait folle ; c'était par pur instinct, je le répète : une glace n'avait pas plus de netteté que mon cœur.

La dixième ou douzième fois que nous fûmes à ce jardin, et comme je me reposais sous un berceau de roses, le bruit d'une voiture frappa mon oreille ; il s'arrêta subitement ; on sonna à la porte de la maison ; j'en conclus qu'il nous venait une visite. En voilà assez pour allumer mon imagination : qui pouvait-ce être ? je repassai dans ma mémoire la liste de nos connaissances intimes. C'étaient des femmes insignifiantes, des hommes dont on ne dit rien ; des manières de juifs, un marguillier de notre paroisse, un compère de ma tante, qui avait, chaque fois qu'il venait, un cas particulier à lui dire, car ils s'enfermaient ensemble ; des revendeuses, des brocanteuses, race commune et avide. Tout ce monde m'importait peu, aucun n'était de mon âge ; aussi, malgré l'éveil donné à ma curiosité, je continuai à demeurer où j'étais.

On m'appela. Je me levai. On vint à moi. J'allai au-devant de ma tante et de sa compagnie.

Que je fus surprise ! car au lieu de l'un de ceux dont je viens de parler, je me trouvai en présence d'un homme de riche taille, trahissant son incognito (son costume était des plus modestes) par sa bonne mine, par ce qu'il y avait de digne et de noble en son attitude.

« Mon Dieu ! le beau vieillard, dis-je en moi-même. »

Or, ce « vieillard » avait environ quarante ans ; ce qui me surprit, ce fût sa coiffure extraordinaire, une méchante perruque posée sur ses cheveux rebelles à prendre un pli qui ne leur était pas familier ; elle m'aurait fait rire si j'eusse osé prendre cette liberté. Je me retins et j'eus raison.

« Oh ! la rare merveille, s'écria le nouveau venu ; mais, chère Duval, c'est Hébé, c'est Flore, c'est Vénus qui nous est rendue. Quoi ! tant de charmes existent et on les ignore, et on ne leur a pas rendu l'hommage qu'ils méritent ? Parbleu nous découvrirons la châsse et ferons honorer le saint convenablement. »

Ce propos, que je rapporte sans en changer une syllabe, tant il résonna délicieusement à mon oreille, me fit rougir, me déconcerta, et sans doute augmenta ma beauté, l'inconnu s'étant mis à dire :

« Elle est par trop divine... O Duval ! Duval ! que nous ferons du tapage dans le monde, et que de grand cœur on mangerait avec elle les menses de dix grosses abbayes. »

Ma tante se permit un sourire moitié de malice, moitié de satisfaction ; j'entendis qu'elle disait :

« Monseigneur, convenez au moins que je ne trompe pas, c'est une enfant qui sait tout juste son *pater* et rien de plus.

— Mordieu, nous lui apprendrons le reste du catéchisme. »

Et l'inconnu, qui m'intimidait encore davantage depuis que je l'avais entendu titrer de Monseigneur, m'assaillit d'une foule de futilités galantes, de plaisanteries de bon goût. Je dus lui trouver beaucoup d'esprit. Il me dit que je lui plaisais, qu'il passerait sa vie à me le prouver, qu'il me rendrait heureuse, me demanda si j'aimais la parure, les chevaux, la danse, le bal, les fêtes ; il était lancé, il allait, allait, allait... A peine si je pouvais le suivre. Tout cela était lettres closes ; on ne m'avait jamais amenée sur ce terrain.

Cependant, quelque chose en moi me disait que cet éclat servirait à me rendre plus jolie. Ma tante depuis longtems, me contait le bonheur arrivé à plus d'une jeune fille, que des protecteurs étaient venus chercher au milieu de la misère, pour remplir auprès d'elles le rôle des fées des *Mille et une Nuits*.

« Peut-être t'en adviendra-t-il autant, ajoutait-elle : Dieu le veuille ! »

Mais tout me ramenait à Mirtil ; et lorsque je souriais aux offres de l'étranger, ami de ma tante, c'était à Mirtil que je m'adressais.

Mᵐᵉ Duval proposa une collation ; elle ne fut pas acceptée.

On prétexta une audience à Versailles, et on partit. Je restai dans le jardin. Ma tante tarda à revenir ; elle parut enfin, mais triomphante, mais radieuse. Elle m'embrassa à vingt reprises, et me jura que je m'étais conduite à ravir.

Nous nous en retournâmes plus tôt que nous n'en avions

l'habitude ; il faisait grand jour encore. Ma tante prétendit avoir à sortir, m'enferma dans ma chambre, et prit sa volée. Ainsi, en attendant une liberté brillante, je rentrai dans une prison ennuyeuse ; mais que je la trouvai charmante ! Mirtil était à sa terrasse et, dès qu'il me vit, il commença sa pantomime ordinaire ; la mienne était de sourire, de baisser les yeux, de me montrer et de disparaître tour à tour.

Cette fois, Mirtil tenait en ses mains un arc et des flèches ; je l'avais vu déjà s'essayer à cet exercice martial. Il me fit signe de me retirer de la fenêtre ; je me conformai à son désir sans le concevoir. Tout-à-coup j'entendis un sifflement léger et rapide, et une flèche ayant été frapper le fond de la muraille de ma chambre, cassa un bénitier et retomba sur le plancher. Je vis un papier entortillé autour... Que pouvait-ce être? J'y courus en tremblant, ramassai la flèche, pris le papier ; il était écrit... Ah ! le téméraire garçon !

Peut-être qu'une fille d'un rang supérieur au mien ou mieux élevée aurait agi avec plus de dignité ; j'en manquai dans cette circonstance, et, plus empressée de voir ce qu'il y avait là que de me montrer à Mirtil sous un aspect respectable, je déchiffrai tant bien que mal les caractères du billet, laconique d'ailleurs, puisqu'il ne contenait que ces mots :

« Lorsque vous me verrez où certainement vous ne m'attendez pas, retenez votre surprise, Adieu, je vous aime pour la vie. »

La jolie chose qu'une première lettre d'amour ! Celle-là me transporta.

Oh! comme avec elle et dans la douce occupation de la relire, quoi que cela me devint tôt inutile, puisqu'elle remplissait ma tête et mon cœur, j'oubliai vite et les injonctions de ma tante, et la visite du grand seigneur inconnu, et ses promesses si magnifiques ! J'étais enivrée, et cela sous l'influence magique d'une première passion.

Une cabane et Mirtil, voilà ce qui m'aurait rendue complètement heureuse. Un peu plus tard j'aurais dit : Mirtil et un trône ; aujourd'hui, où je suis pleinement désenchantée, il me semble que le trône me suffirait à défaut de Mirtil.

La pensée qu'il s'exposerait pour me voir me le rendit plus cher. Je n'osais cependant reparaître à la croisée, mon cœur battait avec tant de violence, tant de rougeur couvrait mon front, que j'aurais craint de me laisser voir dans cet état.

Cependant le jour baissait rapidement, la demi-obscurité me rendit plus audacieuse. Je m'avançai lentement, la tête baissée, soulevant avec timidité mes longues paupières, afin de voir sans que Mirtil pût croire que je l'examinais. Hélas! à peine si je pus l'apercevoir au milieu des ténèbres qui déjà l'enveloppaient dans la galerie. Lui, qui pouvait mieux jouir de ma vue, parce que les derniers rayons de la lumière donnaient en plein sur ma fenêtre, tendit ses bras vers moi avec vivacité, puis s'élança rapidement vers l'escalier de la maison, comme s'il eût besoin de me fuir pour conserver le courage nécessaire à supporter notre séparation.

Restée seule, je songeai à mon amant, sans savoir qu'il y eut de l'amour au monde; puis mes regards se portèrent machinalement sur les débris du bénitier cassé. Je tins conseil avec moi-même sur le coupable que je créerais à volonté; je chargeai ma chatte Finette du poids de la maladresse, et j'attendis le moment où Jeanneton, notre servante, venait ouvrir ma porte (j'étais toujours enfermée sous clef), et me conduire auprès de ma tante avant de souper.

Cela ne tarda pas. Maman Duval apprit sans trop fâcheuse colère l'accident destructif de Finette, la gronda pour la forme, me caressa en revanche beaucoup, se montra d'une grâce parfaite, jasa plus que selon son usage, et elle avait l'habitude de ne jamais déparler : elle voyait, ce soir-là, tout en couleur de rose, ma chère tante; et pour passer le temps, me dit-elle, pendant que Jeanneton dresserait la table, elle eut la fantaisie de bichonner mes cheveux, de les charger d'une guirlande de fleurs, de passer à mes oreilles d'assez beaux boutons de diamants avec des poires au bout, et acheva ma parure impromptue en entourant mon cou d'un collier de perles fausses.

Le lendemain, bien que je fusse naturellement paresseuse, je me levai avec le jour et je courus à ma fenêtre... *Il* était déjà en sentinelle à sa terrasse... ses mains étaient vides; j'eusse souhaité qu'elles tinssent son arc, qu'il m'envoyât une autre lettre; il n'en fit rien, j'en éprouvai du dépit. Il me salua cependant avec tant d'expression, sa pantomime fut si expressive, que je cessai de lui en vouloir. Je me sentais embrasée d'un feu inconnu jusqu'alors, et bien que je fisse semblant d'examiner le ciel, les toits et la cour ouverte devant nous, je ne pouvais m'empêcher de le regarder à la dérobée, de lui sourire; il y eut même un moment où, par un mouvement involontaire, mon doigt se posa sur mon cœur... Un cri lui échappa... je l'entendis... qu'il me fit à la fois du bien et du mal! Je ne sais pourquoi il me devint impossible de rester là plus longtemps après la franchise de mon aveu : je rentrai précipitamment dans ma chambre.

La journée entière s'écoula dans un enchantement doux; je ne regrettai plus ma captivité; nous nous entendions si parfaitement avec mon voisin. Mais que le proverbe si souvent répété par ma tante se vérifia pour moi d'une façon cruelle : « Les jours se suivent et ne se ressemblent pas!... » Le lendemain j'étais à ma croisée; je ne la quittai qu'aux heures de repas... et je ne vis pas Mirtil à sa terrasse; non, il n'y parut pas!... Qu'était-il devenu? Serait-il malade, mort? Que pouvais-je savoir? J'allais au pire dans la crainte de ne pas porter ma prévision assez loin. Je me formai des tableaux horribles; et les pleurs que je versais en abondance ne me satisfaisaient qu'imparfaitement.

Plus tard, ma tante reconnut que je n'étais pas dans mon assiette naturelle. J'avais les traits renversés, la figure bouffie, un air de souffrance et de mauvaise humeur qui m'était peu familier. Elle m'en demanda la cause; ma réponse partit prompte comme l'éclair.

« Je m'ennuie.

— Patience, petite fille, patience, ta vie ne tardera pas à changer. Tu ne seras pas toujours réduite à la société de tes

UNE « MÈRE » D'ACTRICE, *d'après Cochin fils.*

trois bêtes, et ton protecteur te fera divertir convenablement. »

Mon protecteur !... il était bien question de lui à cette
heure de chagrin d'amour; il me fallait Mirtil et pas d'autre.

Que je me couchai malheureuse! L'aube brillait à peine
que j'étais déjà à mon poste ; mais ce fut inutilement ; Mirtil
ce jour-là demeura invisible autant que le précédent. Oh!
pour le coup je n'y tins plus; mon perroquet fut disgracié,

je battis mon chien et je chassai ma chatte sur les toits ; je frappai du pied, je brisai la flèche que j'avais cachée avec soin sous l'un des matelas de mon lit ; je me déclarai que la haine et le mépris n'étaient pas assez forts pour punir un monstre dont j'étais abandonnée ; j'appelai Mirtil fourbe, perfide, infidèle, et tout cela par instinct et sans savoir encore parfaitement ce que c'était que la duplicité, la trahison et l'inconstance ; je ne voulais lui accorder ni la maladie, ni l'absence, ni même cette mort qui, la veille, par sa seule possibilité, m'avait coûté tant de soupirs.

Ma tante vint à plusieurs reprises s'informer de ma santé, et plus j'étais chagrine et souffrante, plus elle, à son tour, montrait de contentement ; elle me consolait, m'exhortait à espérer de l'avenir.

« Mon bijou, disait-elle, tout vient à point à qui sait attendre. Tu t'ennuies aujourd'hui, eh bien ! avant un mois peut-être tu seras lasse de rire et de te divertir. »

J'en étais bien sur la voie, lorsque mon âme était brisée, lorsque Mirtil avait disparu sans retour !

Vers le soir, ma tante reparut, m'embrassa sur les deux joues.

« Chère belle, me fut-il dit, l'ami qui s'intéresse à toi ne t'oublie pas, il vient de m'écrire une lettre qui me transporte par l'assurance qu'elle me donne de ton bonheur. Il veut te revoir, il a besoin, dit-il, de te persuader de ses intentions paternelles ; et pour cela il faut que nous allions aujourd'hui à notre jardin. C'est un homme respectable qui ne peut pas trop venir ici, au milieu de toute cette foule dont notre maison ne désemplit pas. Tu partiras demain de bonne heure avec Jeannette ; et moi, lorsque j'en aurai fini avec les tracas de la matinée, j'irai vous rejoindre, car Monseigneur ne m'ayant pas appris à quel moment il nous honorerait de sa visite, il est convenable que nous ne le fassions pas courir en vain. »

« Monseigneur ? » ce titre donné à ce personnage m'intriguait, je ne sais pourquoi ; et, sans plus de façon, je demandai à ma tante qui il était.

« Tu es bien jeune, me répondit-elle, pour qu'on te confie légèrement des choses aussi importantes ; néanmoins, comme il faut que tu finisses par les savoir, autant vaut-il s'expliquer dès maintenant. Ton protecteur est un prince de l'Église, monseigneur de Dillon, archevêque de Narbonne et primat de la Gaule-Narbonnaise (1) ; homme d'ailleurs de haute qualité, fort bien en cour, et qui, pour placer en charités ses immenses revenus retire du malheur de pauvres et honnêtes filles, et les met en un bon pied dans le monde. »

J'écoutai avec ébahissement et admiration cette explication adroite et je louai fort en moi les vertus d'un prélat si occupé à remplir les préceptes de l'aumône. Cependant, une voix intérieure me faisait trouver bizarre ce moyen de venir au secours du malheur ; je me contentai de dire à ma tante que pour un archevêque, il était vêtu bien cavalièrement.

« Voudrais-tu, me répondit-elle, que lorsqu'il va faire le

---

(1) Arthur-Richard Dillon (1721-1814), fils du maréchal de camp, puis lieutenant-général, qui fut le héros du siège de Barcelone. Il avait été évêque d'Évreux et archevêque de Toulouse, avant d'être nommé au siège plus important de Narbonne, qui donnait la présidence des États-Généraux du Languedoc. Il est traité, dans ces souvenirs, assez cavalièrement. Il n'avait, évidemment, rien d'un saint et ses prodigalités étaient légendaires. C'est à lui que l'on prête la réponse fameuse. « On prétend, Monseigneur, que vous avez des dettes. — Je m'en informerai auprès de mon intendant. » Mais ce n'est là qu'une des faces de sa personnalité. Il avait de l'esprit, des vues larges et ce grand dépensier fut, pour le Languedoc, un sage administrateur. A la Révolution, il passa en Angleterre, où il mourut nonagénaire. Il faut se rappeler que Rosalie Duthé ne parle de ses adorateurs qu'à son point de vue. Il eut été bien fâcheux, d'ailleurs, que ces *Mémoires* prétendissent à des jugements d'ensemble. — Voir, sur Mgr Dillon, *le Duc de Lauzun et la Cour de Louis XV*, par M. G. Maugras, chap. XXII. L'archevêque de Narbonne vivait avec sa nièce, Mme de Rothe. Il avait huit cent mille livres de rentes des biens du clergé. Il habitait le plus souvent son magnifique domaine de Hautefontaine, où le ton était d'une certaine liberté. Grand chasseur, cet archevêque bouscula un jour avec ses chiens et ses chevaux une procession qui lui barrait le passage. Cela ne l'empêchait pas d'interdire la chasse aux prêtres de son diocèse. « Pourquoi la leur défendez-vous, lui demanda un jour Louis XVI, puisque vous vous la permettez ? — Pour une raison très simple, Sire, répondit spirituellement l'archevêque c'est que mes vices viennent de ma race, et que les vices de mes curés sont d'eux-mêmes. »

bien, il marchât avec la crosse et la mitre et affectât le rigorisme? Il a accoutumé de porter un habit fort simple; cela n'empêche pas d'être aimable et beau. »

Aimable, soit, on l'est à tout âge... mais beau, je lui voyais au moins cinquante ans; il en avait quarante environ; ma tante plaisantait; est-ce qu'il y a de la beauté dans la décrépitude? Telle était ma pensée; et par le fait, cependant, monseigneur de Narbonne avait une belle prestance et aussi bonne mine que ses cousins et neveux, si remarquables par l'agrément de leur visage... Au fait, qu'avais-je à demander? Un protecteur est toujours bien; si c'eût été un amant, j'aurais pu m'en tourmenter; je n'en fis rien. D'ailleurs, Mirtil remplissait mon cœur, ma tête; et dès qu'on cessa de me parler du prélat, je ne me ressouvins plus s'il était ou non au monde.

Je dormis encore mal cette seconde nuit, moins mal pourtant que la précédente. Je suis au nombre de ces caractères heureux qui s'accoutument vite au malheur, et qui l'oublient afin de n'avoir pas trop à s'en occuper. Plus les sensations ont de vivacité, plus promptement elles s'usent.

A mon réveil, deux soucis m'occupèrent; voir si Mirtil était de retour et donner des soins à ma parure, car quoique bien malheureuse, je ne voulais pas faire peur à Mgr de Dillon. L'absence de Mirtil durait toujours, j'en soupirai et me mis devant mon miroir. Jeannette monta peu après, me laça, me peigna; j'étais, en vérité, la plus ravissante petite personne du monde, et la mélancolie répandue sur mon visage décoloré me donnait encore plus de charme. Je t'assure, bonne Sophie, que, ce jour-là, j'étais jolie à croquer.

Vers dix heures je partis avec notre servante; nous emportâmes des provisions de bouche, choisies et friandes, quelques bouteilles de vin exquis, un ou deux flacons de liqueurs fines; il fallait prévoir le cas où Monseigneur voudrait se rafraîchir; et on sait que l'Église, dans son beau temps, a été gourmande. Jeannette, que le soin de préparer un repas impromptu regardait particulièrement, s'en occupa dès notre arrivée; quant à moi, impatiente de jouir d'une matinée superbe, je m'élançai dans le jardin.

J'allai d'abord au hasard, d'une fleur à l'autre, jouissant de tout en jeune fille qui ne cherche qu'à se distraire; j'arrivai ainsi au cabinet de verdure que tu connais déjà. Les buissons de roses, les touffes de chèvrefeuille qui l'environnaient étaient au plus haut point de leur magnificence; une odeur suave s'exhalait de toutes parts, elle m'enivra délicieusement; et, comme la chaleur augmentait à mesure que le soleil montait sur l'horizon, je résolus de rester dans le cabinet et d'y attendre l'arrivée de Monseigneur.

Je m'arrangeai sur un banc de gazon; j'étais à demi couchée, j'avais les yeux presque fermés. Je rêvais à Mirtil... Voici venir de l'épaisseur du bosquet adossé au cabinet, une manière de jardinier vêtu pauvrement, sans doute, mais néanmoins avec une certaine recherche : je ne me dérangeai pas pour lui... Il s'avançait lentement, il jetait des regards interrogateurs à droite, vers la maison; il se montrait hésitant, embarrassé... Je lui faisais peur?... Point, car dès que l'épaisseur du feuillage le dérobe à tout autre qu'à moi, je le vois secouer la tête d'où tombe le vaste chapeau qui la recouvrait, s'élancer de quelques pas, tomber à genoux, et me tendre les mains... J'étais déjà dans ses bras, lorsque le sentiment des convenances me rappela que j'aurais dû me montrer plus réservée.

C'était Mirtil... Tu l'as déjà deviné... c'était Mirtil, beau comme l'amour sous son costume, et le cher ami était là depuis l'instant où il avait cessé de se montrer à sa terrasse, et depuis que je ne cessais de l'accuser d'abandon! Que sa voix me parut harmonieuse, que j'écoutai avec ivresse son récit! Il m'avait suivie à chacune de mes sorties, avait eu connaissance du lieu où je venais avec ma tante et, dès lors son parti fut pris. Il s'était évadé de chez ses parents, gros marchands d'épiceries, disait-il, et, avec de l'argent, était parvenu à gagner le rustre qui nous servait de jardinier : ainsi, depuis trois jours, il attendait mon apparition.

Que tout cela augmenta ma tendresse; avec quel feu je répondis à ce qu'il ajouta. Trop timide pour exiger sur-le-champ le prix de ses promesses, il ne me demanda que mon cœur... plus tard j'aurais admiré son désintéressement; alors je n'en savais pas davantage, et je lui donnai mon cœur avec je ne sais combien de baisers par-dessus le marché.

Comme j'étais heureuse, quelles délices j'éprouvais! J'avais un amant si beau, si doux, si aimable.

Cependant, je m'avisai de demander à Mirtil le nom de son père.

« M. Perrotin, me dit-il.

— Et le vôtre?

— Jacquot, me dit-il avec simplicité.

— Jacquot! m'écriai-je en tressaillant de dépit; eh! mais c'est comme mon perroquet. »

Ce nom commun m'enlevait une de mes illusions... Jacquot!... Mirtil était bien plus sonore; je le lui dis, et lui, charmé, me conjura de ne point l'appeler autrement.

Il y avait déjà un peu de vanité en moi, distincte de mon amour, et qui, à ce qu'il me semble aujourd'hui, risquait d'en altérer la pureté.

III

LE temps s'écoule avec sa rapidité accoutumée, lorsqu'on l'emploie bien, et peut-il l'être mieux que lorsqu'on le passe à se dire qu'on s'aime et qu'on tâche de se le prouver. Jacquot-Mirtil me dit que, jusqu'alors, il n'avait osé venir me trouver dans ma chambre, par crainte de me faire peur ; mais que, si je voulais y consentir, il savait un bon moyen de s'y introduire, sans que nul de chez nous en eût connaissance.

« Et comment ferez-vous? demandai-je.

— Fort à mon aise, dit-il. Un des garçons employés chez mon père loge dans la maison où vous êtes, et dans une petite pièce en face de la vôtre, mais au fond du corridor ; j'en prendrai la clef, et, le soir, j'irai coucher chez lui. »

Tout cela n'était pas trop bien arrangé ; mais n'importe, ce plan me parut superbe et la chose faisable ; il ne me vint aucune objection à y opposer. Nous décidâmes que Mirtil, dès que je serais partie, s'en retournerait chez son père, et que, le même soir, il profiterait de la facilité dont il me faisait part. Nous nous livrâmes alors à une joie entière, puisque nous étions sûrs de nous retrouver souvent.

L'enchantement dans lequel nous étions plongés tous les deux fut dissipé par la voix perçante de Jeannette, qui m'appelait à grands cris. Mirtil s'empressa de me quitter, s'en fut reprendre son grand chapeau et ses instruments de jardinage, puis rentra précipitamment dans le bosquet, tandis que je m'achemininai vers la maison. C'était ma tante qui arrivait, ma tante que frappa tellement la vivacité extraordinaire de mon teint de feu et celui non moins étincelant de mes yeux et l'expression particulière de mes traits qu'elle s'arrêta à me regarder avec admiration avant que de me parler.

« Mais qu'as-tu donc? me dit-elle ensuite, je ne te reconnais pas depuis ce matin : te voilà toute regaillardie.

— L'air est si bon ici, répondis-je (car déjà je savais mentir), la campagne est si agréable !

— Oh, reprit ma tante, puisque le soleil des champs te fait tant de bien, tu ne retourneras pas de sitôt à la ville. D'ailleurs, ton protecteur vient de m'écrire que, ne pouvant me fixer l'instant où il sera libre, il me prie de te laisser ici; tu n'y seras pas seule, car il t'envoie du monde pour te servir. Viens voir tes domestiques. »

J'étais incapable de répondre et de rien sentir. Rester au jardin dans ce moment brisait mon cœur, puisque c'était détruire le bonheur que j'espérais de recevoir Mirtil dans ma chambre. Me voilà donc prête à recommencer à pleurer; et, en attendant, un nuage de mécompte amortit l'éclat de mes yeux, et ma bouche prit cette expression boudeuse qui lui sied tant, me dit-on. Je suivis nonchalamment ma tante, je vis dans le vestibule une femme de chambre sans nulle beauté, entre deux âges, mais avenante et bien vêtue, un cuisinier et son aide, un cocher, un coureur et deux laquais. Voilà de quoi se composait la maison qu'un prince de l'Église destinait à une morveuse de près de seize ans.

Le coureur me plut par la magnificence bizarre de son costume. Ces riches habits, chargés de galons, de broderies, de franges d'or, ce bonnet de velours bleu, garni de plumes blanches, cette grosse canne à cordon et à pomme d'or : j'admirai tout. Le cocher, les laquais revêtus d'une livrée brune très étoffée, avaient grand air. On me fit voir un joli vis-à-vis qui était dans la cour, attelé de deux chevaux gris pommelé, harnachés somptueusement, et qui rongeaient leur frein avec impatience.

Malgré mon amour et mon chagrin, j'avoue que cette pompe inaccoutumée me surprit. Je me demandai par quel mérite je m'en étais rendue digne, et la solution ne m'en arrivant qu'imparfaitement; je me mis à écouter les protestations de fidélité, de zèle, d'exactitude, et surtout de discrétion consommée que mademoiselle Brigitte (ainsi se nommait ma femme de chambre), me répéta à satiété. Je lui trouvai des formes plus relevées que celles de Jeannette, des tournures de phrases élégantes, des manières de demi-dame, et je ne fus pas surprise lorsqu'elle m'eut avoué que, depuis son enfance, elle rôdait au service de toutes les jeunes personnes honorées de la protection de nos grands seigneurs.

Cette créature, ai-je dit, n'était pas jolie, mais fort avenante, remplie de manège, d'artifice, de souplesse; elle savait combien il y a plus de profit dans la complaisance que dans la mauvaise humeur; jamais elle ne manifestait d'impatience, un sourire éternel errait sur ses lèvres minces et pâles; rarement regardait-elle en face, et elle soupirait souvent. Toute remplie de bonne volonté, d'envie de plaire, on la voyait servir l'un, aider l'autre, se tenir en dehors de toute surprise, ne s'avancer que jusqu'où elle voulait aller. Intéressée, avec les apparences du désintéressement, revêtant sa fausseté des beaux semblants de la franchise, ayant pour but unique son avantage personnel, c'était lorsqu'elle ne travaillait que pour elle-même que les autres étaient le plus contraints à lui témoigner de la reconnaissance; elle ne se sacrifiait qu'en holocauste lucratif, et ceux à qui, par le fait, elle empruntait, se trouvaient précisément ses débiteurs.

Je ne vis pas aussi bien Brigitte à notre première rencontre; mais comme nous avons vécu en commensales pendant nombre d'années, j'ai eu le loisir d'approfondir son caractère.

Ma tante, accompagnée de ma camériste, me ramena dans l'intérieur de la maison. Je vis alors ouverte la porte d'un appartement dont, jusque-là, on m'avait dérobé la connaissance; on m'y fit entrer. Il consistait en une chambre à coucher délicieuse, toute meublée en satin rose tendre, glacé d'argent, où il y avait une profusion de glaces, de porcelaines, de chiffonneries que je ne me lassais pas de regarder ; en un boudoir voûté, éclairé par un dôme et nouvellement peint par Boucher, le peintre des grâces ; un lit de repos en velours violet richement brodé en or, quatre cabriolets de bois doré, garnis de la même étoffe, se trouvaient là aussi en une salle de bains à baignoire de marbre et dont les panneaux étaient de marbre aussi ; puis, c'étaient deux ou trois garde-robes où, dans les armoires de marqueterie, on me montra je ne sais combien de robes de toutes étoffes et de toutes couleurs, faites ou en pièces, du linge sans prix et d'une beauté sans pareille. Ma tante, pour achever l'enchantement, me remit un écrin de dix mille écus ; c'était elle qui l'avait vendu en conscience à mon protecteur.

A mesure que je voyais ces choses, j'allais de surprises en surprises, d'enchantements en enchantements, je manifestais ma joie naïve, et, à son tour, ma tante Duval et Brigitte ne cessaient de faire l'éloge de l'archevêque de Narbonne, de sa munificence royale, et l'une à l'envi de l'autre me répétaient à chaque instant combien il me fallait avoir de reconnaissance envers un ami si généreux.

« Aime-le, me disait ma tante, comme ton père, comme ton mari. »

Ce dernier mot me fit rire. Prendre un archevêque pour époux ! J'en étais, dans ma simplicité, à trouver la chose étrange et impossible. J'ai depuis gagné en expérience ce qu'alors j'avais de trop en naïveté.

Tout a un terme, et lorsque j'eus vu, revu mes parures, mes joyaux, mon appartement, que j'eus les oreilles rebattues et la tête pleine du mérite de Mgr Arthur de Dillon, je me mis à songer que Mirtil était près de moi, que je pourrais le revoir en rentrant dans le jardin et que, puisqu'il logeait là déjà avec le jardinier, il n'aurait qu'à continuer, et je remarquai enfin avec satisfaction que ma chambre était au rez-de-chaussée.

Dès lors, je me déplus dans la compagnie des deux femmes

qui m'accompagnaient. Je feignis de la lassitude, un mal subit de tête : j'ignorais encore le secours que l'on trouve dans une attaque de vapeurs pour se débarrasser des importuns. On me proposa de dormir dans le boudoir, je préférais le grand air, et pour cause ; ma tante prit congé de moi, Brigitte alla du côté de la cuisine, veiller à ce que rien ne manquât au dîner, elle s'érigeait déjà en servante-maîtresse, et je pris la route du jardin.

Mirtil n'en était pas sorti. Inquiet et chagrin de ma longue absence, il rôdait à la lisière du bosquet, feignant de ratisser les allées. Dès qu'il m'aperçut, il rentra dans la feuillée et, par une route de service, arriva au cabinet de verdure avant moi ; je fus joyeuse de l'y trouver. Je lui racontai mon bonheur, il m'écouta avec ravissement ; mais beaucoup moins innocent que moi, il devina le but de cette générosité évangélique. Loin de me la montrer dans son vrai jour, il me laissa dans mon erreur ; le charmant polisson avait ses vues, et lui, à son tour, ne m'était connu qu'imparfaitement.

Je n'eus pas besoin de le prier de demeurer au jardin puisque je ne pouvais pas rentrer au logis de la rue des Prêcheurs, et lui, aidant à ma modestie qui hésitait à trop s'avancer, me fit observer que si, au milieu de la nuit, je voulais ouvrir les persiennes et les volets de ma chambre, il y entrerait facilement. Je le lui promis sans malice et ne lui cachai pas le plaisir que j'en aurais. La frayeur que j'avais qu'un incident désastreux nous privât de cette causerie nocturne me porta à rentrer plus tôt que je ne m'en souciais et Mirtil me pardonna ma retraite lorsque je lui en eus dit le motif.

J'avais déjà traversé la moitié du parterre, lorsque je vis venir l'un de mes laquais m'annoncer que j'étais servie.... Tout était surprise pour moi, je croyais rêver ; passer du modeste ménage de ma tante à cette table somptueuse où je m'assis, m'être levée ce même jour petite grisette et me coucher grande dame, car déjà je croyais l'être : tout cela me transportait au troisième ciel. Je vis un seul couvert sur la table dressée dans la salle à manger et garnie d'une belle argenterie; je n'étais pas fière et appelant Brigitte je l'invitai à me tenir compagnie.

« A Dieu ne plaise, me répondit-elle, que je me donne une telle licence; je serais bien coupable si j'abusais ainsi des bontés de Mademoiselle. »

Ce propos respectueux, la contenance humble de ma camériste, me troubla presque et m'inspira, je ne le cacherai pas, une sorte d'estime de ma propre personne que, certes, je n'avais pas eue jusqu'alors; je n'insistai pas davantage et bien m'en prit, car à peine le premier service était-il enlevé, qu'un grand fracas de chevaux et de gens m'apprit la visite de mon protecteur. Je me levai précipitamment et tremblante; il entra avec son air de grand seigneur, sa tournure plus militaire qu'épiscopale, vint à moi et m'embrassant sans façon :

« Eh bien ! mon ange, me dit-il, êtes-vous satisfaite?... Mais pourquoi ne vous a-t-on pas habillée plus convenablement? Mes ordres n'ont donc pas été remplis avec exactitude? »

J'avais conservé mon simple vêtement, propre, sans doute, frais peut-être, mais pas en harmonie avec ce qui m'environnait. Brigitte, qui craignait d'être grondée, se hâta de prendre la parole, accusa ma chère tante, et s'engagea à faire merveille pour la soirée.

« Que ce soit au moins pour demain, repartit M. de Dillon, car j'ai aujourd'hui l'univers à voir et par conséquent l'enfer à souffrir; mais demain sans faute... à moins... »

Il s'arrêta. Je ne sais, ou plutôt j'ai trop su ensuite quelle idée passa en sa tête; il prit Brigitte par la main, l'amena dans un angle de la salle, lui parla à voix basse, tandis qu'elle souriait avec un respect qui me charma : je crois même qu'il mit dans sa main quelques louis. Elle les reçut avec une joie non déguisée; puis il se rapprocha de moi; mes gens avaient apporté un second couvert; je me flattais qu'il dînerait avec moi, mais il n'en fit rien; il avait des engagements antérieurs.

Néanmoins, il resta jusqu'à ce que je fusse sortie de table, il égaya ma solitude par ses propos. Je lui trouvai de l'esprit et à Mirtil de l'amour. Ce n'était point que je ne fusse très embarrassée, très mal à mon aise devant le prélat charitable ; je sentais que ni l'un ni l'autre n'étions à notre place : Mirtil ou Brigitte m'eussent mieux convenu pour causer familièrement ; il me quitta enfin, m'assurant qu'il reviendrait le lendemain.

« A propos, me dit-il, avez-vous peur des esprits?

— Ah ! Monseigneur, m'écriai-je, mon ombre suffit à me causer de l'effroi.

— Dans ce cas, reprit-il en souriant, je crains que vous ne passiez pas votre nuit tranquille : on dit que, dans cette maison, il en est qui hantent dès que l'obscurité arrive.

— Miséricorde !

— Allons, reprit-il en souriant de ma simplicité, nous verrons à vous bien défendre. Je vous conseille de ne pas vous endormir de trop bonne heure, et pour vous aider à passer le temps, voici de la lecture. »

Il jeta négligemment sur une console un volume relié en maroquin étincelant de dorures, baisa ma main et partit. Je l'accompagnai jusqu'au vestibule, quoiqu'il fît pour m'en empêcher ; mais j'étais trop bien apprise et voulus le lui prouver. Quand je revins, je pris le livre : c'étaient les contes de La Fontaine, avec les gravures... La curiosité fut plus ardente que la modestie n'eut de force, et je me mis à parcourir avidement le volume.

La fâcheuse lecture! elle entraîna mon cœur... les troublantes images! elles égarèrent ma tête, éclairèrent mon ignorance.... Ah! Monsieur de Dillon, que vous eûtes tort! Voilà que je me mis à rêver furieusement de Mirtil. Depuis que j'avais parlé à mon amant, j'attachais moins d'importance à une bergerie romanesque qu'à une réalité. Hélas! je me formais rapidement.

A dix heures du soir je me trouvai saisie d'une telle envie de dormir, que je signifiai à ma camériste la volonté d'aller me coucher.

« Et les revenants, me dit-elle, s'ils paraissent? »

Je ne répondis pas; je savais que Mirtil viendrait, et avec lui, je me sentais disposée à braver les habitants de l'autre monde. Je passai dans ma chambre; Brigitte prit le soin de fermer la porte à double tour, poussa les verrous, sans m'avouer que, du salon, on les retirait au moyen d'un bouton perfide, alluma ma veilleuse et s'en fut. Dès que je la sus hors de ma chambre je me levai sur la pointe des pieds, et retenant mon haleine je me barricadai de mon côté; puis j'entr'ouvris non moins doucement la fenêtre.

Que le cœur me battait! j'étouffais véritablement, j'étais animée et de ce que j'avais lu et vu, et de ce que j'attendais. Je revins à mon lit presque au hasard, à tel point un nuage pesait sur mes yeux. Là, tressaillant au moindre bruit, frissonnant au plus léger souffle du vent, j'attendis une heure environ avec cette impatience que rien ne tempère, avec ce désir immodéré de dévorer le temps qui nous consume toujours, chaque fois qu'une fantaisie nous porte à échanger une portion de notre existence, contre le premier besoin factice dont nous nous faisons une nécessité.

Je tremblais, non d'être surprise avec Mirtil, mais que celui-ci manquât de courage; je me plaignais déjà de la faiblesse de son amour avant qu'il eût fait ses preuves, et cela par la seule raison que, de mon côté je l'aimais follement. Onze heures sonnèrent à ma pendule... et il ne venait pas... une horloge de je ne sais où répéta la même heure quelques minutes après. Et je m'imaginai que l'espace écoulé avait amené minuit. Oh! pour le coup je n'y tins plus. Une fureur dont je ne fus pas la maîtresse me porta à me lever soudainement pour aller fermer la fenêtre; je ne voulais plus voir Mirtil, je le prenais en horreur.

J'étais déjà au milieu de la chambre lorsque la persienne fut écartée doucement... je m'arrêtai, mon sang reflua vers le cœur. Hélas! comment exprimerai-je ce que j'éprouvai lorsque, à la faible clarté de la veilleuse, je vis l'aimable Mirtil s'avancer avec précaution, je me mis à frémir, à trembler;

j'aurais voulu revenir vers mon lit, afin de m'y cacher, mais attachée au parquet par une force supérieure, je ne pus faire aucun mouvement.

Mirtil, s'avisant que j'étais seule et guère plus vêtu que moi (il faisait si chaud cette nuit-là!) sauta légèrement par-dessus l'accoudoir de la croisée, courut vers moi.... Je me laissai tomber dans ses bras....

Accablée de bonheur plus que de fatigue, n'appartenant plus à ce monde parce qu'il me semblait que, avec de telles délices, on devait nécessairement faire nombre parmi les habitants du ciel, je dormais d'un sommeil délicieux, mollement enlacée dans les bras de mon cher Mirtil, qui lui-même ne laissait pas d'avoir quelque besoin de repos, lorsque le rayon d'une lumière plus vive, lorsqu'un cri de surprise suivi d'un éclat de rire, sonnant un peu faux, lorsqu'un bruit de mains claquant l'une contre l'autre, accompagné d'une exclamation bruyante, me retirèrent ainsi que Mirtil de notre profond sommeil.

Deux bougies portées par deux personnes survenues malencontreusement me fournirent assez de clarté pour reconnaître Mgr de Dillon et Mlle Brigitte, ma femme de chambre, le premier riant, mais d'un rire forcé et de méchante humeur, la seconde peignant sur sa figure une parfaite stupéfaction... A mon tour je ne pus retenir une exclamation. Mirtil, réveillé aussi et ne concevant pas encore comment finirait cette scène fâcheuse, dont beaucoup mieux que moi il comprenait les conséquences, commença décemment par rentrer sous les draps.

« Mademoiselle, me dit M. de Dillon, j'étais si inquiet de la frayeur que les revenants pouvaient vous causer que j'étais venu vous offrir de passer la nuit à vous veiller; il paraît que vous aviez eu la précaution de vous munir à l'avance d'un gardien; vous sentez bien que je ne peux aucunement accepter en second cette douce charge. Je me retire en vous souhaitant une fin de bonne nuit.

Puis il me salua et s'en fut. Son départ me charma; je n'aurais su que lui dire. La honte, le dépit, le chagrin me troublaient étrangement. Brigitte courut après lui et sortit de la chambre. Mirtil profita de ce moment pour s'échapper à son tour; il m'embrassa et, leste comme un levrier, atteignit en deux sauts la fenêtre, la franchit, rentra dans le jardin, et j'entendis avec une douleur inexprimable le bruit de ses pas qui s'éloignaient.

Je restai seule..., je pleurai; c'était là le cas, j'en eus le loisir au moins pendant un quart d'heure. Mille idées extravagantes passèrent dans ma cervelle; il s'agissait de fuir, de me jeter à la rivière, de me tuer avec mon couteau, de me faire religieuse; de courir trouver le père de Mirtil, de me précipiter à ses pieds et de lui demander qu'il me mariât avec mon amant. La pensée de ma tante, de sa colère, de sa vengeance acheva de m'abattre; et puis je pensai de nouveau à accuser Mirtil de m'avoir quittée, je me sentais coupable et j'eusse souhaité que la force appuyât ma faiblesse; je l'aimais cependant; que dis-je, je l'adorais!

Je fus saisie d'un nouvel accès de terreur en entendant revenir quelqu'un dans ma chambre : c'était Brigitte, elle était désolée.

« Ah! mauvaise fille, me dit-elle (et je remarquai que tout à coup une familiarité extrême succédait aux respects de la veille), que tu as eu une sotte inspiration! Quoi donner cette nuit même rendez-vous à ton amant; tu n'avais donc pas compris ce que Monseigneur t'avait dit hier pendant le dîner?

— Il m'avait fait peur des esprits, repartis-je en sanglotant.

— Cela devait te prévenir qu'il viendrait.

— Dame, je préférais que Jacquot m'aidât à passer ma frayeur.

— Jacquot, un misérable garçon jardinier! »

A ceci je pris feu, et avec la naïveté de mon âge, je me mis à faire l'histoire de mon amour et la généalogie de mon amant; Brigitte m'écouta; elle avait pour principe qu'il est bon de tout savoir, afin de profiter de tout ; elle me laissa aller jusqu'au bout, et alors :

« Tout cela, ma petite, est bel et bon ; mais je doute que ce gaillard t'épouse du consentement de son père, et, en attendant, te voilà retombée dans le malheur, chassée de cette belle maison, et privée de tous les avantages du luxe.

— Et pourquoi, s'il vous plaît ? demandai-je ; est-ce que mon protecteur ne veut pas que j'aie un amant ? qu'il me le laisse à la place du courreur, il ne lui en coûtera pas autant. »

Ma niaiserie fit presque rire Brigitte ; mais elle songeait trop au solide pour en détourner son attention, et s'asseyant sans cérémonie sur le pied du lit, elle entama un discours propre à mon instruction. Je sus ce que faisait ma tante, ce qu'elle avait prétendu faire de moi ; ce que j'étais, ce que je pourrais être. Brigitte ne me cacha rien. Elle ajouta que M. de Dillon lui avait ordonné de me dire qu'avant huit heures du matin je devais avoir quitté la maison, sa propriété et non celle de ma tante, ainsi que je le croyais ; qu'il me laissait les chiffons et les bijoux, à part les diamants qu'il s'était fait rendre par Brigitte, à la garde de qui ils avaient été confiés.

Brigitte termina par me faire une peinture effrayante du désespoir de ma tante et du rude traitement que, sans doute, elle me réserverait. Je prévoyais en effet de cruels moments à passer, l'effroi me ressaisit et je me remis à gémir et à sangloter.

Ma camériste me laissa pendant un peu de temps sans me donner aucune consolation ; tout au contraire, plus mon affliction éclatait, plus elle rembrunissait le tableau.

C'était, ai-je dit, une créature très adroite, très désireuse de se retirer de la foule, et fort peu lui importait la délicatesse des moyens dont elle se servirait, pourvu que, en résultat, ils lui procurassent une existence fort assurée sur la fin de ses jours. Ce qui en cette circonstance, l'attacha à ma destinée, fut la conviction qu'elle retirerait un grand avantage de ma personne ; mais pour cela, il fallait se substituer à ma tante.

Cependant, je soupirais encore en songeant à Mirtil ; je

pensais ne point pouvoir me séparer de lui et, dans le temps même où j'avais les plus grandes inquiétudes du monde, l'attendrissement me fit prononcer son nom.

« Mon enfant, me dit-elle enfin d'un ton sérieux et pénétré, tu me fais peur, car je crains que tu n'aies la faiblesse de t'attacher sérieusement au premier polisson venu. Une fille sage qui veut avoir de la tenue et de la conduite, ne descend l'amour jamais plus bas que la tête ; les malapprises, les insensées, sont les seules à le placer dans le cœur. Crois-moi, contente-toi d'avoir des fantaisies, elles t'entretiendront en joie et en beauté ; les passions aigrissent le caractère, flétrissent nos charmes et conduisent l'âme à d'étranges extrémités.

— C'est bel et bon, fis-je encore, mais en attendant, je veux revoir Jacquot ; allez le chercher.

— Là ! là ! répliqua Brigitte, les Jacquot ne te manqueront point, mais auparavant, décidons ce que nous avons à faire. Ta tante, remplie d'impatience de savoir où en est la belle aventure, sera ici à sept heures du matin, peut-être ; il en est cinq ; à six il faut que nous ayons pris notre volée.

— Où irons-nous ? demandai-je.

— J'ai, dit Brigitte, dans un quartier retiré, une manière d'appartement en bel air, en bonne vue ; je suis bien assurée que la Duval, quelque dénicheuse de merles qu'elle puisse être, ne s'avisera pas de te venir chercher là. Tu y prendras patience jusqu'au moment où je t'aurai trouvé une place avantageuse.

— Une place ! Que feriez-vous donc de moi ?

— Je n'en sais rien encore ; peut-être une petite laitière bien champêtre ; il y a des galants qui donnent dans la villageoiserie ; peut-être une baronne allemande, abandonnée de son tuteur, pour les financiers qui tiennent à faire des connaissances dans la noblesse. »

Je manquais d'expérience. Brigitte en profita pour m'épouvanter, me fit entendre que la Duval était capable de me faire enfermer à Sainte-Pélagie ou dans une maison pire encore ;

que M. de Dillon pouvait s'unir à elle pour me jouer ce mauvais tour. Ce que j'avais de mieux à faire, était de me cacher d'abord et puis de me remettre à flot doucement. Quelles réflexions peut-on faire à quinze ans? aucune. Je consentis à tout, gardant toujours l'espoir de retrouver Mirtil.

Je m'habillai. Nous fîmes plusieurs paquets de mes hardes et de tout ce qu'il m'était permis d'emporter, et tandis que six heures sonnaient, nous nous acheminâmes, aidées par un homme de peine, vers le boulevard Saint-Denis; là, nous prîmes une voiture qui nous conduisit vers le dédale escarpé des rues qui serpentent sur la croupe de la montagne Sainte-Geneviève; je ne sais le nom de celle où était située la maison occupée en partie par Brigitte; c'était une des plus noires, sales et étroites, et le contraste en était plus grand avec l'étendue de ciel que l'on voyait des fenêtres de l'appartement, composé de deux pièces situées au second étage au fond de la cour; il s'ouvrait sur de vastes jardins de couvents ou de collèges.

Mais quelle chétive habitation, quelle mesquinerie d'ameublement! Que la comparaison m'en fut pénible d'avec ceux que je possédais la veille. Brigitte, en femme expérimentée, ne manqua pas de me faire apercevoir que c'était Jacquot qui m'avait fait perdre une position si brillante; elle s'y prenait ainsi pour battre en ruine mon amour. Il est certain que le souvenir de mon amant ne suppléa point tout à fait à la chétive apparence de tout ce qui m'environnait, Je me rappelais et le coureur, et les laquais, et le cuisinier, et ce carrosse si brillant, si bien attelé, dans lequel je n'étais pas même montée, et tout cela était perdu.

La journée s'écoula tristement. Brigitte sortit non sous ses vêtements ordinaires, mais travestie en vieille, avec de faux cheveux blancs, une coiffe qui cachait presque tout son visage, des lunettes; en un mot, à moins que d'être elle-même, nul ne l'eut reconnue. Ce costume, me dit-elle, était pris afin de pouvoir courir en paix au quartier de la Duval, soit pour parvenir à Jacquot, à qui je voulais faire tenir de mes nouvelles, en dépit de tout, soit pour s'informer de ma tante et de ce qu'elle aurait fait après avoir appris la catastrophe et mon évasion.

Je demeurai seule jusqu'au soir fort triste, fort agitée. La lenteur du temps m'assomma ; la solitude me devint insupportable, et puis le passé me désolait. Je ne pouvais m'accoutumer à cette transition subite de la veille à ce moment ; je ne me rappelais plus que chez ma tante, je n'étais guère mieux placée.

Brigitte, de retour, me fit les plus fâcheux récits. Elle avait su s'enquérir de Jacquot : il n'était point, comme il me l'avait dit, le fils d'un honnête marchand, mais de la servante de celui-ci. Elle m'apportait les preuves d'assez vilaines indélicatesses, commises par lui, et qui le pouvaient mener loin. Le seul amour ne l'avait pas conduit à se cacher dans le jardin du faubourg Saint-Denis, car il était recherché par les gens de police. J'eus une grande déception ; je lui voyais encore tant de grâces !

Brigitte passa ensuite au chapitre de ma tante. Oh ! ici, encore, je n'eus que de nouveaux motifs de douleur. La Duval avait appris, comme si on lui eût annoncé sa mort, mon escapade et ma fuite. Son premier soin s'était tourné à m'aller dénoncer au lieutenant de police, et à obtenir un ordre pour me faire enfermer ; j'avais tout à craindre de sa colère, et Brigitte ne négligea rien de ce qui aiderait à m'épouvanter. Elle y réussit si bien, que j'aurais voulu pouvoir me tapir dans un trou de souris, et que, me jetant aux genoux de mon ex-femme de chambre, je la conjurai de ne pas m'abandonner. Elle me le promit sans peine, mais elle mit pour condition absolue, que je m'abandonnerais à son gouvernement, et que je ne ferais aucun pas, aucune démarche sans sa permission ou sa présence ; je m'y engageai par serment, ainsi qu'elle l'entendit.

Dès lors, elle s'adjugea sur moi une complète autorité. Je menai, pendant quelques mois, une vie bien retirée et très ennuyeuse, ne sortant jamais que pour descendre dans le ardin de la maison; ne voyant pour compagnie unique que deux hommes : l'un, serpent de paroisse et mon maître de musique, l'autre, vieillard cassé, goutteux, presque aveugle, et qui prétendait avoir fait à l'Opéra les délices de Paris, par la noblesse et la légèreté de ses pirouettes. Celui-ci, M. Delpont, surnommé Zéphir, avait la charge de m'initier dans le bel art de la danse; l'autre, M. Noël, devait m'apprendre à chanter. Il s'employa en conscience à développer la voix assez fraîche que j'avais et je lui dois cette justice que, tout modeste professeur qu'il fût, ses leçons étaient bonnes.

Mais M. Noël, malgré ses soixante ans, sa perruque de chiendent, l'œil qui lui manquait, les rubis de son nez et la solitude de sa bouche, meublée, je crois, d'une seule dent, ne forma-t-il pas le dessein honorable de m'offrir sa main, en retour de mon cœur, qu'il attaqua. Que je m'amusai de sa passion ridicule! la malice se développait avec l'âge; la leçon que j'avais prise avec Jacquot m'avait ouvert les yeux, non moins que les conversations instructives de Mlle Brigitte, et je me plaisais à faire enrager mon antique amoureux.

Quant à l'ex-Zéphir, je lui dois cette justice qu'il ne me parla jamais sur le même ton. Ses propos roulaient uniquement sur la danse et sur l'Opéra; il en savait la vieille chronique scandaleuse, ne prononçait qu'avec une sorte de vénération comique les noms des acteurs, des actrices de ce premier théâtre du monde. Il ne tarissait pas surtout quand il arrivait aux danseurs, aux danseuses. Que de fois j'entendis l'éloge de la célèbre Sallé ou de la piquante Camargo!

M. Delpont avouait que la musique était quelque chose; qu'il y avait à profiter de l'étude des sciences et des arts, mais que la danse était le complément indispensable de toute célébrité, et qu'en définitive, avec elle on suppléerait à tout le reste. Il me divertissait en son genre autant que le serpent de Saint-Médard dans le sien.

Je faisais cependant des progrès rapides; ma voix, sans être étendue, devenait agréable; je l'avais juste, c'était 'essentiel; je dansais bien, je me tenais mieux encore.

Brigitte surveillait mon éducation qui touchait à son terme, car je ne devais pas être une virtuose. Le pauvre Noël ne cessait de soupirer, de m'offrir sa main, de me montrer les avantages que j'en retirerais, le rang que je m'assurerais dans la paroisse; je riais, je me moquais de lui, et ne songeais ni à mariage, ni à mari.

Ce n'est pas que parfois mes regards ne se portassent dans mon voisinage, que je ne cherchasse à y rencontrer une figure humaine, un jeune homme sur lequel mes yeux pussent se reposer avec plaisir; c'eût été un adoucissement à mon ennui; mais point; des ouvriers âgés, sales, dégoûtants; des femmes qui leur étaient semblables, voilà ce que je trouvais autour de moi; j'en séchais de douleur, tu en devines la cause.

Un jour, Brigitte m'entreprit avec assez de douceur, et elle me dit :

« Ma chère belle, nos ressources sont à leur terme, et le temps n'a pas atténué le ressentiment de la Duval. Est-ce que tu n'aurais plus envie de te retrouver comme tu as été pendant un seul jour? »

Je convins que je ne repousserais point les agréments d'une brillante existence.

« Eh bien! il faut travailler à se les procurer : une dame qui voit une bonne et nombreuse société a besoin d'une demoiselle de compagnie. J'ai parlé de toi, j'ai fait ton éloge, j'ai répondu de tes mœurs, et elle a consenti à te prendre. Tu seras logée, nourrie, tu as de jolies hardes, cela suffira à te montrer sous un jour avantageux. Il est impossible que, gracieuse, jeune et neuve comme tu l'es, tu ne fasses là quelque heureuse et profitable connaissance. Vois si tu veux essayer. »

A cette heure, où mon cœur demeurait presque blessé, où ma tête du moins était très refroidie, je ne sus trop que dire. Brigitte vit mon indécision; alors, elle me parla plus vivement, me démontrant que l'essentiel dans la vie était d'être raisonnable, que les affaires enfin devaient marcher avec les plaisirs.

« Hélas! pensais-je, où est déjà le temps où je voulais donner ma vie à Mirtil? »

Puis, dans la perspective, elle dessina un autre carrosse, d'autres laquais, de nouveaux diamants, une maison montée; elle fut si adroite, j'étais si bien disposée, que, sans remettre au lendemain, nous allâmes droit rue Coquillière, chez Mme de Saint-Étienne.

IV

MADAME de Saint-Étienne était une émérite de Cythère, retirée avec appointements de retraite. Il y avait là du jargon, de la suffisance, beaucoup d'effronterie, restes d'une assez grande célébrité, un fonds d'intrigues, de prétentions, de désir de compter encore, la manie du bel esprit, et d'une réputation n'importe comment. Mme de Saint-Étienne allait le matin à l'église. Le soir elle tenait tour à tour académie de jeu et d'esprit : on y faisait des vers, on y taillait la bassette. le pharaon, le tout sous la protection spéciale de la police qui consentait à fermer les yeux, pourvu qu'on lui laissât ouvrir les oreilles.

C'était presque un congrès universel que cette maison ; on y rencontrait pêle-mêle, dans un chaos complet, la haute noblesse et l'habile filouterie, des fermiers généraux en masse et des hommes de lettres en détail, des acteurs et des abbés, des charlatans et des dupes. Les femmes y abondaient, toutes un peu tarées, toutes connues du tiers et du quart, demi-vertus privées ou publiques, mais affectant de grandes manières, faisant du sentiment en attendant mieux, et de la délicatesse faute de ne pouvoir dénouer les cordons de la bourse d'autrui. Chacune de ces dames avait un nom ronflant et une histoire piteuse, des malheurs cruels et des principes forcés de s'accommoder aux circonstances. On n'y voyait que des veuves ou des femmes dont les maris

MADEMOISELLE DUTHÉ, *d'après la gravure de Janinet.*

(Collection de M. N. Bardac.)

servaient outre-mer, dans les îles Barataria, sans doute, car de leurs nouvelles on n'en recevait jamais.

Je remarquai que, parmi ces dames à origine mystérieuse et parmi ces chevaliers sans décorations, et à commencer par la dame du lieu, on ne s'appelait que Saint-André, Saint-Charles, Saint-Sylvestre, Sainte-Hélène, Sainte-Agathe, etc.

Depuis longtemps, hors des exceptions très respectables, quiconque a une vie équivoque la cache sous un nom canonisé : c'est l'usage, tu as pu t'en apercevoir comme moi.

Mme de Saint-Étienne, à part ses rentes, les profits du flambeau et autres ressources secrètes, avait pour habitude de former au siècle une jeune personne; il la lui fallait très jolie, attendu qu'elle devenait plus facile à placer. Ce soin lui rapportait, bon an mal an, un assez fort supplément de revenu : peu lui importait que la petite fille fût spirituelle; un beau visage, une taille agréable lui suffisaient.

J'étais plus que jolie, on pouvait citer ma taille comme une merveille; elle ne s'informa donc pas si, avec cela, j'avais le sens commun. Le premier coup d'œil me fut favorable, je lui plus, et en m'embrassant, elle me dit :

« Mon ange, je ferai bien de ne pas m'attacher à vous, vous ne serez chez moi qu'un oiseau de passage, on vous ravira promptement à mon amitié. »

Il fut décidé que, dès le lendemain, je serais installée sous sa suprématie, et que Brigitte resterait en qualité de femme de chambre; celle-ci ne voulait pas me quitter, j'étais en quelque sorte sa propriété viagère, et il était juste qu'elle vécut à mes dépens. Je présume que déjà elle avait instruit Mme de Saint-Étienne de mes aventures; je m'en doutai à l'absence de toute question sur mon existence passée.

On s'avisa qu'il me fallait un nom. Celui de mon père ne devait pas être mis en avant, on m'en donna un, je le pris en riant. J'y ai fait honneur à ce que je crois, car enfin je l'ai paré de quelque célébrité. Je devais, en outre, être l'arrière-cousine de Mme de Saint-Étienne, la fille d'un capitaine d'infanterie tué à la bataille de Lawfeld, lorsqu'à peine je venais de naître. Quant à ma mère, selon l'occurence et la nécessité, elle serait morte de douleur, me laissant ainsi complètement orpheline, ou elle se perpétuerait dans Brigitte, qui quitterait à propos le tablier pour endosser l'attirail de veuve. Tous ces points arrêtés entre deux femmes profondément usagées, nous nous séparâmes pour ne plus nous quitter le lendemain.

Je m'étais retrouvée avec plaisir dans un appartement à peu près bien tenu. J'avais vu avec un serrement de cœur inexprimable une berline dans la cour, et un grison en livrée dans l'antichambre ; j'avais eu mieux, et ma faiblesse avait tout perdu. Et pourtant, cette faiblesse, je ne la regrettais pas trop, car j'avais eu, avec un véritable amour, ce qu'il y a de plus beau au monde. Mon amour avait été mal placé, mais il m'avait empli le cœur de mouvements délicieux.

Aussi, n'était-ce pas sans quelque trouble que je pensais à ce changement d'existence, tant que je fusse lasse de celle que je menais. J'avais de la curiosité, mais elle n'allait point sans quelque mélancolie. Hélas, Mirtil, combien je vous eusse aimé, si vous eussiez été digne de ma passion !

Nous prîmes congé de mes deux maîtres ; M. Noël faillit mourir de douleur. Mme de Saint-Étienne me reçut mieux encore que la veille ; elle m'embrassa, me cajola, m'admira de façon à me rendre très satisfaite, me conduisit à un appartement fort propre, composé de trois pièces. Une me servirait d'antichambre, je coucherais dans l'autre, la troisième serait pour ma gouvernante ; il y avait en outre plusieurs cabinets, un corridor de dégagement fort obscur, et, au bout, un escalier dérobé qui descendait derrière la loge du portier. Tout ceci fut loué comme étant très commode, et au sourire correspondant de la dame et de la soubrette je compris pourquoi ce que l'on voyait le moins était ce qu'il y avait de plus agréable dans mon logement.

La maîtresse de la maison me dit, lorsque je fus installée, qu'elle me dispensait ce même jour de faire mon service auprès d'elle. Il était convenu que j'arrivais de province, que je devais être fatiguée, et comme la Cour et la ville (ce fut son expression) viendraient ce soir-là à son cercle, il ne fallait pas me prodiguer une première fois devant tant de cohue. Je sus qu'on devait faire une lecture, qu'on jouerait ensuite ;

j'avais assez grande envie de me montrer, mais je ne le dis pas, afin de ne pas laisser croire à mon enfantillage.

Je dînai à mon petit couvert, toute seule; Brigitte ne voulut pas prendre place à côté de moi, quoique pendant un an elle ne s'en eût pas fait faute; mais il convenait de jeter de la poudre aux yeux; peut-être que les affiliés de la maison avaient des espions parmi les gens de Mme de Saint-Étienne, et on ne pouvait que rendre bon témoignage de la nouvelle débarquée, si celle-ci était traitée avec respect par sa propre gouvernante.

Je passai toute la soirée à regarder au travers d'une jalousie les flots de monde qui venaient, soit à pied, soit en voiture. Le cœur me battait à chaque personne bien parée, à chaque seigneur élégant dont les coursiers fringants servaient l'impatience. Brigitte eut de la peine à me faire coucher, j'aurais demeuré là toute la nuit : venants, partants, maîtres, valets, tout m'amusait ou m'intéressait déjà; une pareille réunion me paraissait devoir être merveilleuse.

A mon réveil, la matinée était avancée; je crus être en retard et hâtai mon lever. Je passai chez Madame, mais Mme de Saint-Étienne sommeillait encore et je m'en étonnai d'autant moins que la lecture de la veille avait été longue et qu'elle était du marquis de Ximénès (1); il était midi pourtant. Je revins dans mon appartement où je me mis à ranger, tandis que la seconde femme de chambre de Mme de Saint-Étienne

---

(1) Le marquis de Ximénès avait donné à la Comédie-Française un *Epicharis* qui n'eut qu'une seule représentation. Une autre tragédie, *Amalazonte*, malgré les brocards et les épigrammes eut, devant le public, un sort moins malheureux. L'auteur avait fait donner la représentation la veille du jour pour lequel elle était affichée, de façon à déjouer la cabale qui se préparait. Il avait trouvé le moyen de s'insinuer dans les bonnes grâces de Voltaire. Le *Dictionnaire des théâtres* (1808) écrivait « que l'Académie s'honorerait en recevant parmi ses membres le doyen des poètes tragiques : « elle a reçu les marquis de la Fare et de Saint-Aulaire qui avaient des ressemblances avec lui du côté de l'âge, des talents et de la vaillance, mais qui ne le valaient pas sur ces trois rapports ». Il mourut très âgé, après avoir successivement célébré en ses vers tous les régimes politiques, en 1817.

qui m'avait suivie, entretenait devant moi Brigitte des us et coutumes de la maison.

J'appris qu'il ne faisait jamais petit jour chez la maîtresse du lieu avant onze heures ou midi, à moins d'événements extraordinaires; que Madame entendait la dernière messe à Saint-Eustache, sa paroisse; lorsqu'elle était bien disposée on dînait à une heure ou deux au plus tard; après le dîner avait lieu une conversation qui se prolongeait jusqu'au moment d'aller au spectacle; on soupait au retour, et, à certains jours de la semaine, à part le jeu quotidien, il y en avait de majeurs où affluaient des multitudes de gens de tous pays et, en vérité, de tous états.

Je connus les noms, l'âge, la tournure, les goûts simples ou bizarres, les qualités bonnes ou mauvaises des habitués de la maison. Les principaux étaient le duc de Rohan-Chabot (1), demi-vieillard, demi-guilleret, tenant sa place dans un cercle d'esprit et à une table de bassette, galant par réminiscence et quelque peu morose habituellement; le duc de Villars (2) (quand il était à Paris); celui-là subissait la loi impérieuse appliquée par la nature à tout fils de grand homme, c'est-à-dire qu'il était loin d'en être un; sorte de bellâtre aux goûts plus que bizarres, accusé d'un péché que l'on punissait par le feu sur tout pauvre diable et qu'on se contentait de siffler dans un grand seigneur, spirituel d'ailleurs, toujours paré d'un bouquet énorme et se mettant du rouge comme une jolie femme; et on prétendait que ce n'était pas pour plaire

---

(1) Le duc de Rohan-Chabot, après une carrière militaire qui n'avait pas été sans éclat, présidait les États de Bretagne. Il mourut en 1791.

(2) Le duc de Villars, fils du maréchal (1702-1770). Il était le plus souvent dans son gouvernement de Provence. Il fut de l'Académie, bien qu'il n'eût rien écrit. Voltaire a fait allusion à ses mœurs suspectes. Mais le duc de Villars se piquait de philanthropie et avait même préparé son épitaphe: « Ci-gît l'ami des hommes. » Voir (livre VII), les *Mémoires* de Marmontel qui parle de son séjour à Toulon, chez le duc, se déclarant « aussi satisfait qu'on peut l'être des attentions et des empressements d'un homme qu'on n'estime pas. »

à celle-ci; le duc d'Aiguillon (1), parvenu depuis à une fortune très brillante, grâce à la faiblesse du feu roi Louis XV, et à la faveur tendre de la comtesse du Barry; le duc de Châtillon, jeune homme de bonne mine, de peu de réputation, doux, complaisant, aimant le beau sexe et qu'on accusait de deux sortes de nullités : il ne savait, disait-on, parler ni agir.

Je ne sais pourquoi en tête de cette pairie j'ai oublié le maréchal de Rohan, prince de Soubise (2). Certes ce n'était pas le moins intéressant pour les demoiselles du monde; celui-là, qui vient de mourir il y a peu d'années, fut pendant sa longue carrière surnommé « le père universel des filles de l'Opéra et d'ailleurs ». Figure-toi un homme de bonne compagnie et fait pour nous, recherchant les filles, les protégeant, les faisant valoir, leur ouvrant son palais, son cœur, sa bourse; se mêlant de leurs amours, de leurs querelles, de leurs affaires, les soignant en santé, en maladie, ne les quittant que le moins possible. Ses manières avaient une grâce, une amabilité parfaite; son grand usage du monde lui tenait lieu d'esprit. On ne cessait de le trouver aimable parce qu'il

---

(1) Le duc d'Aiguillon (1720-1782) était alors gouverneur de Bretagne. On sait la part qu'il prit dans le renversement du ministère de Choiseul, qui l'avait fait traduire devant le Parlement et par quelles intrigues de cour il succéda à Choiseul. Louis XV disait de lui : « Je l'aime assez à cause du mauvais tour que je lui ai joué il y a bien longtemps, en lui enlevant Mme de Châteauroux, mais je conviens qu'il est haï et qu'il ne pourra faire aucun bien. »

(2) C'est le vaincu de Rosbach, sur lequel il y a des couplets fameux :

> Soubise dit, la lanterne à la main,
> C'est singulier, où donc est mon armée...

En 1808 fut représentée une pièce de Radet et Desfontaines, *la Colonne de Rosbach*, où s'exaltait la revanche de la défaite de Soubise. Le maréchal ne fut du moins pas ingrat envers Louis XV, qu'il l'avait soutenu malgré tous; son plus grand acte de courage fut sans doute de s'approcher du roi agonisant dont, par peur de la contagion, s'éloignaient tous ses courtisans. La complexion galante du prince de Soubise est attestée par les rapports des inspecteurs de police du roi. Voir C. Piton : *Paris sous Louis XV*. La petite maison du prince était à l'emplacement actuel du n° 12 de la rue de l'Arcade.

était toujours bon et bienveillant. Il avait si mal fait la guerre qu'il n'avait pu échapper au bâton de maréchal de France, et Mlle Arnould, qui n'épargnait rien, disait qu'à moins que ce bâton ne servît à sa chaise en cas de besoin, elle ne comprenait pas ce que M. le Maréchal pourrait en faire. Le prince de Soubise s'occupait tant de nous que, de notre côté, l'on ne parlait que de lui. On l'aimait, tandis que c'était de la haine recouverte d'un voile de respect que nous éprouvions pour le maréchal de Richelieu (1).

Ah! le vilain seigneur que celui-là, malgré sa réputation de bonnes fortunes et ses exploits guerriers. On avait de la peine à retrouver les traces de cette beauté qui était disparue rapidement, et la cause de l'amitié du roi pour le maréchal, et son droit au titre de membre de l'Académie française. Il possédait un fonds de méchanceté innée, de malice profonde, allumée au feu le plus vif de l'enfer, dont il ne se départait ni avec ses amis, ses parents, ses maîtresses. Dur et véritablement pervers, haineux, jaloux ; envieux de tout ce qui plaisait, il en voulait également au guerrier couronné des mains de la victoire, au jeune homme assez heureux pour cueillir des myrtes dans les champs de l'amour, au littérateur recommandable par son génie, à la jolie créature qui avait des succès et à l'homme de mérite, dont la vertu l'importunait d'autant plus qu'il la regardait comme la satire de ses vices. Qu'il puait, ce seigneur avare, et, je pourrais ajouter, escroc à cause de cent honteuses affaires, à part celle de la présidente de Saint-Vincent (2)! Qu'il

(1) Le temps était loin déjà du portrait de Rulhière : « M. de Richelieu est un de ces hommes rares dont la figure donne peu de modèles. Sa figure n'était pas jolie, mais ses grâces et son esprit la rendaient supérieure à tout. Né pour plaire aux femmes, ne paraissant occupé que d'elles, il a connu tous les mouvements de l'ambition ; le même esprit qui l'a rendu si séduisant auprès des femmes l'a rendu favori du roi son maître. » (Rulhière, *Anecdotes sur le maréchal de Richelieu.*)

(2) Le maréchal de Richelieu accusait la présidente de Saint-Vincent, qui avait été sa maîtresse, d'avoir fait fabriquer des billets, pour 425.000 livres, qu'il arguait de faux. Ce procès dura des années, avec des fortunes diverses ;

puait avec son ambre, son musc, dont il était sans cesse saupoudré! Cette odeur lui était si appropriée que M. de Conflans, son subdélégué au gouvernement de Guyenne, obligé d'habiter son hôtel à Bordeaux et son appartement, y fit parquer pendant six mois un troupeau de moutons, afin qu'ils emportassent les restes du fumet du duc de Richelieu.

Celui-ci, détesté, craint et la terreur de tous ceux et celles qu'il honorait de ses bontés et de sa bienveillance, tenait le haut bout cependant. Tyran de la Comédie-Française, placée sous sa férule à cause de ses fonctions de premier gentil-homme de la Chambre, il se jubilait à désespérer les acteurs et les actrices, à les tourmenter, et cela, sans raison; aussi le tripot, selon l'expression bien appropriée de M. de Voltaire le tripot l'avait en horreur, tout en s'humiliant à ses pieds. Il le savait et l'en payait en noirceurs, en despotisme, en vilenies de tous genres. Ce qui le piquait le plus c'était l'amour que l'on portait au prince de Soubise, il en ressentait parfois des accès de fureur. Au reste, lui aussi était coureur de petites maisons; et une demoiselle à ses débuts était en quelque sorte forcée à aller lui faire la révérence. Il traitait mal et ne payait pas mieux.

---

la présidente, que le maréchal avait fait emprisonner, devenant accusatrice et portant plainte en subordination de témoins. En 1777, la Cour finit par rendre un jugement qui attestait qu'elle ne comprenait pas grand'-chose à cette affaire extraordinairement compliquée, et qui avait tourné véritablement à la bataille. La présidente ne fut pas entièrement disculpée, sans être pourtant condamnée. Le maréchal devait des dommages-intérêts à sept autres accusés. « Son honneur restait fort compromis, puisque, en ne faisant pas reconnaître la partie adverse coupable du crime dont il l'avait accusée, il restait lui-même indirectement convaincu de calomnie envers elle et très directement envers les autres. » — « Il devait payer des frais énormes de sorte que s'il eût, dans le principe, payé les billets, il se fût épargné bien des tracasseries et des chagrins et il n'eût pas eu à rougir de ses procédés atroces envers une femme de qualité dont il avait eu les faveurs; il ne se fût pas aliéné tant de maisons illustres auxquelles elle appartenait; il serait resté, en un mot, le héros du sexe, au lieu d'en devenir l'horreur et l'exécration. » (*L'Espion anglais*, tome VI.)

L'HÔTEL DES FERMIERS GÉNÉRAUX

(Ancien hôtel du chancelier Séguier.)

Son fils le duc de Fronsac (1), débutait alors. Digne en tout de son père, aussi peu aimé et abhorré non moins, sa jeunesse réparait à demi l'aversion que déjà lui méritaient ses œuvres.

Un autre seigneur, bien plus aimable quoique bizarre, capricieux et fantasque à l'extrême, était le comte de Lauraguais (2); je dis « était », car il est maintenant si fort en éclipse que je suis toujours prête à le qualifier d'un « *de profundis* ». Celui-là tenait le sceptre de la galanterie à cause de sa passion pour Sophie Arnould et de ses escapades avec tant d'autres. Homme de cour, philosophe, littérateur singulier, commère à vingt carats, parleur, voulant toujours ou tenir le dé, ou que l'on s'occupât exclusivement de lui, il dépensait, sans s'en apercevoir, sa fortune et sa considération personnelle; il aspirait à éblouir, à entraîner, à plaire, et en résultat on se moquait de lui; il fatiguait plus qu'il n'amusait. Le rôle de bouffon en grand qu'il avait adopté n'est pas dans les convenances; on ne peut faire rire et conserver de la dignité, ce sont choses antipathiques. Le comte de Lauraguais prétendait les allier en lui; il en résultait une position fausse, où tout ce qu'on accordait au facétieux personnage, était enlevé au futur duc et pair.

Après ces seigneurs venaient, non moins prisés, MM. de Sennecaire, de Louvois, de Lagrange, de Morangiez, de Saint-Aldégonde, de Sillery, de Senlis, de Barbantane (3),

---

(1) On sait le poème de Gilbert :

    Mais ce voluptueux, à ses vices fidèle
    Cherche pour chaque jour une amante nouvelle...

Premier gentilhomme de la Chambre. Le *Journal* de Papillon de la Ferté le montre tracassier, querelleur et railleur.

(2) L'ancien maître de camp pendant la guerre de Sept ans, pèlerin de Ferney, amant très affiché de Sophie Arnould, traversa la Révolution sans encombre et mourut pair de France en 1824 à quatre-vingt-douze ans. Ce fut lui qui, en un temps où l'on riait de tout, avait, avec toutes les apparences de la gravité, porté plainte chez un commissaire, contre le prince d'Hénin, accusé du crime de « faire périr d'ennui » Sophie Arnould. (Voir chapitre VI, texte et notes.)

(3) Attaché au Palais-Royal. « Il joignait à beaucoup d'esprit une gaieté

de Thibouville (1), de Ximénès, de Bassompierre, le prince
d'Hénin (2), autre malheureux à bonnes intentions; le chevalier de Rességuier, qui se consolait avec une épigramme
d'un séjour à la Bastille (3). C'était un Gascon ayant la
charge de représenter perpétuellement l'esprit, la vivacité
méridionale; je l'ai connu à la fleur de son âge; lorsque
j'entrai dans le monde il n'avait que trente-sept à trente-
huit ans, et il jouissait d'une réputation bien acquise de
stoïcisme, de malice et de finesse d'esprit. La marquise de
Pompadour le craignait, c'est tout dire; elle avait puni ses
sarcasmes par la prison, et lui, en sortant non amendé, re-
commençait de plus belle, et la guerre de verrous et d'épigrammes durait encore lorsque la marquise alla de vie à
trépas.

Le prince de Beaufremont aussi spirituel que gracieux (4),
le marquis de Montbarrey, si téméraire quand il ne s'agissait
que de verser son sang, et si timide quand il eut de grandes

franche et naturelle et le caractère le plus estimable. Ses saillies, toujours
vives et plaisantes, contrastaient singulièrement avec son maintien grave et
sa figure qui avait quelque chose de sévère. » (*Mémoires de Mme de Genlis.*)

(1) « C'était ce vilain marquis de Thibouville, distingué parmi les infâmes
par l'impudence du plus sale des vices et les raffinements d'un luxe dégoû-
tant de mollesse et de vanité. Le seul mérite de cet homme abreuvé de honte
était de réciter des vers d'une voix éteinte et cassée, avec une affèterie qui
se ressentait de ses mœurs monstrueuses. » (Marmontel, *Mémoires.*)

(2) Charles-Alexandre-Marie-Marcellin d'Alsace et d'Hénin-Liétard, prince
d'Hénin et du Saint-Empire, colonel aux grenadiers de France; son hôtel
se trouvait rue Sainte-Anne. La princesse d'Hénin, maîtresse du chevalier
de Coigny, eut, un soir de bal masqué de 1772, une scandaleuse alter-
cation avec une duchesse, sa rivale, et elle lui jeta un mot singulièrement
cru.

(3) On connaît cette épigramme, semblant d'ailleurs assez peu spirituelle
aujourd'hui, pour un temps où on avait tant d'esprit :

> Fille d'une sangsue et sangsue elle-même,
> Poisson dans son palais, sans remords, sans effroi
> Etale aux yeux de tous son insolence extrême,
> La dépouille du peuple et la honte du roi.

Le chevalier de Rességuier, qui avait été général des galères de l'ordre de
Malte, mourut en 1797, à Malte.

(4) Pair de France à la Restauration.

responsabilités (1), le comte de Rochefort d'Ally (2), aussi aimable que brave, et qui, ami de M. de Voltaire, était déjà en correspondance avec lui ; le chevalier de l'Arc, fils naturel du prince de Dombs, et qui, pour cela, ne valait guère plus (3) ; le marquis de Villette qui préludait déjà à la réputation que tu lui as connue (4) ; voilà quels étaient à peu près, avec quelques autres encore que j'oublie, les gens de cour qui venaient habituellement chez Mme de Saint-Étienne. La compagnie, sans doute, était bonne, mais était-elle toute de choix? Il faut y joindre les lords anglais, les princes russes, des grands d'Espagne, des barons allemands et des marquis italiens, personnages de passage il est vrai, mais qui, pendant leur séjour, n'en faisaient pas moins bouillir la marmite, soit au jeu, soit en belles passions.

La robe et la finance avaient pareillement leurs députés dans cette maison. L'abbé de Chauvelin (5), ce bossu contem-

(1) Montbarrey, qui se conduisit en héros à Arefeld et à Corbach, devait être un ministre de la guerre assez irrésolu. Mort en 1796.

(2) Lieutenant des gardes du corps en 1766.

(3) Qui songe à lire ses *Lettres d'Osman* ? Mort en 1779.

(4) L'esprit et les mœurs du marquis de Villette, fils d'un trésorier général de l'extraordinaire des guerres, sont également célèbres. L'esprit était vif, les mœurs assez infâmes. Il sut se faire prendre en amitié par Voltaire qui, après l'avoir accueilli à Ferney, le maria à Mlle de Varicourt, celle qu'on surnommait « Belle et Bonne ». « M. de Villette a épousé dans ma chaumière de Ferney une fille qui n'a pas un sou et dont la dot est de la vertu, de la philosophie, de la candeur, de la sensibilité, une extrême beauté, l'air le plus noble ; le tout a dix-neuf ans. Les nouveaux mariés s'occupent, jour et nuit, à me faire un petit philosophe. Cela me ragaillardit. » (Lettre de Voltaire à d'Alembert, 1777.) On sait que, à la mort de Voltaire, qui s'éteignit dans l'hôtel de Villette, quai des Théatins, le marquis s'empara du cœur de son grand ami ; il le porta à Ferney, qu'il avait racheté, puis le ramena à son château de Plessis-Villette. Dès les premiers jours de la Révolution, ami enthousiaste des idées nouvelles, il revint habiter Paris. Il ne voulait plus être que Charles Villette. Représentant de l'Oise, il ne vota pas pour la mort du roi. Il était « suspect » quand il mourut le 9 juillet 1793. « Belle et Bonne » fit de son appartement du cul-de-sac Férou une manière de temple dédié à Voltaire.

(5) C'est de lui qu'on a dit :

> Quelle est cette grotesque ébauche?
> Est-ce un homme? Est-ce un sapajou, etc.

(*Mémoires* de Marmontel, livre III.)

pteur des Jésuites, dont en ce moment il provoquait la chute totale, venait se délasser là de ses travaux du Palais. J'y ai vu le président de Maupéou (1), depuis chancelier de France, M. de Miromesnil (2) qui lui succéda et qui jouait les Crispins d'une manière supérieure; MM. de Sémonville (3), l'abbé de Sahuguet d'Espagnac (4), conseiller-clerc de la Grand'-Chambre, brelandier, spéculateur, et mieux encore quoique déjà sur le retour.

Parmi les maîtres des requêtes nous avions MM. Daine (5), de Bastard (6), Amelot (7), Foulon (8), dont la destinée devait être si malheureuse, de Forges et autres non moins connus. Les matadors de la finance étaient MM. Bouret, Beaujon, Decazes, de Laborde, Hocquart, Lalive d'Épinay, le Normand, Parceval et Savalette (9); je ne puis que les nommer. Il en est d'autres qui méritent une attention particulière et sur lesquels je reviendrai.

----

(1) On sait le rôle de Maupéou, dans la disgrâce du ministre Choiseul et dans le conflit avec le Parlement. Nul homme ne fut plus chansonné. Il mourut en 1792.

(2) L'adversaire de Maupéou, qui prit sur lui sa revanche en 1774. Mort en 1796.

(3) Père du diplomate et homme politique qui tira son épingle du jeu pendant tous les régimes.

(4) Beaucoup plus spéculateur qu'abbé, et spéculateur sans préjugés. Au demeurant, fort lettré. Condamné à mort en 1793.

(5) Cette plaisanterie était fameuse : « M. Daine a pour frères un gros chanoine de la Sainte-Chapelle, qu'on nomme nécessairement l'abbé Daine, et un génovéfain si jovial qu'il était impossible de ne pas l'appeler Dom Daine. »

(6) François de Bastard n'était déjà plus maître des requêtes à cette époque, il était premier président du Parlement de Toulouse. Il devait être, plus tard, surintendant de la maison du comte d'Artois. Mort en 1780.

(7) Fils de Amelot de la Houssaye, l'auteur des *Mémoires historiques*.

(8) Pendu à un réverbère, puis décapité le 22 juillet 1789. Sa tête fut promenée au bout d'une pique.

(9) Des notes, ici, entraîneraient trop loin. Voir, sur *les Fermiers généraux* Thirion, *la Vie privée des Financiers du* XVIII* siècle*; A. de Janzé, *les Financiers d'autrefois*; Paz et Gratien, *la Finance d'autrefois*. Sur Savalette, consulter la curieuse étude de M. G. Lenôtre, qui révèle une aventure extraordinaire.

Enfin pour clore la liste de nos habitués, je citerai dans la
littérature, tant grande, moyenne, que minime, des hommes
alors plus ou moins célèbres, et dont quelques-uns ne le sont
devenus que plus tard. MM. Diderot (1), de Marmontel,

(1) « S'il a aimé passionnément sur le tard, il ne recherche pas la société
des femmes. Même avec celles du monde encyclopédique qui ne rougissent
pas facilement, il n'est pas à l'aise. Il faut encore se gêner avec elles et
cela paralyse ses moyens. Il se trouve bien mieux avec des filles d'Opéra
parce qu'on fait avec elles comme on veut : bien sans vanité, mal sans
honte ». (J. Reinach, *Diderot*, 1894.)

La plupart de ces noms se retrouvent au cours des *Souvenirs*. Arnaud
Baculard (1718-1805), appelé à Berlin auprès de Frédéric II après le départ
de Voltaire, qui ne lui épargna pas les sarcasmes. Il est l'auteur d'une tragédie qui eut un succès de larmes, *le Comte de Comminges*. « L'effet en fut
déchirant », dit le *Dictionnaire des théâtres*. Elle semble, aujourd'hui, du
romanesque le plus absurde. Le comte de Comminges, séparé d'Adélaïde de
Lussan, qu'il aime, s'est, après nombre de péripéties, réfugié dans un monastère de trappistes. Adélaïde, échappée enfin à tous les pièges, cherche
désespérément Comminges. Sous des habits d'homme, elle arrive, par
hasard, à la Trappe, reconnaît Comminges parmi les religieux, et, pour
se rapprocher de lui, demande à être admise au nombre des pieux solitaires.
Le Père abbé, trompé par son travestissement, y consent. Mais les deux
amants sont l'un près de l'autre, sans que Comminges ait reconnu la femme
qu'il a adorée... La cloche des agonisants annonce la fin de l'un des moines,
frère Euthème. Ce frère Euthème, c'est Adélaïde qui, en mourant, révèle à
Comminges ce qu'elle fit pour expirer, au moins, auprès de lui. « Les personnages bavardent beaucoup, en dépit de la Trappe, asile du silence »,
dirent les gazettes du temps (1764). — Cailhava (1731-1813). C'est lui qui
eut avec la Comédie-Française des brouilles et des raccommodements fameux et qui écrivait, en 1779 : « Je me suis comporté avec la Comédie
comme l'amant le plus délicat avec sa maîtresse..... Ah ! la cruelle, elle me
prouve bien qu'elle ne se soucie ni de mon bonheur, ni de ma gloire, etc. »
Lettre de réconciliation maintenant : « Je boudais ma chère Comédie, je
croyais franchement ne plus l'aimer ; elle me sourit et je revole dans ses
bras, je ne me souviens plus qu'elle m'ait été cruelle, je jure de lui consacrer les plus beaux moments de ma vie... quand le temps viendra ou il faut
se contenter de sentir sans risques de le prouver, je demande à ma bien-
aimée de faire succéder l'amitié à la tendresse. » Pendant la Révolution, il
continua, en son petit logement voisin du Palais-Égalité, à recevoir les
membres du *Club de midi à quatorze heures*, qui se souciait peu de politique,
et, pendant la Terreur, voyait éclore de petites chansons galantes. Voir sur
Cailhava mon édition des *Souvenirs* de Louise Fusil (Paris, Schmid, 1905).
— Palissot se souvint dans sa comédie des *Courtisanes ou l'Écueil des Mœurs*
de son passage dans la maison de Mᵐᵉ de Saint-Étienne. Il y a, dans les
Mémoires de Mᵐᵉ de Genlis un piquant compte rendu de cette pièce. —
Lemierre avait, à la Comédie-Française, une tragédie reçue, *la Veuve du*

Arnaud Baculard, Cailhava de l'Estandoux, Collardeau, le
chevalier de Boufflers, Dorat, le chevalier de Cubière, tout
jeune homme, taillé pour être fou, et que le hasard, sans
doute, avait fait littérateur; Lemierre, dont l'amour-propre
était si naïf; Collé, roi de la chanson; Crébillon, le fils, dont
les œuvres étaient si divertissantes; le dur Robbé, le miel-
leux Bernard, que je ne trouvai pas gentil, bien que le sobri-
quet lui en fût resté; Palissot, dont l'arrivée faisait fuir
tous ses confrères; Poinsinet, le héros des mystifications,
et que je mettrai certainement en œuvre.

En un mot, il était des moments où, dans le cercle de
Mme de Saint-Étienne, on aurait pu se croire dans l'une des
meilleures maisons de Paris, et qui n'aurait pas connu les
dames, n'en aurait pas douté; quant à celles-ci, voici qu'elles
étaient les majeures.

A tout seigneur tout honneur; la reconnaissance, d'ailleurs,
commande que je place en tête de la liste, « les veuves du
maréchal de Saxe », les deux sœurs Verrière; elles venaient
assez souvent, et leur apparition n'était jamais indifférente,
elle occasionnait toujours, au contraire, une sorte d'événement. C'était bien pis encore, lorsque Marquise (1) descendait de sa hauteur jusqu'à daigner paraître dans notre
cercle; oh! pour le coup, chacun était aux champs, et le

Malabar; les comédiens cependant, tardaient à la représenter et avaient
repris *l'Orphelin de la Chine*. Lemierre leur envoya ce spirituel quatrain :

> Par vos délais longs et sans fin
> C'est assez me mettre à l'épreuve,
> Vous qui protégez l'*orphelin*
> Ne ferez-vous rien pour la *veuve!*

Robbé de Beauveset (1714-1792), auteur satirique fort licencieux et fort
brutal, mais homme fort habile dans la conduite de sa vie et qui eut l'art
de collectionner des pensions. (Voir *Mémoires secrets*, décembre 1769.)

(1) Maîtresse de M. de Villeroy, puis du duc d'Orléans. Demeurait rue de
Richelieu, sur le Palais-Royal. M. de Villeroy reparut dans son existence
même pendant sa liaison avec le duc d'Orléans. Elle était peu aimée des
officiers de ce prince : « La demoiselle Marquise a, avec eux, des manières
qui la font généralement détester. » (*Journal des Inspecteurs.*) Marquise avait
pour amie intime Mlle Beaufort.

salon ne se trouvait plus assez vaste. Marquise, peu après Mme de Villemonble jouissait de l'avantage vivement envié d'être la maîtresse en titre et en charge fonctionnée de Son Altesse Sérénissime Monseigneur le Duc d'Orléans; elle avait rendu père ce premier prince du sang de deux fils, les abbés de Saint-Phar et de Saint-Albin; il en résultait pour elle de la fortune, de la considération, et une cour composée de piqueurs d'assiettes et de gens qui avaient des prétentions à la bourse de son auguste amant; elle ne manquait ni de beauté, ni d'esprit, avait même à ce dernier attrait des prétentions qu'elle prouvait, par certains ouvrages répandus mystérieusement dans le cercle d'intimes : ils avaient peu de mérite, aussi les louait-on beaucoup ; enfin, Marquise était la fleur des pois de nous toutes.

Une autre chercheuse de phrases, Mlle Fauconnier, l'une de nos anciennes, avait passé de la galanterie au pédantisme. Devenue auteur, et, qui pis est, journaliste, elle rédigeait la *Gazette des Deuils*, nécrologe public où les éloges étaient donnés à tant la page, où chaque notaire décédé devenait un grand homme, où un faquin était ennobli, et où la France entière apprenait qu'elle était en larmes de la mort d'un obscur magistrat. Mlle Fauconnier, quittée par les amours, s'adonnait à l'intrigue; solliciteuse en titre, on la voyait dans les bureaux des divers ministères (1). Une des branches principales de son revenu était l'expédition des dispenses de la cour de Rome. Pour tout cas religieux, on s'adressait à elle de préférence, et en certitude d'une prompte expédition : facilité qu'elle devait à son ancienne liaison avec un signor *Abbato* Canti, très en crédit auprès de la chambre pontificale.

Puis venait une autre littératrice, Mlle Uncy (2), fille de l'amour et vouée pieusement au culte de son père; elle

---

(1) *Mémoires secrets* (avril 1764.)

(2) Auteur des *Contes moraux*. Un des contes du recueil est de l'abbé de Voisenon.

débuta par un coup d'éclat; M. de Meyzieux neveu de M. Pâris-Duverney, avait la coutume d'élever à la brochette des jeunes filles que le fin gourmand croquait, dès leurs quinze ou seize ans venus. Mlle Uncy, née de rien, prise aux Enfants-Trouvés, fut du nombre de ces éducations. Celle-ci s'avisa de donner son cœur, avant toute chose, à un jeune homme, et poussa la folie jusqu'à se piquer de fidélité; il en advint que, lorsque le protecteur voulut jouir de son droit, elle résista en héroïne; il patienta, revint à la charge sans plus de succès. La lutte le fatigua et, un beau matin, Mlle Uncy se trouva sur le pavé, à la merci du premier passant. La voilà en grande colère, intentant un procès à M. de Meyzieux, en arguant de ce que l'ayant nourrie, habillée, logée dès son bas âge, il devait tout continuer, ou tout au moins lui faire une pension. Le Parlement, à qui elle porta sa cause, rendit un jugement à son désavantage; alors, obligée de travailler pour vivre, elle prit la plume et amollit son cœur; elle était véritablement jolie, elle ne manqua pas d'adorateurs ni d'aventures; elle fit des nouvelles, des contes et écrivit dans ses livres ce qui arrivait dans son boudoir. Cela lui procura de la vogue et quelque réputation; elle en profita, et fit bien. Les sottes sont celles qui boudent la fortune sans trop de gloire pour la vertu.

Deux actrices de l'Opéra, Mlles Le Mierre (1) et Sophie Arnould (2), étaient encore les habituées de notre digne maison; je ne te dirai rien de la seconde, elle est si connue... La première joignait une voix délicieuse à une figure parfaite, elle avait de l'âme comme actrice, et hors du théâtre des sens très irritables. Passionnée à l'excès, chaque amant était

---

(1) Dès 1764, on trouvait qu'elle avait « beaucoup perdu de sa voix ».

(2) Voir sur les maladies de Sophie Arnould, cruel chapitre qui est la réalité à côté de la légende, l'étude du Dr Cabanès. (*Le Cabinet secret de l'histoire*, 7e série.) Si « dolorée » qu'elle fut, selon son joli mot, elle gardait toujours de l'esprit. Un jour que les docteurs Pelletan et Boyer avaient été appelés à examiner le siège secret du mal, elle murmura : « Faut-il que je paye maintenant pour faire voir cette chose-là, tandis que, autrefois... »

adoré pour peu de temps, il est vrai, mais avec une telle véhémence que la force remplaçait la durée. Celle-ci ne rimait ni ne faisait de la prose. Bien différente de Mlle Mazarelli (1), que nous avons vue depuis épousée par le marquis de Saint-Chamond, et qui était ce qu'on appelle virtuose accomplie, auteur, musicienne, peignant en outre, et à part encore courageuse, car elle avait fait ses preuves lors de son démêlé avec Lhomme, le marchand de draps.

Ce dernier s'était épris d'un vif amour à l'encontre de Mazarelli; je ne sais qui déplut de son physique ou de la mesquinerie de ses offres : tant il fut que la délicatesse de cette personne s'offensa de l'indécence de ses propositions, et les refusa net; voilà un malheureux aux champs, il poursuit la cruelle de ses lettres, de ses plaintes, de sa présence, la relance à la campagne où elle se retirait pendant la belle saison; enfin, la folie le poussant aux dernières extrémités, il emploie la violence, un couteau à la main; Mazarelli se débat, ne s'effraie pas, et à l'aide de sa soubrette, rosse le furieux, le jette à la porte, après, au préalable, l'avoir désarmé.

Sais-tu ce que fit ce forcené? Il avait reçu quelques blessures dans la mêlée : il s'en aida pour aller porter plainte en tentative d'assassinat; l'affaire alla donc au criminel avec un éclat épouvantable; la vérité triompha. Mazarelli en eut une renommée mille fois plus brillante; ce fut à qui tâterait de

(1) Mlle Mazarelli avait vécu quelque temps avec Moncrif. « Elle a puisé dans le sein de cet académicien un goût pour la belle littérature », dit Bachaumont qui l'apprécie peu et lui trouve « un pinceau mort et sans vigueur ». Elle épousa le marquis de La Vieuville de Saint-Chamond. Elle donna à la Comédie-Française en 1771, *les Amants sans le savoir*, d'une extrême subtilité sentimentale. Le marquis de Sauville, en s'employant au bonheur d'Henriette, pupille de la comtesse d'Auray, découvre peu à peu qu'il est amoureux d'elle et est surpris à ses genoux par le fiancé d'Henriette. « Ouvrage très estimé » disent les *Anecdotes dramatiques*, plus indulgentes que les *Mémoires secrets*. « Elle a vécu le mieux du monde avec son mari; elle a très bien élevé ses deux enfants et parlez-nous de cette femme-là pour se tirer d'affaire et pour se maintenir dans son rôle de grande dame avec une parfaite aisance. (*Souvenirs de la marquise de Créquy.*)

l'héroïne, et, depuis, elle a été de bonheur en bonheur, moins heureuse, toutefois, depuis qu'elle est vieille et laide.

Mlle Le Clerc (1), alors à l'époque de sa beauté, car elle était véritablement ravissante, comptait au nombre des élèves de Mme de Saint-Étienne. Qui n'a pas entendu parler de ses dépenses énormes, de son faste, de ses parures, des magnificences de sa maison et de ses équipages, elle aurait dissipé les trésors de Crésus; ses goûts étaient d'une reine, son luxe à l'avenant : belle en manière d'ange, fière, dédaigneuse, prodigue, elle remplaçait l'esprit par du manège, et la raison par tout le piquant de l'extravagance.

« Ma petite, me disait-elle un jour, ce qu'une jolie femme a de mieux à faire, c'est de ruiner vite un amant, afin d'arriver plus vite à en dévorer un autre; je ne dors pas tranquille, le jour où je n'ai fait aucune brèche à la bourse de mes amis.

— Et qu'en gardez-vous? lui demandai-je.

— Rien; fi! de l'or, il salit les mains, je le dépense sans y toucher. C'est le soin de mes cméristes. »

Et elle faisait comme elle disait.

A la suite de cette splendeur de notre caste, il en était un plus grand nombre qui paraissaient et disparaissaient, selon que la destinée les faisait monter en voiture, ou retourner dans le ruisseau. Mme de Saint-Étienne avait là-dessus des principes arrêtés; elle voulait que chez elle on ne demandât pas l'aumône. Toute femme sans conduite était congédiée, sauf à la revoir si une chance heureuse la relevait.

Je ne pouvais avoir rencontré, pour mon début, meilleur

---

(1) Se trouve sur les états de l'Opéra en qualité de danseuse surnuméraire. « Le baron de Varseberg est libertin; il lui faut une maîtresse qui soit lascive et c'est un talent que possède supérieurement Mlle Leclerc. Cette qualité a toujours été annexée à son poil doré ». (*Rapports des inspecteurs de police du roi.*) — Est-ce la même qui souffleta, en pleine Comédie-Italienne, lord Elgin, son amant, qu'elle avait rencontré avec Mlle Lafont, et pour achever de se venger, alla trouver M. de Piennes, ennemi déterminé de lord Elgin, et se donna à lui, encore qu'il lui déplût fort? Lord Elgin se réconcilia avec Mlle Le Clerc : la réconciliation ne laissa pas de lui coûter cher.

écho et langue mieux suspendue que celle de Mlle Robichon,
seconde femme de chambre, ai-je dit, de Mme de Saint-
Étienne; ce fut elle qui d'abord fit passer devant moi, en
attendant le réveil de la maîtresse, la lanterne magique
humaine à laquelle j'ai donné le dernier coup de pinceau.
Elle m'apprit en outre que Mme de Saint-Étienne avait deux
guides : son directeur, d'abord, l'abbé Lecours, prêtre
habitué de Saint-Eustache, et le chevalier de Cerclebœuf,
ancien capitaine au régiment de Champagne, décoré de
l'ordre royal et militaire de Saint-Louis; ce dernier, com-
mensal de la maison depuis bon nombre d'années, y était
sur le pied de dominateur; il occupait néanmoins un appartement séparé et dans ce moment était en voyage.

« Qui est-ce? demandai-je.

— Ah! Mademoiselle, c'est une manière de satan
déguisé en honnête homme, hargneux, grondeur, morose,
qui se hait lui-même de peur de ne pas haïr complètement
le monde d'ici-bas; mais ancien bellâtre à bonne mine, à
formes du monde et enragé de vieillir; il voudrait être
admiré et on le déteste; c'est le tourment de sa vie. »

V

L A sonnette de la chambre de Mme Saint-Étienne annonça
qu'il faisait jour; Mlle Robichon se hâta d'y répondre,
et, peu de temps après, revint me dire que j'étais attendue.
Je me rendis auprès de Mme de Saint-Étienne : je la trouvai
de belle humeur; la soirée avait été très intéressante, les
cartes avaient beaucoup rapporté, elle me plaignit de n'y
avoir pas assisté, et me promit de m'en dédommager le
surlendemain. Elle aurait une réunion plus resserrée, plus
intime, de quarante à cinquante habitués au moins : en
attendant, elle m'avait annoncée. On éprouvait une envie
extrême de voir sa charmante cousine; on ne savait que
trop la valeur de ce titre !

C'était à M. Hocquart, le fermier général, qu'elle avait particulièrement parlé de ma jeunesse, de mes malheurs, de mes
agréments personnels et de mes qualités morales. Il avait été
touché de la peinture de mes charmes et de ma vertu. Il brû-
lait de me connaître. J'entendis bien le sens de ce mot.

« Mais me plaira-t-il, à moi? osai-je demander, en poussant un soupir, car j'avais encore devant les yeux une vision
d'amour frais et sincère.

— Voilà, me fut-il reparti, une question impertinente
si elle n'est oiseuse. S'agit-il qu'il vous plaise? Ne suffit-il pas
qu'il vous établisse? Assez d'autres vous plairont à son
défaut. Un protecteur que la canaille nomme très plaisamment et non sans tact « Mylord pot-au-feu », doit être chez

une jolie femme comme un de ces vieux meubles de famille que l'on conserve avec soin, non à cause de leur forme antique, mais en raison de leur valeur. Son mérite est dans sa générosité : il est toujours beau lorsqu'il donne à pleines mains. Qui va s'inquiéter de l'élégance d'un coffre-fort, pourvu qu'il soit rempli jusqu'au comble ! On reconnait bien à la niaiserie de votre propos que vous êtes débutante. »

Je ne répondis pas. Je me sentais perdue, et je ne laissais pas d'être un peu effrayée.

« Au demeurant, reprit Mme de Saint-Étienne, si M. Hocquart (1) nous manque, nous nous accommoderons de l'abbé d'Espagnac ou tout autre ; vous êtes en position d'attendre, on finit par choisir lorsqu'on ne se presse pas. Nous dinerons aujourd'hui avec ce fermier général, le chevalier d'Arc, le prince Altieri, M. de Mirecourt, vous et moi ; c'est pour votre jour de début. »

Cela dit, elle me recommanda de songer à m'habiller et me renvoya. Brigitte m'attendait, impatiente de savoir ce

(1) M. Hocquart entré dans les fermes générales en 1756. Il était fils d'un autre fermier général qui était resté trente-cinq ans en exercice, homme entendu, expérimenté et sérieux, et frère du président Hocquart, qui avait une réputation d'austérité. M. Hocquart ne ressemblait point à son père et à son frère, sous ce rapport. Il était de complexion fort galante. Avant d'être le protecteur de Rosalie Duthé, il avait rendu des soins galants à Mlles Vestris et Fleury. Il ne semble pas, dans ses prodigalités, avoir eu les goûts artististiques qui rachetèrent les folies de nombre de ses collègues. Voir, sur les fermiers généraux et leurs mœurs, l'excellente étude de M. H. Thirion, *la Vie privée des financiers du* XVIIIe *siècle*. L'auteur d'un mémoire célèbre fut menacé d'emprisonnement pour avoir comparé les fermiers généraux aux filles d'Opéra : « Ceux-ci et celles-là entrent souvent dans le monde sans biens et en gagnent, les uns d'un coup de plume, les autres d'un abandon gracieux de leur personne. Les financiers sont détestés des malheureux aux dépens desquels ils s'enrichissent ; les filles sont adorées de ceux-là mêmes qu'elles ruinent. » Nombre de ces énormes fortunes se fondirent rapidement, en effet. On sait que Bouret, celui qu'on appelait le « grand Bouret », après avoir dépensé plus de quarante millions, mourut pauvre. Quand il fut acculé au suicide, il n'avait pu trouver à emprunter quelques louis. Les excentricités de M. Hocquart ne l'empêchèrent point d'être plus prudent. Au demeurant, le temps des grandes folies commençait à passer. Un frère de M. Hocquart, qui était officier, avait eu, avant le duc d'Orléans, Mlle Marquise pour maitresse.

que nous avions traité; je le lui rapportai mot à mot, elle en parut enchantée. M. Hocquart lui était connu par sa grande fortune; elle s'imagina qu'il serait magnifique et tout le temps qu'elle employa à ma toilette, elle se plut à bâtir je ne sais combien de châteaux en Espagne.

Il était tard, l'heure du dîner approchait; Mme de Saint-Étienne m'envoya son grison, qui me conduisit vers elle en me faisant traverser plusieurs passages secrets, car cet appartement avait encore ses mystères, et dès qu'on nous eut prévenues que le prince Altieri entrait dans le salon, nous y apparûmes de notre côté. Tout les convives y étaient déjà, et je peux affirmer qu'une explosion d'enthousiasme m'accueillit; il est vrai que j'étais belle à ravir et mise en manière de nymphe. Les hommages, les compliments ne me firent faute, on m'en accabla à me rendre honteuse, je l'étais, en effet et cependant, je ne pouvais me défendre de quelque joie.

C'était mon jour de début : il fut brillant.

M. Hocquart, lorsque nous allâmes dîner, me donna la main. Je vis le dépit qu'en avait le grand seigneur italien, obligé d'offrir la sienne à Mme de Saint-Étienne. C'était un étranger de famille papale, immensément riche, fort économe, pour ne pas dire avare, à Rome, et qui, par ostentation, faisait de la dépense à Paris. Il était plutôt jeune que d'âge mûr; je crois le voir encore, maigre, de petite taille, brun et pâle; ses traits avaient une expression de vivacité qui étincelait dans ses yeux noirs et tout grands ouverts; c'était du feu que ce prince; je lui plus, il m'en donna la preuve et je ne puis m'en ressouvenir sans effroi (1).

____

(1) Le prince Altieri, de la vieille famille des Altieri, patriciens romains. Il fut un moment au service de l'Autriche. Les Altieri se résignèrent, pendant l'occupation française, à se rallier au régime napoléonien, et l'un d'eux fut sénateur de Rome. Il n'est pas impossible que ce fût celui-là même qui nous occupe, alors âgé de soixante-dix ans, car ce n'était pas la première fois qu'il venait à Paris quand il y fut appelé par Napoléon. Voir L. Madelin : *la Rome de Napoléon*.

M. Hocquart entrait dans le bel âge de la galanterie; il commençait à se voûter, à avoir des fantaisies extraordinaires; son cœur blasé avant ses sens prenait pour des besoins d'aimer ce qui n'était que les caprices d'une imagination désordonnée; presque point Turcaret d'ailleurs, ayant meilleure mine que la plupart de ses confrères et jouant tant à l'homme de qualité que quelquefois il gagnait la partie, c'est-à-dire qu'il faisait illusion; maniaque à l'excès, vaniteux comme un enrichi ou comme un grand seigneur ruiné. Ce qu'il aurait refusé par raison, son orgueil l'accordait toujours. Il voulait que ses protégées fissent grand bruit par leur dépense, et son point d'honneur consistait à laisser croire qu'il mangerait rapidement sa fortune et il n'en était rien; car en arrière de cette représentation d'apparat, il y avait tant d'ordre, d'esprit des affaires, de science, de calcul, qu'il se maintenait sans perte. L'État payait son luxe, et c'était là son habileté positive.

Je lui plus, et beaucoup, cela va sans dire; néanmoins il me trouva un grand défaut, mon trop de jeunesse. Une enfant saurait-elle faire du tapage? Une poupée ne lui suffirait-elle pas? Ceci le rendit pensif et glacé tant que dura le dîner, où, d'ailleurs les autres convives montrèrent de l'esprit à m'étonner : pauvre fille! pour la première fois j'entendis une conversation papillonnante, découpée, attaquant tout, n'approfondissant rien; on allait d'un texte à un autre par bonds et par cascades et cela avec de la gaîté, du tact et de la profondeur. Je ne comprenais pas la moitié de ce qui se débitait, mais j'écoutais attentivement; je ne brillais pas, ce n'était pas encore mon rôle.

Le chevalier d'Arc avait assez de malice pour en doter toute une académie; mais comme il visait à la profondeur, il mettait du plomb dans ses épigrammes, ce qui les rendait un peu lourdes.

Le prince Altieri, partagé entre l'amour des arts et des dames, parlait de peinture et lançait des « concetti ».

M. de Mirecourt, avec non moins d'esprit que le reste de

Portrait gravé par Le Beau d'après la miniature de Laine.

la compagnie, savait mieux en diriger les élans; j'ai vu peu
d'hommes se posséder aussi bien que celui-là; il causait, dis-
cutait, jouait toujours à son avantage, parce qu'il ne livrait
rien à l'imagination ou au hasard. La vie était pour lui la
solution continuelle d'un problème de mathématiques, dont
rien ne devait le distraire, sous peine de l'empêcher de le
résoudre. Perpétuellement en garde de son cœur, de sa tête,
d'autrui et de tout le monde, il allait au-devant de chaque
événement possible et cela de manière à n'être jamais surpris.
Le rencontrer au dépourvu eût été trouver la pierre philoso-
phale. Il ne faisait ni sottise, ni fausse démarche, ne manquait à rien et se montrait prêt à soutenir toutes contrariétés
et tempêtes; c'était une existence réglée à la façon des hor-
logers, au mouvement uniforme, au retour périodique du
balancier.

Une telle conduite, au premier aspect, paraissait admirable,
mais au fond, à quoi lui servait-elle? Avait-il augmenté sa
fortune? non; ajouté à sa position sociale? pas davantage;
en était-il plus heureux? il n'osait le prétendre, mais sa manie
se trouvait satisfaite et dès lors il était content.

M. de Mirecourt appartenait à la noblesse, allait à Versailles
et néanmoins n'était pas de la Cour, par la raison que, par sa
réserve perpétuelle, il n'était entré dans aucune intrigue,
dans rien de ce qui lie les hommes par un péril commun ou
des espérances égales; nul n'était son ami. A la ville, c'était
la même chose; il avait là des connaissances et non des intimités. Aucune femme ne liait sa vie à la sienne; on l'accusait
de goûts étranges parce qu'on ne pouvait citer de lui aucune
folie.

Les yeux du prince Altieri ne me quittèrent pas tant que
le dîner dura; ils avaient leur éloquence, je ne sais pourquoi
je me prévins contre ce seigneur; j'avais déjà des caprices,
des fantaisies, c'était courir au grand train de poste sur la
route où je m'engageais. Mme de Saint-Etienne avait décidé
dans sa tête que ce serait le fermier général qui me mettrait
en vogue; le mutisme glacial de celui-ci la mécontentait

déjà et elle regardait comme un affront fait à sa propre personne ce qui au fond n'aurait dû dépiter que moi.

Dès que nous fûmes rentrées dans le salon, où nous trouvâmes Eugénie Le Clerc, le petit Poinsinet et cinq ou six autres amateurs, Mᵐᵉ de Saint-Étienne, les premiers compliments épuisés, prit à part le fermier général et lui chercha querelle. Quel défaut me trouvait-il? Étais-je laide? Avais-je une vilaine taille? Manquais-je d'agréments?

« Elle est trop jeune, répondit M. Hocquart.

— Oh ! quant à ce défaut-là, répliqua Mᵐᵉ de Saint-Étienne stupéfaite, je le conçois dans toute son horreur, le remède, par bonheur, est à côté du mal : en vérité c'est se plaindre que la mariée est belle. Y songez-vous? faire fi d'une qualité si précieuse. Vous faut-il une émérite? prenez-moi, lui dit-elle en riant. »

M. Hocquart riposta sur le même ton, et s'en revint sans avoir rien décidé. Le désappointement de ma grande cousine allait à l'extrême, et moi, loin de me tourmenter de cette bizarrerie, je m'étais accointée à Eugénie Le Clerc. Je la trouvais admirable, belle par delà toute comparaison, éblouissante de parure, de diamants. Elle me questionna sur mes aventures, ne s'imaginant pas que je ne fusse sans en avoir eues déjà. Je rougis beaucoup et ne pus balbutier que quelques mots, car j'éprouvais réellement quelque confusion du parti qu'on avait pris pour moi.

« Ainsi, me dit-elle, en souriant, vous faites ici votre séminaire? La maison est bien choisie, elle a bonne réputation. J'en suis sortie; qu'y êtes-vous?

— Arrière-petite-cousine.

— J'y étais nièce. »

Elle m'interrogea. Je lui confessai mon unique aventure. Elle eut une manière d'attendrissement, puis eut un geste d'insouciance.

« Sais-tu, fit-elle, que tu es jolie à l'excès? Je devrais être jalouse, mais je me retrouve en toi. Je ne veux point te

donner encore de conseils, mais je serais ton amie, s'il te
plait que je le sois. »

Nous nous serrâmes la main mutuellement, en nous promettant l'une à l'autre une affection qui n'a jamais faibli. On
a dit grand mal de Le Clerc, je ne peux en dire que du bien.
Les hommes en général ont eu à se plaindre d'elle. En conséquence de sa règle de conduite, Le Clerc se regardait en
guerre perpétuelle avec eux et n'épargnait ni leur personne
ni leur fortune. Ses rivales la détestaient et l'ont calomniée;
ceci la touchait peu et elle avait raison.

Notre conversation fut interrompue par l'approche du
prince Altieri; il continuait à suivre mes mouvements avec
ses yeux de flammes, et son impatience de me parler ne lui
permit pas de retarder plus longtemps. Il entra d'abord en
matière et, après avoir loué mes charmes, m'assura qu'il se
tiendrait heureux si je voulais lui permettre de contribuer à
mon bonheur. Cette proposition directe et si brusque m'em-
barrassa : j'ai dit que j'éprouvais contre cet Italien une répugnance involontaire. Au demeurant, je voyais, dans l'instant
même, Mme de Saint-Étienne en conférence particulière avec
M. Hocquart et j'étais certaine qu'il s'agissait de moi; tout
cela me troubla au point que, baissant les yeux, je me tus,
ne sachant en vérité que répondre. Mlle Le Clerc, en cette
circonstance, me fournit une preuve première de son attachement; elle avait entendu le propos de l'altesse papale et
prenant vite la parole :

« Monseigneur, dit-elle, mademoiselle a trop de modestie
et de retenue pour traiter d'une affaire dans laquelle sa vertu
doit entrer pour beaucoup; elle a des parents très respectables; elle est d'ailleurs la cousine de la maîtresse de la
maison, sa tutrice naturelle et renverra devant celle-ci quiconque, touché de son mérite, aspirera à obtenir des droits à
sa reconnaissance. »

La tournure gaie et prudente de cette réponse me remit un
peu; l'envie de rire me prit; le prince céda au même empressement et, en homme d'esprit, entendant à demi mot,

remercia ma nouvelle amie et, continuant de causer avec nous deux, ne sortit plus des thèses générales.

Cependant M. Hocquart avait quitté Mme de Saint-Étienne, et celle-ci, de très mauvaise humeur, s'était rapprochée de Mlle Mazarelli qui venait d'entrer. Le Clerc en voyant celle-ci :

« Voilà, me dit-elle, une de mes bêtes noires.

— Elle est très blanche pourtant, repartis-je.

— Une précieuse! aux prétentions d'esprit; qui fait des phrases et qui est capable d'aller jusqu'à faire des livres; passe si elle vivait en savante; mais vouloir servir l'amour et les muses, avoir une maison à Cythère et un château sur le Parnasse, je ne peux admettre ces matières-là. »

Le Clerc, qui, tout en dénigrant la science dans une femme du monde était singulièrement spirituelle, m'amusa aux dépens de Mazarelli. Le prince Altieri continua à causer avec moi et sa persistance (on reconnaît bien là le cœur humain) inspira à M. Hocquart le désir de se rapprocher de ma petite personne. Le prince Altieri, qui ne pouvait deviner encore que ce fût là, pour lui, un rival dangereux, se leva aussitôt pour lui faire place, dit quelques mots polis et puis se retira se dirigeant à son tour vers Mme de Saint-Étienne.

Le cœur est messager, c'est chose certaine, le mien se mit à battre violemment à mesure que le prince se rapprochait de Mme de Saint-Étienne; je la vis quitter Mlle Mazarelli et suivre le prince dans la même embrasure de la fenêtre où tout à l'heure elle avait causé avec M. Hocquart : je ne savais pas le résultat de sa conversation avec celui-ci et il était possible que l'on fût en pourparlers d'arrangements me concernant, ce qui me causait une sorte de honte, mêlée pourtant d'une grande curiosité.

M. Hocquart essaya de me faire parler; ce fut presque peine perdue; j'étais agitée à tel point que je ne savais que dire : ma sottise lui parut de la pudeur; la fantaisie de séduction s'alluma soudainement et le voilà me débitant une foule de gentillesses dont l'une n'attendait pas l'autre.

Eugénie Le Clerc n'était pas là pour me soutenir. En fille discrète, elle avait reculé son fauteuil; et, pour passer le temps, s'amusait à se moquer du petit Poinsinet (1). Le plaisant personnage! et qu'il était heureusement tourné pour fournir des sujets d'amusement et de distraction! Il y avait, en lui, ce mélange d'orgueil et de sottise, de suffisance et de simplicité dont l'ensemble prête tant aux moqueries et aux mystifications. Je ne sais comment, par une

(1) L'acharnement des mystifications contre Poinsinet a défrayé des volumes. On ne cessa de se moquer de lui, même après sa mort. En pleine Révolution, en 1793, les plaisanteries n'étaient pas encore finies. Témoin cette comédie de Deschamps, *Poinsinet* ou *Que les gens d'esprit sont bêtes*. Poinsinet s'est retiré à la campagne, pour échapper aux brocards, mais jusque dans sa retraite, il va retrouver des mystificateurs. On lui persuade qu'il faut répondre en russe à Catherine de Russie, qui vient de le nommer membre de son académie. On lui donne un professeur et Poinsinet se met à l'œuvre avec zèle; il se trouve que c'est le bas-breton qu'il a appris. Il s'éprend d'une voisine, qui minaude avec lui; cette prétendue voisine est un capitaine de dragons, travesti. Et ainsi de suite jusqu'au moment où on vient consoler Poinsinet de ses mésaventures en lui apprenant, sans mystification, cette fois, le succès de sa comédie, *le Cercle*, à la Comédie-Française. Les *Mémoires secrets* ne se contentent pas de tourner Poinsinet en ridicule; ils l'accusent de quelques indélicatesses. « Poinsinet avait une confiance si aveugle en Palissot que celui-ci lui faisait accroire les absurdités les plus ridicules... Un jour Palissot lui fit voir une lettre supposée d'un souverain d'Allemagne, portant commande de chercher en France un jeune homme, versé dans la littérature, qui se voulût bien charger de l'éducation du prince héréditaire. Poinsinet pria son ami de lui ménager cette place. Palissot lui promit d'écrire en sa faveur. Quelque temps après, il feignit d'avoir reçu la réponse désirée. « Il dépend de toi, lui dit-il, d'être le gouverneur du jeune prince; il y a cependant un obstacle. — Quel est-il? — C'est que le prince est luthérien et qu'il faut être de sa religion. — Qu'à cela ne tienne! répond Poinsinet, je me fais turc, juif, bramin s'il le faut. » Sur cette assurance, on prend jour pour lui faire faire abjuration, et il signe devant témoins une profession de foi, telle qu'il avait plu de l'imaginer. Mais on dit à Poinsinet que la chose était venue aux oreilles de l'autorité et qu'il y avait des ordres pour l'arrêter comme renégat. C'était un nouveau persiflage de ses bons amis; par leur conseil, il se travestit en femme ainsi que Pourceaugnac et s'enferma dans une cave où il ne se croit pas encore en sûreté.. (*Mémoires de Favart*, t. I). Voir aussi *les Mémoires de Jean Monnet*, avec une introduction et des notes d'Henri d'Alméras. (*Collection des Mœurs légères du* xviiie *siècle*, Louis-Michaud, éditeur.) Une lettre de Poinsinet à Mlle Le Clerc atteste que quoiqu'elle se plût, elle aussi, à le railler, elle lui demandait pourtant, et sérieusement, des conseils de théâtre.

erreur bizarre de la nature, il y avait, sous cette enveloppe épaisse, une étincelle d'esprit à défaut de sens commun. Poinsinet, depuis ses débuts dans le monde, était le plastron de toutes les plaisanteries bonnes ou mauvaises de tous les jeunes seigneurs, des actrices, des demoiselles du grand ton et de ces hommes qui, pour se faire supporter dans des lieux d'où on les exclurait, prennent à charge de faire rire à leurs dépens et à celui des autres.

Les anecdotes sur son compte sont innombrables; j'en citerai une au hasard.

Un soir, on le mène souper chez des créatures de bas étage, de ces malheureuses qui vivent dans la fange avec des hommes à l'avenant; on les lui annonce néanmoins comme des princesses de la caste; on leur donne des noms qui ronflaient à son oreille, et il se félicite d'être admis en si bonne compagnie; l'une d'elles était, à ce qu'on lui dit, aux gages d'un des principaux officiers des Mousquetaires noirs. La vive impression et la joie qu'eut le nouveau venu de se trouver avec ces dames, l'aurait rendu presque aimable, si son ingrate nature n'eut repoussé tout ce qui pouvait l'adoucir; mais sa vanité n'y perdit rien; elle fut même gonflée à l'excès par les caresses que lui faisaient à l'envi ces péronnelles instruites à l'avance du rôle qu'elles avaient à jouer, s'extasiant à tous les bons mots que le petit bonhomme croyait dire, l'enivrant à la fois de vin, de désirs et d'orgueil; on lui fit réciter plusieurs pièces de vers qui toutes furent fort applaudies et rien n'était plus plaisant à voir que le tourment qu'il se donnait pour plaire à des créatures qui, tout au plus, savaient leur croix de par Dieu.

Le souper tirait à sa fin, lorsque tout à coup on entend un grand bruit dans la rue. A la consternation simulée d'une de ces commères, Poinsinet est saisi d'une frayeur très réelle; elle augmente sensiblement à l'apparition du redoutable officier des Mousquetaires qui, se promenant à grands pas dans la salle à manger, lance des regards furieux et jaloux sur toute la compagnie; un des convives le prie vouloir bien se mettre à table et de prendre part à la gaîté générale, qu'il ne veut pas sans doute troubler. La réponse de l'officier est foudroyante pour Poinsinet, qui s'attend à se voir seul en butte à sa mauvaise humeur.

Lui, à son tour, se lève, salue le militaire et la compagnie et déclare en bégayant, qu'il n'est pas dans l'usage de se battre après souper ; que d'ailleurs, il est pénétré d'un profond respect pour Messieurs les officiers des Mousquetaires et, qui plus est, qu'il a droit..... de respecter celui-là plus particulièrement.

Tout le sérieux de l'officier a beaucoup de peine à ne pas échouer contre la terreur qu'il inspire à son petit rival ; il sort en lui jetant un coup d'œil terrible et en lui promettant de le retrouver ailleurs. On croit la plaisanterie terminée, mais Poinsinet, vrai poltron, trouve lui-même le moyen de la renouveler quand il est question de descendre et de gagner la rue.

« Messieurs, dit-il d'une voix tremblante, si ce fier-à-bras nous avait tendu quelque piège sur l'escalier ? »

On applaudit à sa prudence, on feint les plus grandes précautions ; cependant, le petit bonhomme a le soin de ne venir que le dernier.

Il est à peine dans la rue qu'il est environné d'épées nues, qui se croisent en tous sens sur sa tête et autour de sa chétive personne ; lui-même met la sienne à la main plutôt par un mouvement de terreur que pour songer à se défendre ; en effet, loin d'en faire usage, il attend, dans un étonnement stupide, le dénoûment de cette tragédie. La nuit et la frayeur ont à tel point offusqué ses yeux, qu'il ne reconnaît pas les auteurs de la plaisanterie.

Les voisins, cependant, qui n'étaient pas du secret de la mystification, commençaient à se mettre aux croisées ; déjà même certains criaient à la garde ; le guet pouvait venir et le badinage mal s'achever. Un des auteurs, alors, saisit Poinsinet d'un bras vigoureux et, l'entraînant loin du lieu de la scène, le tire encore à l'écart et, avec mystère et d'un ton propre à le persuader :

« Morbleu, mon ami, quel coup d'épée terrible tu viens de porter! l'officier en a pour la vie; fuyons au plus vite, il n'est pas prudent, la nuit, de rester auprès d'un cadavre. »

Poinsinet, à ces mots, passant de l'excès de la peur à l'audace, se persuada la chose au point de répondre :

« Tu l'as donc vu, mon ami? tu l'as donc vu? »

On l'amène en triomphe, on ne lui parle que de sa bra-

LE MONDE ÉLÉGANT

voure et de la terrible quarte qu'il a portée à son ennemi; de temps en temps on lui rend un peu de frayeur en feignant de croire qu'il ne soit que blessé. Un des convives le mène coucher chez lui et le nouveau brave est à peine endormi qu'on a soin de percer de part en part, ses vêtements à grands coups d'épée.

Le lendemain, dès qu'il s'éveille, on remet la conversation sur l'effroyable combat de la veille; on lui dit que c'est par miracle qu'il s'est échappé d'une aventure si chaude et on s'en étonne bien davantage, lorsque l'on s'aperçoit que son habit et sa culotte sont criblés. Oh! pour le coup, Poinsinet frémit de tous ses membres et rend grâces à Dieu d'être sorti sain et sauf d'un pareil danger.

La mystification ne s'arrêta pas là, on lui fit croire qu'il avait tué l'officier et qu'on le cherchait dans Paris pour lui faire subir le dernier supplice. Une autre terreur se saisit de lui, il se cache et pendant plusieurs mois, ses perfides amis le promenèrent d'épouvante en épouvante ; je n'oserais rapporter tout ce qui suivit ce débat, à tel point le lecteur aurait peine à admettre qu'un homme pût croire tout ce qu'on inventa pour tourmenter celui-là ; et néanmoins, jamais avec lui on n'allait trop loin. Son usage, quand il s'agissait de se moquer de lui, était de devancer les autres.

Tel était Poinsinet, il sembla né pour amuser cette portion de notre siècle ; on le recherchait avec un empressement dont son amour-propre se félicitait. Je le pris un peu plus tard en fantaisie, et c'est chez moi qu'eut lieu la fameuse scène de son invisibilité ; je la rapporterai lorsque je serai venue à ce moment de mon histoire. Je dois retourner, maintenant, au salon de Mme de Saint-Étienne, où il était grandement question de mon sort à venir.

M. Hocquart me débitait des galanteries un peu surannées, cherchant à éblouir, à entrainer mon cœur ; le pauvre homme ne s'apercevait pas que, en raison de la disproportion de nos âges respectifs, c'était peine perdue. Il cédait à sa manie, il croyait que, de mon côté, je céderais à ses moyens de séduction. Je l'écoutais complaisamment parce que c'était mon rôle ; je souriais à ses phrases ampoulées et ridiculement passionnées, et lui oubliait que, tout à l'heure, il avait paru craindre ma jeunesse et mon inexpérience. Nous sommes tous faits ainsi. C'est pitié que de nous entendre parler et agir contradictoirement dans la même minute, et cela de la meilleure foi du monde et sans croire manquer aucunement au plan qu'on s'est tracé, à la conduite qu'on se propose de tenir.

Tandis que ce digne financier épuisait l'ancien protocole des douceurs de son temps, le prince Altieri faisait part à Mme de Saint-Étienne de ses dispositions à mon égard. Certes, en toute autre circonstance, elle aurait répondu par un plein et surtout un prompt acquiescement à son désir ; mais on sait qu'elle avait décidé dans sa tête mon contrat

momentané avec M. Hocquart, et lorsqu'elle s'attachait à
une idée, il n'était pas facile de l'en détourner. La demande
que lui faisait le prince lui plût cependant ; elle servirait, en
l'employant bien, de véhicule au financier pour le déterminer
à me prendre sous sa protection ; aussi répondit-elle que sa
petite et malheureuse cousine, quoique peu favorisée des biens
de ce monde, avait une famille respectable envers laquelle il
fallait agir avec ménagement.

« Je ne doute pas, poursuivit Mme de Saint-Étienne, que
les vues de Votre Altesse ne soient honnêtes et honorables,
aussi, je ne m'opposerai pas à ce que vous rendiez des
soins à cette enfant ; mais quant à ce qui est de disposer
de sa personne, cela ne peut avoir lieu encore et pour cause
de prudence, à moins que vous ne parveniez à son cœur par
de bons procédés. Je suis sa protectrice naturelle, mais si
elle avait l'enchaînement d'une passion partagée, ma sensibilité ne me permettrait point de mettre obstacle aux suites
d'un si doux attachement. »

Mme de Saint-Étienne en s'exprimant ainsi faisait du galimatias. Peu lui importait, au fond, pourvu que de façon ou
d'autre elle fit prendre patience au prince qui, au contraire,
se montrait très empressé de brusquer l'affaire, voulant que
le lendemain, au plus tard, la chose fût décidée. Ma prétendue parente, poussée à bout par son insistance, se détermi-
nait à lui dire :

« Votre Altesse me place dans une situation embarras-
sante ; ma cousine est si jolie, si vertueuse, si déterminée
à se bien conduire, que les admirateurs ne manquent pas
pour récompenser tant de modestie et de bonnes qualités.
Ici, et avant vous, M. Hocquart, l'un de nos matadors, l'un
des piliers les plus solides de la Ferme générale, vient de
s'offrir pour remplir près de ma petite cousine l'emploi délicat de protecteur. Je ne pouvais prévenir la pensée de Votre
Altesse, et j'avoue que j'ai donné à M. Hocquart des espérances....

— Qu'il ne conservera pas, Madame, répliqua le prince

avec hauteur. Je suis prêt à faire pour cette belle personne, au moins autant qu'il aura fait, et à part cette égalité d'avantages positifs, je présume qu'entre lui et moi la balance ne sera pas égale.

— Non, sans doute, Prince, il est probable qu'elle penchera de votre côté. Vos qualités, votre jeunesse, votre rang vous assurent la préférence; mais entreprenez de l'obtenir selon l'usage français, en faisant assaut d'amour et de galanterie, c'est la meilleure manière de soumettre un jeune cœur. »

J'avais fait sur le prince Altieri une impression si profonde que, loin de se révolter à la proposition de lutter avec un financier, il se radoucit et convint avec Mme de Saint-Étienne que cette voie de succès était préférable à tout autre. Ma digne tutrice, en la lui proposant, ne cherchait qu'à gagner du temps, qu'à se réserver le secours de la concurrence pour entraîner M. Hocquart à ce qu'elle persistait à vouloir; or, un délai était déjà bataille gagnée. Le prince la quitta, vint rôder autour de moi, et le financier, en homme bien appris, partit, car il savait qu'une trop longue assiduité n'est pas, dans le commencement, le meilleur moyen de plaire.

J'eus donc à tenir tête au prince; la cour qu'il me fit fut autrement vive; son amour, quoique né depuis quelques heures, s'énonçait en phrases brûlantes; on reconnaissait, sans peine, sous quel climat celui-là avait pris naissance; mais plus il se montrait impétueux, et plus il me faisait peur. La froideur de ma physionomie contrastait avec l'animation de la sienne. Je me trouvai soulagée d'un poids énorme lorsque l'heure de la retraite sonna.

« Mon enfant, me dit en m'embrassant au front Mme de Saint-Étienne, nous aurons demain ample matière à causerie. »

Je regagnai ma chambre et, là, j'eus encore à subir un interrogatoire méticuleux de la part de Brigitte. Je la transportai de joie en lui racontant ce qui s'était passé.

« Deux amants, s'écria-t-elle, deux seulement en un soir! Que sera-ce donc au bout de la semaine?

— Hélas! l'un est vieux, répliquai je.

— Il suppléera par les écus à ce qui lui manque de jeunesse.

— L'autre sera jaloux horriblement.

— Il y aura plus de plaisir à le tromper. »

Ce fut la morale dont Brigitte me berça jusqu'à mon sommeil.

Le lendemain, j'étais à peine éveillée, lorsque cette créature entra, délirant à peu de chose près. Elle portait dans ses deux mains un paquet énorme, une boîte, le tout surmonté de deux gros bouquets, et sur la demande que je fis, d'où elle avait enlevé cette charge.

« Voici, me dit-elle, les premiers soupirs de vos deux amants. »

Le ballot venait du financier, il renfermait deux robes d'hiver magnifiques, c'est-à-dire l'étoffe pour les faire, deux robes de printemps non moins belles, une garniture de dentelles d'une finesse inconcevable et cinquante louis renfermés dans un étui de Galuchat.

La boîte, présent du seigneur romain, contenait une parure complète de mosaïques garnies de diamants. C'était beaucoup plus riche et de meilleur goût que l'autre cadeau, cependant la vue de l'or monnayé rangea subitement Brigitte du parti du financier.

Elle se hâta de mettre à part l'étui de Galuchat avec son contenu et nous admirions encore le reste lorsque Mme de Saint-Étienne vint me surprendre. Je lui montrai ce qui couvrait mon lit, elle en eut plus de contentement que de surprise.

« C'est la règle, me dit-elle, une autre conduite nous aurait laissé le droit de siffler ces messieurs. Ils n'ont pas non plus oublié une pauvre veuve, et vous m'avez valu de l'un un beau présent d'argenterie et de l'autre je ne sais quel billet au porteur, dont je me servirai à éteindre quelques dettes criardes. Ce sont là, mon enfant, les façons du grand monde; je vois qu'il y a presse, nous n'avons pas de temps à perdre, il faut décider ce que nous ferons. »

Elle partit de là pour me montrer les deux aspirants à sa manière, leur fort et leur faible, cherchant visiblement à m'entraîner vers M. Hocquart, et Brigitte se permit d'entrer au conseil en proposant, ainsi que déjà elle l'avait fait, que je m'accommodasse de l'un et de l'autre.

« Fi ! Mademoiselle n'a pas encore le droit de se conduire ainsi, répartit Mme de Saint-Étienne. Il faut de la modération dans tout début, sous peine de se casser le cou et d'aller directement à Sainte-Pélagie (1). »

A ce vilain mot, je fis un geste de dégoût.

« Allons, fit-elle, ce n'est que badinage. »

Elle poursuivit, cherchant toujours à éloigner le prince Altieri de ma pensée et moi, indifférente pour le financier, je ne me sentais guère disposée vers celui-là. Nous nous convînmes que je ne me déclarerais pas tout de suite, que je tiendrais la balance égale entre eux pendant quelque temps, afin que leur émulation en fût d'autant plus activée. Chacun vint à son tour dans la journée, je m'observai si bien qu'aucun ne fut dépité, ils espérèrent et pendant deux ou trois semaines je continuai ce manège avec des succès divers.

M. Hocquart se perpétuait dans sa pensée qu'il arriverait à mon cœur en égarant ma tête; cela le contentait, et il mit une suite opiniâtre dans ses combinaisons d'attaque. Les présents en faisaient une portion intégrale et, certes, je n'eus pas le droit de me plaindre de sa générosité; la maison en entier s'en ressentait, il donnait à tous. Brigitte était aux anges, elle s'applaudissait du manège qu'elle avait employé à s'acquérir un droit sur ma personne et, pour le perpétuer,

____

(1) La maison de refuge fondée en 1665 au faubourg Saint-Marcel, rue du Puits-L'Hermitte, par Mme Bonneau de Miramion, était devenue prison de femmes au XVIIIe siècle. — Voir, sur Sainte-Pélagie, les Mémoires de Mme Roland, qui y fut enfermée en 1793, et se plaignait d'avoir à côté d'elle « une de ces créatures qui font métier de séduire la jeunesse et de vendre l'innocence ». Et, dans une tout autre note, se rapporter à *Thémidore*, ou *Mon Histoire et celle de ma maîtresse*, de Godard d'Aucourt, dont il a été question dans la préface. C'est là que se déroule une partie du conte.

se prêtait d'une part à mes fantaisies et de l'autre continuait à me faire peur de ma tante Duval.

J'ai su depuis que, longtemps, celle-ci avait fait des recherches actives pour parvenir à me retrouver : un faux rapport les avait ralenties. Quelqu'un, dépêché par l'adroite Brigitte, lui avait fait croire qu'un Anglais m'avait emmenée en Allemagne et comme, depuis plus d'un an, on ne m'avait aperçue nulle part, la Duval avait fini par perdre toute espérance et par se procurer une nièce de hasard en remplacement de la véritable.

Le prince Altieri, moins facile à contenter que le financier souffrait impatiemment mes défaites. Il donnait aussi, mais avec plus d'art et de sagacité, répandant ses largesses souveraines sur une terre propre à les faire fructifier. Son premier soin fut de gagner le grison de confiance de Mme de Saint-Étienne et, lorsqu'il eut cette intelligence dans la maison, il arrêta son plan et marcha droit au but.

J'étais en pleine sécurité, ne sachant ce qu'on me préparait et, bien qu'avec un peu de trouble encore, presque heureuse de ces attentions dont j'étais l'objet. Une seconde quinzaine suivit la première, je persistais à hésiter entre la finance et la · princerie lorsqu'un beau matin et tandis que Mme de Saint-Étienne avait été à une grand'messe, voici qu'un monsieur vêtu de bleu monte droit à mon appartement. Brigitte, interdite à la vue de son costume et plus encore en apercevant dans sa main la terrible canne d'ébène à pomme d'argent qui annonçait un exempt du lieutenant-général de police, commença à frémir de tous ses membres ; elle fut encore moins rassurée lorsque le quidam, d'un ton dur, lui eut intimé l'ordre de se rendre sur-le-champ à l'audience publique de M. de Sartine ; un second estafier était là chargé de la conduire.

Mlle Brigitte, dès sa plus tendre enfance, avait été nourrie dans la sainte terreur de Dieu et non moins dans celle du lieutenant-général de police ; en conséquence, la pensée ne lui vint pas de se rébeller et, vêtue comme elle était tant bien que mal, se mit sur-le-champ en route, tandis que l'exempt achevait d'arriver jusqu'à moi. Que devins-je lorsqu'à travers son compliment il m'annonça que, sur le commandement de M. de Sartine, je devais moi-même me rendre dans un certain lieu qu'on me désignerait ultérieurement ?

Anéantie par ce compliment funeste, à demi mourante et me voyant sans aucun appui, partageant encore le respect involontaire que la police inspire aux faibles, je ne sus ni résister, ni même demander d'autre répit que celui nécessaire pour ramasser quelques hardes ; mon persécuteur s'y opposa, refusa, attendu que j'en trouverais de convenables où j'allais, et il m'entraîna.

Tandis que mes genoux fléchissaient et qu'un voile enveloppait mes yeux, je fus jetée presque évanouie dans un fiacre, il prit la route du boulevard. Lorsque nous fûmes là, ce maudit compagnon me fit passer dans une chaise de poste attelée de quatre chevaux où je trouvai une femme de figure avenante qui, en me serrant la main, me dit de prendre du courage et que mon malheur aurait un terme avant peu.

Ces paroles me consolèrent moins encore toutefois que ma séparation d'avec l'exempt qui ne vint pas avec nous ; je me mis alors à pleurer, à sangloter et, me tournant vers cette femme, je lui demandai où l'on me conduisait et la cause de cette rigueur.

« C'est votre mérite, me dit-elle, à qui l'on en veut ; quant au terme de notre voyage nous ne tarderons pas à l'atteindre et alors ce qui vous cause tant d'inquiétude s'éclaircira. »

Ces paroles m'auraient rendue moins inquiète si je ne me fusse rappelé que la police était mêlée à mon aventure. Cette fatale coopération me plaçait entre la vie et la mort. Je recommençai mes questions ; ma compagne embrouilla ses réponses de manière que je n'en retirai rien de plus satisfaisant que ce que déjà elle m'avait appris.

Au bout d'une heure, nous tournâmes dans une avenue

qui aboutissait à une maison de plaisance; c'était un échantillon des Champs-Élysées, une manière de féerie dont le
contraste avec l'idée de la prison vers laquelle je croyais être
conduite me rendit presque folle. Je fus reçue par plusieurs
domestiques élégamment vêtus, par deux ou trois jeunes
filles très jolies qui se dirent à mon service, et à travers un
appartement décoré avec autant de goût que de magnificence,
j'arrivai dans une chambre dont on s'empressa de me faire
les honneurs.

On m'offrit à choisir entre une douzaine de robes plus élégantes les unes que les autres; on me para, on me couvrit de
bijoux d'un grand prix. On avait beau jeu, car, en vérité,
j'étais tellement stupéfaite des événements dont j'étais l'héroïne et de ce qui avait lieu, que ma stupidité en augmentait
sans que pour cela je fusse en plein rassurée. On ouvrit une
porte en glace qui donnait sur un jardin délicieux; j'y entrai,
une collation me fut offerte sous de beaux arbres, à deux pas
d'une cascade; c'était une fascination complète. Dormais-je,
étais-je bien éveillée? C'était ce que je ne pouvais déterminer.

Je compris cependant l'impossibilité qu'une telle aventure
se dénouât par la descente dans un cachot, je vis qu'on agissait autrement à mon égard qu'à celui d'une pauvre fille sur
qui pèserait la main de l'autorité et alors la pensée me vint
que ce pourrait bien être une manière d'enlèvement; mais
qui en accuser? Était-ce une galanterie du vieux style de
M. Hocquart? Ne serait-ce pas plutôt un moyen employé par
le prince Altieri pour me contraindre à me donner à lui?

Cette fois, je devinai juste, et la preuve m'en fut bientôt
donnée. Vers cinq heures du soir le bruit d'une voiture se fit
entendre; un valet de chambre ouvrit précipitamment les
deux battants de la porte du salon et annonça Son Altesse!
Oh! à ce mot, une colère impétueuse non moins qu'involontaire gronda au fond de mon cœur; le peu de penchant que
j'avais pour cet étranger acheva de m'indisposer contre lui et
je me promis, quoique bien jeune et sans expérience, de lui
tenir la dragée haute comme il le méritait.

VI

Le prince Altieri, en effet se présenta devant moi, non en amant timide qui a fait une faute et qui en souhaite le pardon, mais avec cet air avantageux à ceux de sa sorte, qui regardent un enlèvement et la violence faite aux volontés ou à la liberté d'autrui comme jeux simples et permis. Peut-être qu'une physionomie moins tranquille m'aurait désarmée, mais je sentis mon caprice s'indigner de ce qui, par la suite, aurait dû me charmer. Le prince essaya de prendre ma main, que je retirai vivement.

« Il faut, envers vous, Mademoiselle, que la ruse vienne au secours de la passion, me dit-il; il est donc nécessité de vous retenir captive lorsqu'on veut assurer votre bonheur?

— C'est au moins, dis-je, un acte blâmable. Qui vous a donné le droit de vous emparer de moi?

— Le droit manque, je l'avoue, répartit-il en riant, aussi ai-je employé l'adresse; mon amour a trop de vivacité pour supporter des retards interminables et surtout une rivalité odieuse et insultante, mon but unique est de vous rendre heureuse.

— Le beau moyen, en effet, que de me ravir à ma famille, que de me retenir en charte privée : est-ce l'usage en Italie? Ce n'est pas celui de la France. Quant à moi, je ne pourrai jamais aimer qui, de premier abord, me privera de mon indépendance. »

Le prince vit alors que ma colère n'était point feinte, aux
larmes que je versais et à la rougeur de dépit dont mon front
fut couvert. Il s'empressa de changer de ton et de langage,
employa les propos les plus doux, les plus tendres, afin de
me calmer. Cela lui fut impossible, j'étais montée au mécontentement et ses efforts devinrent inutiles.

« Monsieur, lui dis-je, si vous voulez me plaire, ra-
menez-moi chez ma cousine, là seulement, je recevrai vos
hommages. »

Je parlais en héroïne de roman. Le prince, toujours décon-
certé de plus en plus, essayait du pouvoir des cadeaux, des
promesses ; il étala le luxe de sa maison me disant qu'elle
était à moi, que j'y commanderais en souveraine. Ma réponse
unique à tout cela, fut de frapper du pied avec impatience et
de répéter sans fin que je voulais m'en aller. Jamais homme
ne parut plus désappointé, et son amour-propre augmentait
en raison de ma résistance ; ne sachant comment m'attendrir,
ne voulant pas céder à ma fantaisie, il me salua et s'en fut.

Je restai seule tout le reste de la journée ; j'étais gardée à
vue et ma mauvaise humeur en augmentait. La nuit arriva,
le prince revint, je boudai et n'ouvris pas la bouche pour
répliquer à ce qu'il me dit de tendre et de passionné ; ce silence le mit hors de lui et il me quitta encore plus furieux. Le
moment de me coucher vint, je déclarai aux femmes qui parurent alors, que je ne me déshabillerais pas : ceci fut une
nouvelle scène. Je soutins ce que j'avais avancé avec une
opiniâtreté dont à l'âge que j'avais, on n'est guère susceptible. J'en avais fait l'affaire de mon amour-propre, il était
certain que je ne reculerais pas.

Je passai la nuit sur un fauteuil, dormant et veillant à
demi. Le lendemain j'étais pâle, défaite, j'en voulus davantage
au prince de cette atteinte momentanée à ma beauté ; lui,
demeurant au désespoir, se remit à plaider sa cause, il n'eut
de moi que ces mots :

« Je veux être libre.

— Vous ne le serez plus, s'écria-t-il, vous m'appartiendrez d'une façon ou d'autre, ou craignez que mon amour ne se change en haine! »

Il mit à prononcer cette phrase menaçante une expression tellement horrible, un feu si ardent étincela dans ses yeux, sa bouche naturellement gracieuse se contracta si fort, que la frayeur me prit. Je me rappelai tous les contes que l'on m'avait faits dans mon enfance et je crus déjà sentir le froid mortel d'un stylet empoisonné. Ce nouveau sentiment décida une révolution complète en moi, je me décidai à faire tout ce qui était en mon pouvoir pour empêcher le prince de se porter aux dernières extrémités et en pleurant je lui dis :

« C'est donc non mon affection et mon estime, mais ma personne que vous voulez ; eh bien ! je vous l'abandonnerai, mais ne vous flattez pas de jamais obtenir mon cœur. »

Ce propos l'étonna ; il était lui aussi du nombre de ces hommes qui veulent cacher leur faiblesse sous un voile de passion, qui pensent inspirer cet amour qu'ils prétendent ressentir avec véhémence, ne s'apercevant pas que la plupart du temps c'est un désir, un caprice, ou une bouffée d'amour-propre qui leur tient lieu de ce sentiment.

Alors, et en conséquence de ceci, commença entre nous deux une guerre d'un autre genre. Je disais : « Vous m'avez voulue, me voilà, prenez-moi, je me livre. » Lui répondait : « Ce beau corps ne me contente pas, si l'âme qui l'anime a pour moi de la répugnance, j'attendrai qu'elle consente pareillement. »

« Ce n'est pas une statue que je désire, s'écriait-il.

— Vous n'aurez qu'une statue, pourtant ! »

Ce démêlé si singulier se prolongea pendant le reste de la journée et cette fois, quand le moment du repas arriva, non seulement je me mis au lit, mais même j'exigeai impérieusement de mes femmes, qu'elles laissassent toutes grandes ouvertes les trois portes qui s'ouvraient dans ma chambre à coucher.

Le prince, désespéré de ma nouvelle manière de me conduire, opiniâtre dans son idée, ne vint pas me tourmenter.

La vanité plus encore que la tendresse, lui rendit odieuse cette victoire facile; j'ai su qu'il passa le temps, jusqu'au matin, à se promener, à s'emporter contre moi et contre soi-même. Il reparut dans mon appartement quand il me sut levée, habillée, parée même, sous les armes enfin; alors il recommença ses simagrées de la veille et continua le siège de la citadelle en dédaignant le corps de la place où il avait toute facilité de s'établir; c'est-à-dire qu'il travailla à mériter ce que je ne pouvais avoir pour lui, de l'amour.

Deux autres jours s'écoulèrent encore sans amener aucun changement à cette situation extraordinaire; à chaque tendre propos qu'il me débitait, je faisais la révérence et ajoutais :

« Monseigneur, je suis à vos ordres. »

Lui, au lieu de me prendre au mot, s'emportait, menaçait le ciel et la terre; la chose lui était cruelle; quant à moi, elle m'amusait beaucoup.

Enfin il éclata, son orgueil blessé à l'extrême l'emporta sur ses désirs. Le quatrième ou cinquième jour au matin, la première femme de chambre parut à mon lever et m'annonça que le prince, venant de quitter le château, avait donné l'ordre que je continuasse à l'habiter si cela me convenait ou que ma volonté fut suivie, si, par cas, je souhaitais de m'en revenir à Paris.

Voici encore une des mille étrangetés du cœur humain, le dépit à son tour s'empara de moi et en vraie folle, la victoire remportée par le prince romain sur lui-même me coûta des larmes. Je vis avec colère la honte de ma défaite, et poussée par je ne sais quel malin esprit de contradiction, je me déterminai bien à retourner chez Mme de Saint-Étienne et cependant sans rompre avec mon ravisseur. En conséquence, voici comment je lui fis connaître ma résolution bizarre :

« Prince,

« Je profite de votre permission, je vais aller passer quelques moments chez ma cousine, sans pour cela renoncer à votre protection. Je me regarde comme votre propriété exclusive, vous n'aurez qu'à faire un signe et je vous obéirai. Je vais m'honorer partout de vos soins et, jusqu'à un abandon écrit et solennel de votre part, je me dirai à tous votre très humble servante et maîtresse soumise. »

Je commandai à la fois qu'on attelât une voiture, mon intention étant de partir sur-le-champ, et qu'un piqueur allât sans retard et à crève-cheval, porter mon billet au prince Altieri ; je fus doublement obéie et me voilà sur la route de Paris. Ma plus importante camériste me demanda la permission de me suivre jusqu'à la rue Coquillière, je la lui accordai facilement ; il était environ midi lorsque je partis et à une heure et demie j'arrivai.

Mon apparition fut un événement ; chacun me croyait perdue, enlevée, que sais-je, mais du moins personne ne me croyait sous les verroux de la police. Brigitte n'avait pas tardé à s'apercevoir du tour qu'on lui jouait, et les soupçons sur cette manière de s'emparer de moi étaient tombés presque uniquement sur le prince romain.

Mme de Saint-Étienne, après le premier instant de surprise et la joie de me revoir, écouta, non sans ébahissement, mon histoire que je lui racontai dans ses moindres détails ; un rire inextinguible la saisit et toujours en croissant à mesure que j'avançais dans mon récit, et ma modestie fut doucement chatouillée quand elle déclara que ma conduite était celle d'une femme supérieure ; aussi en m'embrassant avec une augmentation d'amitié :

« Mon enfant, s'écria-t-elle, tu iras loin ! Tu as du sang-froid, de l'aplomb, de la tête ; cela te réserve une fortune brillante. Mais persisteras-tu dans ta résolution ?

— Sans aucun doute, répondis-je, et puisque le prince a commencé par s'emparer de moi avant que de s'assurer si je l'aimerais, puisqu'il veut être aimé, ce qui me semble un ridicule de plus à celui qui paie, il m'aura à sa charge pour l'honneur, jusqu'à ce que lui-même me déclare qu'il ne le veut plus.

— Dans ce cas, dit Mme de Saint-Étienne, et bien que je regrette que M. Hocquart n'aie pu avoir l'expectative...

— Qu'à cela ne tienne, répliquai-je, en interrompant avec vivacité ma directrice, je lui réserve l'expectative, puisque cela vous fait plaisir.

— Soit, il en sera charmé, je présume ; mais je voulais te dire que le second étage de la maison est libre, si j'étais à ta place, je m'y installerais, toujours au nom du prince. »

Cette idée plut à ma folle imagination. J'allai voir cet appartement, on me le loua tout meublé, et je m'y établis dans l'après-diner. Brigitte, ma compagne fidèle, ne revenait pas de mon aisance, je dis à mon autre femme de chambre que, puisqu'elle avait la confiance du prince, je la chargeais de monter ma maison d'un domestique convenable à la dignité de Monseigneur, et dont le personnel fut agréable à celui-ci. Mlle Roquebrun répliqua que je serais obéie, se réservant sans doute de prendre à ce sujet les instructions du prince romain.

Je fus encouragée dans cette levée de boucliers extraordinaire par un acte de magnificence de mon ravisseur et auquel je ne m'attendais pas. Comme je finissais de diner, Brigitte accourut en grande hâte m'annoncer qu'un fourgon entrait dans la cour, chargé de malles et de caisses, de cartons remplis de hardes à mon usage ; c'était tout ce que j'avais trouvé en vêtements, linge et bijoux à la maison de plaisance du prince et qu'il m'envoyait ; j'en fus touchée, et, pour cette fois, la gratitude tâcha dans mon cœur de se faire prendre pour un plus doux sentiment.

Mme de Saint-Étienne, en femme toujours prudente, crut devoir écrire de son côté au prince pour l'informer de mon heureuse arrivée, et que, par décence et vertu (elle en mettait une dose dans toutes ses lettres) j'étais venue prendre un pied-à-terre chez elle où je resterais aux ordres de Son Altesse, lui détaillant en même temps par post-scriptum ce que coûtait mon logement et ce qui serait nécessaire pour achever de le garnir.

« Ma petite, me dit-elle à ce sujet, nous attaquons chacune à notre manière la vanité de l'illustre étranger ; tu verras qu'il fera par amour-propre ce que peut-être son amour aurait oublié. »

Elle m'apprit ensuite qu'elle avait soigneusement tu à sa société ce qui m'était advenu, mon absence passait pour la conséquence d'un voyage imprévu, nécessité par la maladie au dernier période d'une de mes tantes ; elle avait à l'aide de ce mensonge évité un éclat dangereux à sa maison et contenu M. Hocquart dans ses bonnes dispositions envers moi.

Je fus fêtée, complimentée par les intimes qui vinrent ce soir-là ; le financier fut du nombre. Il s'extasia sur ma beauté qui avait gagné, disait-il, au voyage que je venais de faire ; il me demanda avec une sensibilité parfaite des nouvelles de la santé de « ma chère tante » : je lui dit qu'elle était sauvée et il s'en réjouit avec moi. Je lui en eus beaucoup de reconnaissance.

Lorsque je rentrai dans mon nouvel appartement, Mlle Roquebrun me présenta d'abord plusieurs domestiques qu'elle avait pris pour mon service, et ensuite me dit que si je trouvais bon, elle passerait, en vertu d'ailleurs de la délégation du prince, de ses fonctions de soubrette à celles de femme de charge de ma maison.

Vers le milieu de la journée un valet de pied m'apporta une lettre du prince Altieri ; je voudrais pouvoir la transcrire, mais je l'ai perdue ; elle répondait parfaitement à la bizarrerie de la mienne. Il y disait que l'honneur de me protéger, même en apparence, était si glorieux qu'il ne le refusait pas, que les ordres étaient donnés en conséquence, pour que la maison de plaisance fût toujours prête à me recevoir lorsque je daignerais la visiter, et que Mlle Roquebrun aurait soin que rien ne manquât à la ville, que là se bornaient les devoirs d'un protecteur. Le reste ne regardait qu'un amant aimé, et que puisqu'il ne pouvait se flatter de l'être, il devenait inutile qu'il parût devant moi.

Cette tournure me piqua. Je devins folle, non du prince, mais de sa persistance à ce refus de me voir. Dirai-je les lubies qui passèrent par ma tête, mes projets hors de sens.

Je voulais aller chez lui, ou renoncer à tous ses bienfaits; je m'indignais que mes charmes ne parussent pas suffisants, sans la propriété de mon cœur. Quoi qu'il en fût, j'en eus une humeur effroyable, je commençai à prendre les airs d'une femme à la mode et j'en avais le droit.

M. Hocquart, non encore averti de ce qui se passait, et craignant de me perdre une seconde fois, prit à part Mme de Saint-Étienne, lui avoua qu'il me rendait les armes, et que j'étais libre de lui proposer quelque traité que ce fût. L'embarras de ma directrice fut extrême; néanmoins elle trouva des ressources dans sa haute expérience, ce fut en employant la franchise, en racontant avec pleine sincérité mon aventure étourdissante, en faisant valoir ma fuite admirable, qui me portait à refuser mon amour à qui de vive force s'était emparé de ma personne, et en exaltant aussi la délicatesse du prince, qui ne voulait pas du corps sans le don du cœur. Elle conclut de tout cela que M. Hocquart devait prendre patience, car son tour arriverait, une rupture étant inévitable dans l'état des choses.

« Et s'ils se rapprochent? dit-il.

— Dès lors les chances en votre faveur seront meilleures, car une passion basée sur de tels antécédents ne sera pas durable, sa violence l'amortira soudainement. »

Bref elle sut si bien dorer la pilule, que le financier me demeura en expectative, attendant son tour avec une bonhomie dont je lui en sus gré.

J'avais répondu au prince, lui en avait fait de même, et c'était entre nous un commerce de billets à mourir de rire. « Prenez la marchandise. — Je la veux sans conditions. — Vous ne l'aurez qu'avec conditions. — Je ne la veux pas. — Si. — Non ». C'était un véritable enfantillage, très en rapport avec ma jeunesse, et qui m'amusait. Cependant, chère Sophie, la persistance du prince m'inspirait chaque jour un peu plus de dépit, et, sans m'en apercevoir, mes lettres, que je voulais froides ou malicieuses, prenaient insensiblement une tournure sentimentale. Ce n'était pas de la tendresse, j'en suis assurée, mais de l'amour-propre blessé, qui, pour arriver au triomphe, ne s'épouvantait pas de le cacher sous l'apparence de l'amour.

J'étais furieuse de ce qui m'échappait, et toutefois je n'effaçais rien : à tel point il me convenait d'attirer à moi celui qui se piquait d'une si noble défense. Le prince ne tarda pas à voir clair, lui aussi dans ma correspondance. La sienne suivit la même marche ; et insensiblement, sans nous parler encore, nous finîmes par nous montrer passionnément épris l'un de l'autre. Que l'on a raison de prétendre que le cœur humain est une énigme inexplicable! Le prince me demanda de lui accorder un rendez-vous, j'y consentis, il y parut véhément; je me montrai faible, j'avais eu l'orgueil de le soumettre ; et, en définitive, ce fut lui qui remporta la victoire.

Sois persuadée, ma Sophie, que je sentis au fond de mon âme une indignation contre moi-même, et une colère contre le prince qui ne tarda peu à me rendre au sentiment de ma dignité. Le caprice que j'avais pour mon illustre amant passa avec une rapidité incroyable. Alors, te l'avouerai-je, je me retournai vers cet excellent M. Hocquart. C'était folie pire que la première, je le sais; mais à cet âge on va d'extravagances en extravagances. Je ne fis pas celle de m'attacher à ce financier, mais je lui souris, je lui abandonnai ma main, j'eus l'air de me laisser séduire; il en délira: ne me proposat-il pas de m'enlever à son tour, de me conduire dans une retraite isolée, où nous nous livrerions ensemble à l'exaltation de notre amour réciproque?

La belle perspective que de me dérober au monde, en sa compagnie! Il y aurait eu là de quoi me couvrir d'un ridicule ineffaçable : je refusai, il insista, se fâcha et n'en fut pas moins mon serviteur très humble.

A mesure que je me détachais du prince, lui, par vanité je présume, augmentait de tendresse pour moi. Je t'ai dit qu'en Italie on l'accusait d'un peu d'avarice; en France il se montrait prodigue à l'excès. Les choses en vinrent au point que me trouvant mesquinement logée chez M*me* de Saint-Étienne, il fit disposer une maison délicieuse dans la rue de Richelieu, vers le boulevard, où il m'amena sans que je m'en doutasse. Elle passait en somptuosité tout ce que j'avais vu jusque-là. J'aurais voulu en jouir en attirant chez moi le beau monde, j'avais compté sans l'hôte ; mon prince était jaloux à la rage, à l'italienne ; la solitude de ces vastes salons lui plaisait.

Je dus m'apercevoir enfin que j'avais passé d'une liberté honnête à un esclavage complet ; je ne pouvais plus sortir seule ni recevoir qui que ce fût. La porte bientôt demeura fermée à M. Hocquart qui s'en désola, puis au chevalier de Cerclebœuf, à M. de Mirecourt, à M*me* de Saint-Étienne elle-même, enfin à tout ce qui tenait à la nature humaine : la chose alla encore plus loin.

Le prince inquiet, méfiant, et sans doute aux aguets, s'imagina, non sans raison que Brigitte m'était trop dévouée pour se refuser à me servir contre lui ; un certain jour, il lui chercha querelle, se formalisa d'une excuse dont il fit une impertinence, et congédia cavalièrement et inopinément surtout, ma fidèle cameriste ; j'eus beau me désespérer, crier, exiger que Brigitte demeurât, il ne se rendit pas et son expulsion eut lieu.

Dès ce moment, je sentis le peu d'affection que je conservais encore au prince se changer en haine prononcée ; mais comment la manifester ? Comment pouvais-je me séparer d'un insensé que je savais capable d'atteindre, tant envers moi qu'envers tout autre, aux dernières extrémités ?

Ce fut alors que je ressentis vivement la faute commise en choisissant cet étranger au lieu de M. Hocquart, que je me reprochai ce sot orgueil qui m'avait poussée à préférer un prince à un financier ; je soupirais, me dépitais et ne savais de quelle façon je pourrais parvenir à la conquête de mon indépendance. Je tombai peu après dans une affliction bien autrement vive, lorsque mon jaloux m'eut signifié que des affaires importantes le rappelant à Rome, il entendait que je le suivisse, et qu'à aucune condition il ne consentirait à se séparer de moi.

Cette communication me fut un coup de foudre; je me mis à envisager mon sort avec effroi. Si je m'en allais en Italie, je serais là soumise sans retour à un tyran qui, pour se faire obéir, n'aurait plus besoin de se contraindre, et je me promis de me délivrer d'une telle obsession le plus tôt que je pourrais. Je ne connaissais pourtant qu'une seule retraite, la vilaine maison de la Montagne Sainte-Geneviève, où la prudente Brigitte avait toujours conservé un logement; j'espérais l'y retrouver, n'ayant eu aucunement de ses nouvelles depuis que la violence nous avait séparées, et les surveillants que le prince plaçait autour de moi, n'avaient laissé arriver ni lettre ni message verbal de la pauvre Brigitte.

Dès que mon parti fut pris de recouvrer ma liberté aux dépens de mon bien-être, je me sentis plus tranquille, et je me mis à chercher comment je parviendrais à exécuter mon projet d'évasion. Se flatter de gagner un des domestiques de Son Altesse ne se pouvait, et le danger d'une révélation de pareille tentative se présentait trop vivement pour que j'osasse l'entreprendre. Je ne sortais jamais seule; essayer eût été commettre une autre imprudence; comment alors fallait-il faire? Je m'ingéniai, je cherchai le moyen de me sauver et je ne le trouvai pas d'abord.

Moins il se présentait à mon esprit, et plus je m'attachais à le rencontrer : j'y mis une persistance au-dessus de mon âge; enfin, je m'avisai que si mon appartement était au premier étage, mes femmes logeaient à l'entresol avec une partie des autres domestiques : une chambre seule était réservée pour le dépôt de mon linge, et on y allait de la mienne par un petit escalier intérieur; dès lors, et chaque jour ma tête se montant un peu plus, je me décidai à me lever au milieu de la nuit, à descendre dans cet entresol et, au moyen des draps de lit que je trouverais là, de m'échapper par la fenêtre.

Je ne remis pas plus tard qu'à la nuit prochaine l'accom-

plissement de ce projet; je mourais de peur que le prince ne
se décidât à partir inopinément, et cette ruse rentrait assez
dans son caractère; il craignait si fort, de son côté, que je ne
le quittasse, que, sous prétexte du peu de sûreté que les
maisons de Paris offrent aux étrangers, il gardait mes bijoux
et ce que j'avais de précieux dans un coffre de fer, placé il
est vrai dans mon cabinet de toilette, mais dont il tenait la
clé dans sa poche, je n'avais que peu d'argent, et son calcul
habile me mettait dans l'alternative ou de demeurer avec lui,
ou de m'échapper pour ainsi dire toute nue.

Peut-être qu'une femme plus usagée aurait essayé de le
tromper encore sur ce point; je n'y songeai pas; je ne vis
que l'horreur de suivre, à ce qui me semblait le bout du
monde, un homme que j'avais pris en aversion; ainsi je
m'estimais fort heureuse si je parvenais à lui dérober ma
personne.

Je préparai ma fuite pendant tout le cours de la journée en
feignant une migraine violente; je me couchai et me levai
deux ou trois fois; je voulus dîner dans ma chambre; le
prince fut la dupe complète de ma prétendue indisposition. Il
me proposa d'envoyer chercher le docteur Bouvart (1), je m'y
opposai vivement; le repos seul m'était nécessaire, et je me
mettrais au lit dès neuf heures du soir.

Ce moment venu, le prince me quitta, il ordonna à une de
mes femmes de coucher dans ma chambre... Cette attention,
si contraire à mon plan, me fit tressaillir; je dis à mon tour
que ce n'était pas nécessaire, qu'en cas de besoin, je sonnerais;
enfin je l'emportai, et je pus demeurer seule. La fièvre d'impatience me saisit dès ce moment à tel point que je redoutais
quelque mésaventure; je m'imaginais que j'étais soupçonnée,
que je serais épiée et surprise. A mesure que j'entendais une
porte se fermer dans la maison, je me sentais plus tranquille.

(1) Le Dr Bouvart (1717-1787), professeur à la Faculté de Médecine,
cordon de l'Ordre de Saint-Michel. Il fut l'adversaire le plus acharné de
l'inoculation. Ses démêlés violents avec le Dr Bordeu, dont il sera parlé plus
loin, furent fameux au XVIII° siècle.

Le prince n'était pas sorti et sans doute que, lui aussi, pourrait profiter de l'occasion pour se coucher de bonne heure sans se douter du réveil que je lui réservais.

Lorsqu'une heure du matin sonna à la pendule de ma chambre, je me levai tremblante, frissonnante, éperdue; je me revêtis de la première robe touchée, la plus simple toutefois, et sans prendre de bougie pour m'éclairer, dans la pensée que sa lueur me trahirait, je m'en fus à tâtons vers la pièce du linge; là je fis comme je l'avais projeté : j'attachai fortement deux draps à la barre de fer servant d'accoudoir à la fenêtre de l'entresol puis, ayant fait un signe de croix, je saisis cette échelle d'une nouvelle sorte et me laissai glisser résolument dans la rue, ayant toutefois l'attention de fermer les yeux afin de ne pas voir le danger.

Au moment où je touchais le pavé deux bras vigoureux m'étreignirent et une voix pleine me dit à l'oreille :

« Je suis venu à temps, ma belle mam'selle, pour vous empêcher de vous faire mal. »

Si je ne perdis ni la connaissance, ni la raison à cet incident si terrible, ce fut sans doute par la conséquence de l'excès même de ma peur qui me paralysa au point de ne me permettre aucun mouvement; tout ce que je pus faire fut de tourner les yeux vers celui qui me parlait afin de reconnaître si c'était un des hommes du prince Altieri : je vis une figure inconnue, celle d'un beau garçon d'environ vingt-cinq ans, franche, ouverte, gracieuse et faite pour inspirer la confiance. Ce personnage annonçait par le costume sa profession d'ouvrier; j'eus alors moins de peur et m'efforçant pour me faire entendre de lui :

« Mon ami, dis-je, sauvez-moi, on veut me contraindre à prendre le voile demain dans un couvent; si vous êtes un homme de bien, vous ne me remettrez pas au pouvoir de mes persécuteurs qui ne sont pas mes parents... »

Je ne sais d'où me vint cette fantaisie de me faire passer pour une novice forcée; quoiqu'il en soit, elle acheva de gagner le cœur de l'inconnu, qui, m'ayant à son tour examinée à la clarté du réverbère voisin, se sentit d'autant plus rempli d'intérêt pour mon service qu'il me trouvait fort jolie; aussi chercha-t-il à me rassurer de son mieux; il me demanda où je voulais aller, qu'il m'y conduirait fidèlement et qu'il me prouverait que Gervais Trinchard était honnête charpentier.

Sa proposition me fit plaisir; j'avais eu si peu l'habitude de sortir seule pendant toute ma vie, que j'aurais été fort en peine d'aller au milieu de la nuit, de la rue de Richelieu à la Montagne Sainte-Geneviève, à part le péril de rencontrer le guet, ou des gens mal intentionnés, tandis que, sous la protection d'un homme, je serais en sûreté.

Celui-là était de riche taille, il avait des épaules larges, une chevelure touffue, et sa beauté, d'ailleurs remarquable, consistait en traits à la romaine, unissant l'élégance à la noblesse; plus je le trouvais bien, plus ma confiance augmentait envers lui; je la lui montrai en acceptant son bras. Nous nous éloignâmes rapidement. Il était certain que la première personne qui passerait, s'apercevrait des draps suspendus à la croisée de l'entresol, et donnerait l'éveil dans la maison d'où je sortais. La chose ne manqua pas. Nous avions à peine gagné la rue de Ménars, que nous entendîmes retentir le marteau de l'hôtel du prince; ce nous fut un avertissement pour accélérer la vitesse de notre course.

Je ne tardai pas à être fatiguée. Mon conducteur s'en aperçut, et alors avec une vigueur dont je n'avais pas idée, il m'enleva dans ses bras nerveux sans paraître chargé de ce fardeau, me porta pendant toute la route, ne me remettant à terre que lorsque du monde venait à nous. Je ne peux te dire pourquoi je n'eus pas avec lui un instant d'inquiétude; le privilège de la beauté est d'inspirer de la confiance : on lui suppose toujours des vertus et de la délicatesse; cette erreur est souvent déçue et néanmoins on y retombe toujours.

Je dirigeai le jeune garçon vers la Montagne Sainte-Geneviève.

« C'est par là que j'habite, me dit-il. »

Quand nous approchâmes, je lui désignai la rue.

— « Dame, dit-il, c'est la nôtre aussi. »

Dans des pages un peu oiseuses, et un peu trop longuement, les Souvenirs racontent que Rosalie Duthé, qui a encore une âme de grisette, bien qu'elle n'en ait plus la naïveté, revoit Gervais Trinchard, qu'elle a ébloui. Elle se cache de nouveau, et, dans sa retraite, elle s'avise que Gervais lui rappelle Myrtil. Il y a en elle le besoin d'aimer, en toute sincérité, et, retrouvant une fraîcheur de sentiments, elle passe volontiers du luxe à une quasi-misère pour s'abandonner à cette passion. Elle songe même à renoncer au monde, et, avec un peu de romanesque, elle éprouve une joie de son sacrifice. Il ne laisse pas, cependant, en des jours difficiles, de lui paraître un peu rude. Elle rencontre Eugénie Le Clerc, son amie de chez Mᵐᵉ de Saint-Étienne, qui n'a plus beaucoup de peine à lui persuader que cette aventure de cœur touche à son terme. La camériste Brigitte vient à la rescousse, et Rosalie Duthé, bien qu'avec des larmes, se sépare de Gervais, à qui elle s'était tendrement donnée.

VII

Quand je fus déterminée, nous partîmes vite. Je
n'emportai aucun des misérables vêtements
qui servaient à mon usage. Le carrosse d'Eugénie Le Clerc était
à la porte, j'y montais en présence de tous les habitans de la
maison, aucun d'eux ne soupçonna que mon éloignement
devenait une fuite. On me conduisit dans un appartement du
boulevard Saint-Martin, que Brigitte avait loué à l'avance. Il
me parut un lieu enchanté, par contraste avec la misérable
demeure dont je sortais. Je trouvai la table mise, un dîner
prêt, succulent, délicat et propre à me rétablir de toute la
mauvaise nourriture dont je m'étais contentée. Je mangeai,
en pleurant, pas en affamée, et, voyant ce reste de larmes,
Le Clerc me disait, avec désinvolture :

« Va, ma toute belle, il n'y a que les fantaisies qui embel-
lissent, l'amour vrai finirait par rendre laide. »

Mais je pleurais encore, je pleurai toute la nuit en songeant
au pauvre Gervais, que mon abandon réduisait au désespoir,
et je sentais bien confusément, aussi, que c'était la fin des
romans charmants. Je pleurais sur mon cœur, comme si je
dusse cesser d'être accessible aux tendres emportements, et,
s'il faut tout dire, je me regrettais, avec un peu d'effroi de
l'avenir.

Mlle Le Clerc vint me voir le lendemain, me trouva les
yeux battus, s'effraya sur les conséquences d'une mélancolie

qui flétrissait mes charmes, me recommanda la dissipation en forme de remède salutaire, et, pour commencer la cure, me proposa d'aller passer la soirée chez elle.

Brigitte, dont la haute expérience ne pouvait être contestée, s'opposa à ce que je me remontrasse de sitôt; elle voulait me donner le loisir de reprendre ma beauté dans tout son éclat, de laisser effacer par le repos les traces du chagrin et de la misère, me renouveler pour ainsi dire. Eugénie fut forcée de convenir qu'elle avait une heureuse pensée; et mon entrée pour la seconde fois dans le monde fut ajournée à quinzaine.

Je demeurai donc pendant tout ce temps renfermée, et en une solitude complète, peut-être m'ennuiai-je, et néanmoins je repris mon embonpoint, mes fraîches couleurs, l'élégance de ma taille, mes mains et mon cou blanchirent et chaque jour me rendait un nouveau charme. Eugénie, qui venait me voir, mais rarement, à cause de sa vie active, admirait l'effet produit par la recette de Brigitte; quant à moi, j'en étais enchantée : je songeais à l'effet que je produirais lorsqu'on me reverrait encore plus radieuse qu'auparavant.

Le moment marqué arriva enfin. Brigitte annonça à Mme de Saint-Étienne que j'étais « revenue du voyage ordonné par la médecine pour guérir mes maux de nerfs ». Cette nouvelle fit sensation; ma protectrice demanda si je reviendrais prendre pied chez elle. Brigitte répondit qu'elle ne le croyait pas, et, dans le fait, elle pensait que je pourrais voler de mes propres ailes. Mme de Saint-Étienne, accoutumée de longue main à se séparer promptement de ses jeunes parentes, ne reçut pas néanmoins sans chagrin cette assurance, quoiqu'elle ne laissât paraître que la satisfaction de me retrouver.

J'allai chez elle, je fus reçue avec amitié. On me trouva grandie, embellie, adorable; je ne pouvais manquer de faire un brillant chemin. Ce fut alors qu'elle me fit connaître la générosité du prince Altieri envers moi; elle me remit avec ostentation la totalité des bijoux, des diamants et toutes les nippes à mon usage dont elle était dépositaire. Ma joie fut excessive, lorsqu'un tel bien parut à mes yeux tomber des nues; dirai-je que je regrettai de n'en avoir pas eu plutôt connaissance, afin de ne m'être pas vue dans la dure nécessité d'abandonner Gervais?

Je pouvais revenir à ce beau garçon, me diras-tu? j'en eus le désir, mais Brigitte m'en détourna, me disant que je serais à temps de le faire quand ma fortune se serait accrue; elle ajouta que, me croyant déjà infidèle, il me reprendrait aussi bien plus tard qu'aujourd'hui. J'écoutai trop ce sophisme infâme et me maintins dans le monde : hélas! je me sentais faite pour lui.

Les enivrements d'ailleurs ne me manquèrent pas; dès le premier jour où je me montrai, M. Hocquart s'empressa de me renouveler ses offres, et, par une sorte de violence dans laquelle il fut aidé de l'ascendant de Brigitte, il s'empara du droit de fournir à ma dépense et à tous les autres frais de premier établissement. Peu importait au fond que ce fût celui-là ou un autre; quel successeur pourtant à donner au beau Gervais! mais il était riche, complaisant. Il s'imaginait m'avoir séduite; il se montrait si fier de mon entraînement, de mon amour, que je m'en réjouissais.

Son crédit était en harmonie avec sa fortune. Brigitte se hâta de le mettre à profit pour obtenir mon inscription sur le catalogue des demoiselles de l'Opéra. C'était à cette bonne époque un brevet d'émancipation accordé à toute fille innocente voulant vivre dans l'indépendance et sans être à charge à ses parents. Dès qu'elle était ce que nous appelons « encataloguée », aussitôt cessait sur elle l'exercice de la puissance paternelle, suppléée, à ce que l'on disait, par la tutelle de l'autorité royale. C'était un moyen excellent pour demeurer en paix de toute tracasserie de famille (1).

-----

(1) Cette tradition fut rompue en 1775. Une décision porte alors que « l'Opéra ne recevrait plus ni filles, ni femmes que du consentement de leurs supérieurs naturels ». Voir la préface.

Ma tante Duval était l'objet permanent de la crainte de Brigitte, et, dans le cas où cette digne parente, apprenant enfin de mes nouvelles, se mettrait en mesure de me ramener chez elle, il fallait lui opposer ma majorité fictive, qui me laissait désormais dans la position de la Margot de la Plante du *Joueur* de Regnard :

> Personne de ses droits usante et jouissante.

M. Hocquart s'empressa de me rendre ce service important. L'Opéra, à cette époque, était sous la direction de MM. Rebel, Francœur et autres non moins célèbres dans les fastes lyriques (1). Je fis les démarches exigées, je me soumis aux épreuves d'usage, on trouva que j'avais de la voix et on m'installa chanteuse surnuméraire, pour les menus plaisirs de Sa Majesté. Ceci ne put avoir lieu sans que je fusse obligée de me soumettre à certaines cérémonies très inconvenantes. La planche était faite, je dus m'y conformer, je le fis avec tant de bonhomie et de complaisance que je m'assurai de nouveaux protecteurs.

Les deux directeurs que j'ai nommés, s'ils n'étaient pas des musiciens pauvres, étaient de pauvres musiciens. Cela ne

---

(1) Après l'incendie de 1763, l'Opéra se trouvait alors dans la salle des Tuileries, où il demeura jusqu'à son occupation de la seconde salle du Palais-Royal. Les travaux de l'appropriation du théâtre des Tuileries, dirigés par Soufflot et Gabriel, avaient coûté 400.555 livres. La disposition des loges était la même qu'au Palais-Royal « afin que les locataires des loges s'y retrouvassent dans les mêmes positions sans qu'il fût besoin de passer de nouveaux baux ». Les débuts de l'Opéra aux Tuileries se firent par la reprise de *Castor et Pollux*. Rameau, alors âgé de quatre-vingt-deux ans, y avait assisté. A la salle des Tuileries furent représentées *Aline, reine de Golconde*, de Monsigny ; *Ernelinde, princesse de Norvège*, de Philidor, etc. Rebel et Francœur ne méritent point les dédains de ces *Souvenirs*, au moins en tant qu'administrateurs. Ce furent les seuls qui se purent maintenir longtemps à l'Opéra, où ils furent rappelés plusieurs fois. Ils s'étaient fait connaître très jeunes, en jouant du violon dans les concerts ; on les appelait « les petits violons ». Ils travaillèrent toujours en collaboration, sans produire aucune œuvre supérieure, sans doute, mais ils assuraient « les lendemains de Rameau ». Il est sans cesse question d'eux dans les piquants *Mémoires* de Papillon de la Ferté, intendant des Menus de 1756 à 1780. Les études abondent sur cette période de l'Opéra.

Dessin de Moreau le jeune, gravé par M.me Lingée.

les empêchait pas d'arriver à la fortune et à la considération ;
le cordon noir de saint Michel donné à Rebel en premier peu
d'années avant que je me lançasse dans le grand monde avait
récompensé, non son mérite, mais sa persévérance à plaire
à ses supérieurs. On n'a nul besoin pour réussir en France
de faire sa cour au public ; il suffit de valeter auprès de ceux
qui disposent des biens et des honneurs ; ceux-là ont une idée

si haute de leur suffrage que celui auquel ils l'accordent n'a pas besoin d'autre titre pour obtenir ce qu'il lui plaît de solliciter.

L'Opéra, vers ce temps, était passablement monté. Pillot (1), destiné à recueillir dans la haute-contre la succession de Jelyotte (2) l'inimitable, avait une voix assez agréable, mais pas de figure, guère de jeu et point d'âme ; on l'applaudissait pourtant faute de mieux. Hélin venait ensuite, basse-taille consommée, un timbre mâle, plein et retentissant ; Larrivée (3), son émule, jeune alors, annonçait le beau talent

---

(1) Le sieur Pillot fait *Castor*, et le fait horriblement mal. (Bachaumont, *Mémoires secrets*.)

(2) La ville de Pau a élevé, il y a quelques années, une statue à Jelyotte. Peu de chanteurs furent aussi loués que lui de leur vivant et après leur mort. « On n'a point été à l'Opéra, disaient les *Anecdotes dramatiques*, quand on n'a pas entendu Jelyotte. » Et la prose ne leur suffisant pas, elles avaient recours à la poésie !

> Au dieu du chant élevons un trophée
> Jelyotte fait aujourd'hui
> Par ses talents ce que faisait Orphée,
> Il fait tout courir après lui.

Au lendemain de sa mort, on écrivait de lui : « Le public tressaillait de joie dès qu'il paraissait, on l'écoutait avec l'ivresse du plaisir, et, toujours, les applaudissements marquaient le repos de sa voix, remarquable par le volume, la plénitude des sons et l'éclat de son timbre. » Dans ces éloges funèbres, on le loua aussi, tant qu'il eût été bien traité par le sexe, d'avoir été discret. J'aime cette petite phrase : « De ses nombreuses conquêtes, on ne connut que celles qui voulurent s'afficher. » Autre trait qui paraissait admirable à ses contemporains ; il était demeuré fidèle à sa tendresse pour sa ville natale et, chaque fois qu'il y allait, le premier souper qu'il faisait était avec son ancien maître de musique et un humble tailleur, son ami. Le journal de Papillon de la Ferté fait mention d'une discussion avec Jelyotte à propos d'un habit que celui-ci voulait « plus magnifique », discussion dont il avait gardé l'amer souvenir : Jelyotte s'était plaint au roi lui-même, qui lui avait donné raison contre tous. Mais qu'il est difficile d'établir la vérité ! Selon certains, il finit en bon bourgeois respectable. Selon les autres, il tomba dans la crapule. En présence de ces deux assertions si différentes, penchons pour la première, comme plus digne d'un homme à qui on a fait les honneurs d'une statue...

(3) Larrivée, comme devaient l'être d'autres chanteurs depuis, avait été « découvert » par Rebel. Il était garçon perruquier et ne songeait guère au théâtre, en chantant des chansons pour son plaisir. Sa voix frappa le direc-

qui l'a si longtemps maintenu sur la scène; son goût musi-
cal, l'étendue de sa voix, ensemble mordante et onctueuse,
sa sensibilité exquise, la chaleur de son débit, le rendaient cher
au public.

Parmi les actrices, le premier rang d'ancienneté et de talent
appartenait à Mlle Chevalier (1), belle de taille et de figure
ayant un air de reine, chantant avec une méthode accomplie
et jouant non moins bien; célèbre dans les fastes de Cythère
par ses amants, par ses caprices elle désolait quiconque
s'attachait à son char, jamais elle n'était assez aimée et la
promptitude qu'elle mettait à rompre un attachement prouvait combien peu elle avait pour les autres ce qu'elle exigeait
d'eux d'une manière si impérieuse. Son joug était de fer, ses
bizarreries d'or, car il fallait avoir des richesses inépuisables
pour la contenter et encore même on ne parvenait pas à com-
bler ce véritable tonneau des Danaïdes.

Sophie Arnould (2) est connue par son esprit, ses grâces,

---

teur de l'Opéra, qui lui fit donner une éducation musicale. « Il alliait à une
très belle basse-taille beaucoup de grâce et de noblesse; la nature, en un
mot, lui avait prodigué tous ses dons. » (*Dictionnaire général des théâtres.*)
Il demeura près de trente ans à l'Opéra, où il avait débuté par le rôle du
grand-prêtre de *Castor*.

(1) « Mlle Chevalier, actrice retirée de l'Opéra, où elle remplit longtemps
les premiers rôles, avec beaucoup de succès. Son genre était le grand, les
fureurs, etc.

> Chevalier, quelles sûres armes
> Pour mettre un amant sur vos lois!
> Vous séduisez par votre voix
> Les cœurs échappés à vos charmes. »

Anecdotes dramatiques, tome III. Paris, 1775, chez la Ve Duchesne, rue
aint-Jacques, au Temple du goût.)

(2) Moins de trois ans après la mort de Sophie Arnould dans une quasi-
misère, le Vaudeville donnait une comédie de Barré, Radet et Desfontaines
dont elle était l'héroïne. Histoire d'un sentimentalisme bien fade, et était-ce
la peine d'évoquer, pour cette action puérile, une femme qui avait eu tant
d'esprit? Sophie Arnould, pendant une brève détention au Fort-l'Évêque,
s'était intéressée à un malheureux détenu pour dettes et s'employait à lui
rendre la liberté et l'aisance, poussant la bonté jusqu'à marier la fille de
son protégé à un jeune musicien de l'Opéra. Une autre *Sophie Arnould*, de
de Leuven, de Forges et Dumanoir, fut représentée au Palais-Royal le
11 avril 1833. M. Ad. Tabarant, en 1896, a découvert, à Prangins, un cer-

ses talents ; par la finesse, la véhémence de son jeu et l'agrément de sa voix, bien qu'elle tirât un peu sur l'aigre : elle
tenait sans contredit le premier rang, ce qu'elle devait autant
à ses reparties spirituelles, au charme piquant de sa conversation qu'aux autres avantages que la nature lui avait prodi-
gués. Elle avait alors pour amant le comte de Lauraguais et
cette union respectable durait depuis assez de temps pour
qu'on la trouvât déjà ridicule. Au demeurant, elle allait être
frappée d'une bourrasque dont tout Paris s'occupa comme
d'un fait majeur. C'était une heureuse époque que celle où
pour attirer l'attention de la grande ville il suffisait d'une
querelle entre une demoiselle du monde et son amant.

Le comte de Lauraguais m'a toujours paru cherchant à
déguiser sous beaucoup de bruit et de remue-ménage peu de
mérite réel et d'orgueil accommodé en manière de modestie
philosophique (1). Il avait entrepris d'être à la fois littérateur

----

tain nombre de lettres de Sophie Arnould à Madeleine Verniquet, fille de
l'architecte. Ce sont d'assez tristes lettres de vieillesse : « J'ai tous les jours
à mes trousses deux ou trois alguazils qui viennent me tourmenter pour la
perception des impositions de l'an VII et de l'an VIII... »

(1) « M. de Lauraguais était un fou d'infiniment d'esprit, avec une in-
curable jeunesse de caractère, un grand désordre et une grande audace de
tête, plein de coup de vent et de caprices, excessif d'un bout à l'autre, à
l'étroit dans sa vie, précipitant son activité de mille côtés, variable, montant et descendant de goûts en goûts, changeant d'idées comme d'humeurs,
brouillant, brouillé et tiraillé de vouloirs... une sorte de grand homme
manqué et dévoré d'inconstance, en qui s'agitait, mal à l'aise, une âme
d'un autre temps, logée dans un esprit du XVIIIᵉ siècle. » (E. et J. de Goncourt, *Sophie Arnould*, pages 42 et 43.) Il pouvait être curieux de rapprocher
ce portrait de celui des *Souvenirs*. On sait que Lauraguais (Louis-Léon-
Félicité de Brancas, comte de), réagit contre l'usage qui faisait encombrer
la scène par des spectateurs d'élite ; il paya 12.000 livres aux comédiens
français, qui songeaient à cette réforme, l'abolition de cette coutume. Il
ne fut pas récompensé par le succès de sa *Jocaste*. « C'est le sujet d'Œdipe,
traité d'une manière nouvelle ; on voit deux parties dans l'action : le
meurtre de Laïus par Œdipe, et, le même jour, l'hymen d'Œdipe et de
Jocaste. Pour rendre cet hymen excusable, l'auteur s'est servi du sphinx
dont Œdipe est vainqueur, après avoir expliqué l'énigme. Suivant l'oracle,
le vainqueur de ce monstre doit être l'époux de la reine. Mais, pour précipiter ce second mariage, l'auteur suppose que les derniers soupirs du
sphinx ont infesté l'air, et que le peuple ne trouve d'autre moyen de faire

Le cadre de scène de la salle de l'Opéra, aux Tuileries.

et homme à bonnes fortunes, savant et frivole, penseur et persifleur, ami de l'égalité et à cheval sur les distinctions féodales; il caressait les encyclopédistes quoi qu'au fond il les détestât. Jaloux de toute renommée, il affectait de l'indifférence pour la gloire et, manœuvrant auprès de toute façon, il obtenait en résultat d'être sifflé en vers, en prose, dans sa

cesser ce fléau que de contraindre la reine à se marier sur-le-champ. » (*Annales dramatiques*, tome V.) Lauraguais publia, en l'an X, les souvenirs de sa grand'mère, Mme de Brancas, qui avait été l'amie de Saint-Simon : « Ayant retrouvé, parmi de vieilles paperasses échappées à trois visites domiciliaires, ainsi qu'à d'autres recherches encore plus dangereuses, un brouillon de ce fragment historique, je l'ai remis au net. » Le nom de Lauraguais se retrouve souvent dans les *Mémoires secrets*.

conduite privée et particulière; c'était véritablement du malheur.

Mais laissons le comte de Lauraguais que je retrouverai certainement et revenons à l'Opéra. Il me reste à faire connaître Mlle Lemier (1). « Qui ne serait enchanté, disait la critique d'alors, de la méthode, du goût, du prestige avec lesquels Mlle Lemier nous peint tous les objets sensibles de la nature; sa voix est une magie continuelle : c'est tour à tour un rossignol qui chante, un ruisseau qui murmure, un zéphir qui folâtre. »

Venait ensuite, dans un rang inférieur, Mlle Dubois dont la laideur, les yeux louches et la disgrâce de sa taille dégingandée empêchaient le public de jouir pleinement des sons agréables qu'elle tirait de son gosier. Mlle Bernard, charmante miniature, presque naine et qui, dans la vaste salle de l'Opéra, paraissait un enfant. Elle rachetait ce défaut de nature auquel se joignaient et timidité et maladresse de novice par une prononciation nette, une voix sonore, des cadences légères bien frappées et faites à propos.

La partie de la danse réunissait une foule de talents remarquables en hommes et en femmes et parmi celles-ci plusieurs très en position de disputer à tout leur sexe le prix de la tournure et de la beauté. Vestris, Nivelon, d'Auberval, Laval, Lyonnais et quelques autres, ne laissaient rien à désirer. Le dieu de la danse que tu reconnaîtras sans que je le nomme tenait néanmoins le spectre, et les efforts de ses légers concurrents ne faisaient que mieux ressortir sa supériorité.

Mlle Lany s'élevait presque à la force de Vestris (2), et je

---

(1) Mlle Lemier épousa son camarade Larrivée. Il y a mille madrigaux sur elle.

(2) Voir sur les *Vestris*, le « dieu de la danse et sa famille », le piquant volume de M. Gaston Capon. (1908, *Société du Mercure de France*.) La vie intime de l'Opéra à cette époque y est évoquée avec la plus sûre et la plus aimable érudition. Le grand Vestris, né à Florence en 1728, mourut le 23 septembre 1808 et fut enterré au cimetière Montmartre. — Nivelon eut une liaison marquante avec sa camarade Mlle Coulon, qui avait été lancée par le prince de Soubise. — D'Auberval semble avoir donné beaucoup de soucis

peux dire à sa hauteur. Son frère enlevait également les suffrages avec Mlle Lyonnais, et surtout l'enchanteresse Allard (1),
nouvelle débutante qui faisait les délices du public. Il y avait
encore l'hommasse Heinel (2), sorte de colosse féminin, d'une
beauté fortement bâtie, à chaux et à sable, et qui avait ses
amateurs, bien que je ne lui eusse pas donné la pomme; j'aurais préféré l'accorder à la jeune et fraiche Cécile dont la candeur avait tant de charme et qui, un peu plus tard, s'avisa
d'aimer à la folie le fat Nivelon comme j'avais aimé le beau
Gervais. Théodore, décente, belle et amoureuse de tous ceux
qui s'en éprenaient, avait bien aussi son cachet et sa physionomie particulière. Je ne dirai rien du bataillon des danseuses
et des choristes, nymphes vagabondes et turbulentes, toutes
consacrées au culte de Vénus et remplissant avec ferveur ce

au bon Papillon de la Ferté par ses prétentions . « Il persiste (1763) à
dire qu'il ne dansera pas devant la Cour à moins de 1.500 livres, et que
même il préférerait passer dans les pays étrangers. » Et ailleurs : « Les
démêlés du sieur d'Auberval avec le sieur Laval, maître des ballets, me
donnent beaucoup d'occupations (1773). D'Auberval est le héros d'une comédie de Rochefort et Dupenty jouée en 1830, *Madame Grégoire ou le
Cabaret de la Pomme de pin*. — Mlle Lany, sœur de Jean-Barthélemy Lany,
maître et compositeur de ballets. C'est à elle qu'on décochait ce quatrain
galant :

> Les amours volent sur tes traces
> Lany, tu joins à la beauté
> Des nymphes, la légèreté
> Et les attitudes des grâces.

(1) C'était Mlle Allard qui, enceinte des œuvres de Vestris, disait au danseur : « Je sens ton fils ou ta fille qui répète dans mon ventre un pas de
ballet. » Ce fut un fils, celui qui devait être le continuateur du « dieu de la
danse », et qu'on surnommait Vestris-Allard. M. Capon rapporte un mot
charmant de d'Auberval au moment de ses débuts : « Quel talent! C'est
le fils de Vestris et ce n'est pas le mien. Hélas! Je ne l'ai manqué que
d'un quart d'heure!... » Mlle Allard mourut en 1802.

(2) M. Capon a également tout dit sur Mlle Heinel, avec qui Vestris eut
de grands démêlés et que, par un brusque retour de sentiments, il finit par
épouser. Elle mourut en 1818, à cinquante-six ans, dans sa maison de la
rue de Hanovre. — Le jugement des *Souvenirs* n'empêche pas que le marquis de Marigny, le marquis de Crenay, le prince de Conti et bien d'autres
n'aient payé fort cher ses faveurs. Elle avait une certaine naïveté sur laquelle
s'est exercée Sophie Arnould, en quelques-uns de ses mots les plus piquants.

rôle de prêtresse. La plupart se présenteront à mon souvenir à mesure que j'avancerai dans le cours de mes Mémoires.

Mais on entend bien, lorsque je signale les sommités de l'Opéra, que je n'oublie pas, parmi les déesses de cette mythologie moderne, celle sans contredit la plus célèbre. Tu devineras sans peine que c'est de Guimard dont il s'agit, Guimard qui a eu tant d'amis et même d'ennemis qu'il est hors de doute qu'elle a dû avoir beaucoup de mérite. C'est maintenant une manière de ruine, aussi je la traite comme si elle n'était plus (1). Elle vit pourtant, si c'est vivre que de demeurer après la perte de notre beauté et de nos agréments. Elle avait, à son début à l'Opéra en 1761, si on m'a bien fixé l'époque, une taille parfaite, une figure mignonne, de la gentillesse dans les manières, la démarche voluptueuse, la physionomie agaçante, une voix sépulcrale, de beaux cheveux et pas assez d'embonpoint; il en est résulté qu'en grandissant elle a tiré un peu sur le squelette et a prêté à la plai-

(1) Marie-Madeleine Guimard, devenue Mme Despréaux, est morte en 1816, à Paris, rue Ménars. Son mari, l'ancien danseur Despréaux, qu'elle avait épousé sur le tard, quand elle se décida à se ranger, a fait, en connaisseur, l'éloge de la danseuse : « La danse actuelle ne ressemble plus à rien de ce que j'ai vu... Le public canaille qui s'est emparé du parterre, les danseurs du boulevard qui se sont introduits sur le théâtre du grand Opéra, ont fait oublier que la grâce était le vernis du tableau mouvant de l'Opéra. Le talent de la danse n'est point de savoir exécuter toutes sortes de pas en mesure sur un rythme quelconque; le dernier des figurants les sait exécuter; la vitesse n'est qu'un faible avantage... La grâce de forme est donnée par la nature; celle d'attitude est un choix de positions du corps que le bon goût choisit et enseigne; celle du mouvement n'est pas seulement d'aller d'une attitude à une autre, mais elle exige de l'expression d'après le genre que l'on représente, surtout dans la danse terre-à-terre, qui est bien différente de la grâce sautée. C'est avec la danse terre-à-terre que Mlle Guimard a charmé pendant plus de vingt-cinq ans un public connaisseur. Elle était toujours nouvelle, je ne parle pas seulement des pieds; ils sont peu en comparaison du charme du corps et de la tête. C'est là qu'est la perfection du tableau. Elle jouait parfaitement la comédie ainsi que l'opéra-comique. Sa figure expressive peignait aisément toutes les sensations qu'elle éprouvait ou était censée éprouver... (Lettre de Despréaux à Desprez, E. et J. de Goncourt, *Guimard*.) Dans sa rivalité avec la

santerie du docteur Alphonse Leroi (1) qui a prétendu qu'on pourrait faire, d'après elle, un excellent cours pratique d'ostéologie.

Cela n'empêcha pas Guimard de courir, dès son apparition dans le monde, vers une fortune prodigieuse. Elle eut des aventures sans nombre et des amants passionnés; elle les accoupla de bonne heure sans qu'ils le trouvassent mauvais. A tout seigneur tout honneur : aussi je placerai à leur tête le maréchal prince de Soubise-Rohan, pauvre sire de tout

Dervieux (voir les *Mémoires secrets*), une guerre fameuse du xviii⁰ siècle, la Guimard n'avait pas été épargnée par les épigrammes :

> Guimard en tout n'est qu'artifice
> Et par dedans et par dehors.
> Otez-lui le fard et le vice
> Elle n'a plus âme, ni corps.
> ... Elle a la taille d'un fuseau,
> Les os plus pointus qu'un squelette,
> Le teint couleur de noisette
> Et l'œil percé comme un pinceau.
> ... Gorge dont nature est honteuse.
> Sa peau n'est qu'un sec parchemin...
> ... Sa cuisse est flasque et héronnière
> Jambe taillée en cebalas,
> Tout son corps n'est qu'une salière.

La réponse était aigre, mais l'attaque contre la Dervieux avait été dure. Mais que dire en quelques mots de cette existence qui incarne une époque ? Le premier amant de la Guimard avait été un jeune maître de ballets, Prévost d'Hyacinthe. Les deux théâtres privés de la Guimard, celui de Pantin et celui de la Chaussée-d'Antin, sont demeurés fameux. L'hôtel bâti par Le Doux pour la Guimard, décoré par Fragonard, se trouvait, 5, rue de la Chaussée-d'Antin, du côté des boulevards. Voir : *les Théâtres libertins du xviii⁰ siècle*, de MM. H. d'Alméras et P. d'Estrée. — Jean-Benjamin de La Borde, premier valet de chambre de Louis XV, gouverneur du Louvre, puis fermier général, passionné tout au moins pour les arts, s'il ne les cultiva point avec un plein succès, et à qui Voltaire ne ménageait pas les louanges, (elles lui coûtaient si peu !) était le grand ordonnateur du théâtre de la Guimard. Sa maison se trouvait au n° 10 de la rue de Richelieu et elle était fastueuse. Il menait de front ses entreprises artistiques, ses plaisirs et ses spéculations qui faillirent plusieurs fois le ruiner. Pendant la Révolution, il s'était retiré en Normandie. Sa retraite fut découverte, il fut arrêté, ramené à Paris, emprisonné. Il eut l'imprudence de presser son jugement. Il fut (le 4 thermidor) le dernier fermier général exécuté.

(1) Docteur Régent en 1768. Mort en 1816, assassiné par son domestique. Ce fut une cause célèbre de la Restauration.

aspect, sans talents militaires, sans habileté politique, sans aucune qualité supérieure; mais généreux, magnifique, donnant à tort et à travers, sans s'embarrasser d'où venait l'argent et comment on le rendrait; courtisan sans modèle parce qu'il était au-dessus de tous par l'excès de sa bassesse. Complaisant du roi et des maîtresses du roi, passées, présentes et futures, aimé à Versailles sans y jouir d'aucune considération personnelle, agréable aux Parisiens quoiqu'ils le méprisassent, il avait résolu un problème singulier, celui de ne déplaire à personne et d'être conspué de tous.

Il devait cette position bizarre aux défauts de son caractère et aux vertus de son cœur. Naturellement bienfaisant, facile, serviable, toujours disposé à obliger jusqu'aux inconnus, il protégeait les arts, ne haïssait pas les hommes de lettres, avait la coquetterie d'être gracieux envers le porteur d'eau autant qu'envers le grand seigneur, et ceci avait tant de succès qu'il en contrebalançait ce que dans sa conduite il y avait de peu honorable. Les demoiselles du monde n'avaient pas de meilleur ami, il était leur providence visible, il passait avec elles tous les instants où il n'était pas à genoux à la Cour; leur existence était la sienne, chacune avait droit à une pension plus ou moins forte de sa part; aussi Dieu sait quelles fêtes et quelles moqueries elles faisaient de lui.

Guimard avait la préférence, il lui donnait habituellement 6 000 livres par mois, somme, au premier aspect, assez considérable, et cependant trop insuffisante pour remplir le déficit annuel de la belle nymphe : aussi avait-elle un caissier plus foncé dans M. de Laborde, premier valet de chambre du Roi, financier, dessinateur, musicien tout ensemble, faisant par-dessus le marché de petits vers et de grandes folies, le tout par forme de compensation. Celui-là, pareillement, ne nous quittait guère, on le voyait avec plaisir. Sa générosité, son esprit, ses manières, faisaient illusion; on le croyait parfois un grand seigneur, il me faisait au moins l'effet d'un homme de qualité et néanmoins il n'en était rien. Je crois faire son éloge, qu'on ne s'y trompe pas.

Le soir où, pour la première fois, je parus à l'Opéra, non sur le théâtre, mais en grande loge, mon amour-propre dut être satisfait. Je fis fureur, c'était à qui me lorgnerait avec le plus de constance, à qui mettrait plus de vivacité à me proclamer la belle par excellence. Celles de mes camarades qui étaient en scène ou dans la salle ressentirent avec amertume le contre-coup de ce début étourdissant. Il est vrai que j'étais divine, on ne cessait de me le dire et déjà mon miroir me l'avait appris; mon fermier général avait tenu à honneur à ce que je fusse mise à la perfection, et une parure radieuse rehaussait mes charmes si purs, si frais et si neufs surtout.

Nul encore ne m'avait pour ainsi dire vue, à part les habitués de Mme de Saint-Étienne, car le prince Altieri, pendant mon bail avec lui, m'avait gardée en vraie manière de jardin des Hespérides dont lui-même s'était fait le dragon. Le moyen employé pour le quitter avait excité la curiosité publique et ma prompte disparition ajoutait au piquant de l'aventure; on s'était donc informé de moi, et dès que mon nom eut été prononcé, il ajouta à l'enivrement causé par ma personne : ce fut une sorte de révolution.

M. Hocquart jouissait de mon triomphe, auquel il avait la bonhomie de croire avoir sa part; j'étais de plus en compagnie de Mme de Saint-Étienne. Celle-ci, charmée de me servir de chaperon, avait voulu ce soir-là venir dans ma loge; il en résulta que, comme elle était connue de beaucoup de monde, il y eut foule de ses anciens amis à s'empresser autour d'elle pour qu'à son tour elle me présentât.

L'un des premiers fut le prince de Soubise; il m'avait aperçue une ou deux fois chez ma protectrice, mais à peine et en passant; aujourd'hui me voyant si belle et si magnifique, il se croyait en conscience dans l'obligation de me faire les honneurs de l'Opéra. Je savais les égards dus à un homme de son rang, et ma vanité, d'ailleurs, s'attacha à le récompenser des hommages qu'il n'hésita pas à me rendre publiquement.

Le second admirateur qui se présenta fut l'audacieux chevalier de La Morlière (1), sorte d'escroc paré d'une croix de Saint-Louis qu'il flétrissait. Haï, d'ailleurs, sans que cette haine nuisit en rien au mépris qu'on lui vouait, mais craint des acteurs, de la basse littérature et de certaines filles du monde qui préféraient, au moyen de quelques écus, enchaîner sa méchanceté naturelle plutôt que de l'entendre aboyer après leurs folies. Cet impudent personnage s'était fait je ne sais quelle réputation dans les parterres des théâtres, dans les coulisses, dans les cafés; il s'en servait pour filouter publiquement, non en mettant les mains dans les poches d'autrui, mais en contraignant autrui à venir remplir les siennes.

Je ne le connaissais pas encore, aussi l'accablai-je de gracieusetés que je ne continuai pas plus tard. Il me prit en grippe, je le lui rendis bien; il me calomnia et je trouvai des amis qui me vengèrent convenablement.

Le comte de Lauraguais vint à son tour escorté du marquis de Thibouville et du marquis de Villette (2). Celui-ci, fort homme du monde, mordu de la manie du bel esprit et non

---

(1) Singulière figure que celle du chevalier de la Morlière, effronté, libertin, capable de tout, « connu, dit Bachaumont, par ses escroqueries, son impudence et ses scélératesses ». C'était lui qui s'était avisé de réunir une troupe d'aventuriers, pour soutenir, moyennant argent, les pièces nouvelles. Au cas où on ne le payait pas, il organisait une cabale. Il tenait ses assises au café Procope, où il distribuait, suivant qu'il était ami ou ennemi, ses ordres à ses troupes. Spirituel pourtant, et lettré. Un de ses contes, *Angola*, n'est pas écrit sans grâce. Il est dédié « aux petites maîtresses » : « C'est à vous à qui je dédie ce livre, à vous qui êtes l'élixir précieux du beau sexe que j'adore, qui avez hérité si parfaitement des grâces enchanteresses dont je trace une légère esquisse. Ce livre est votre bien, puissiez-vous le regarder comme tel et le traiter comme un enfant bien-aimé... » On peut chercher là avec quelque curiosité des descriptions d'intérieurs, de toilettes, des particularités intimes du temps, car si la scène est censée se passer « dans une contrée fertile des grandes Indes », c'est bien à Paris que l'action se déroule en réalité.

(2) On sait le quatrain sur Villette, à propos du duel qu'il faillit avoir avec Lauraguais et qu'empêcha le tribunal des Maréchaux :

> Villette a tout interverti,
> Soit qu'il se batte ou qu'il caresse.
> Il ne voit point son ennemi
> Et n'est pas vu de sa maîtresse.

LA PETITE LOGE

(d'après Moreau le jeune).

content de cette voie d'acquérir de la réputation en cherchant d'autres fort scandaleuses. On le voyait du matin au
soir rôder où il n'aurait pas dû être, se faire moquer de lui
avec tout ce qu'il fallait pour être aimable et bien venu.

Je vis aussi le comte de Faudoas, le commandeur d'Argence

de Dirac, le chevalier de Resseguier (1) qui, en m'abordant, me dit : « Que faites-vous ici, vous devriez être à Versailles? y aura là bientôt une succession vacante, et vous êtes apte à la recueillir. »

C'était de Mme de Pompadour qu'il entendait parler. Si je ne le compris pas, d'autres y parvinrent mieux; car, aussitôt, plus d'un front s'abaissa, et plus d'un de ceux, qui étaient empressés près de moi, choisirent ce moment pour s'éloigner. A tel point la Marquise (on ne la désignait que par son titre) inspirait de terreur même aux plus huppés.

Ce n'était pas sans raison que cette dame était redoutable, elle gouvernait avec un joug de fer, profitant de l'ascendant qu'elle avait sur le roi pour se faire obéir du reste du royaume, et se venger surtout de quiconque l'insultait. Le chevalier de Resseguier avait déjà éprouvé ce qu'il fallait craindre d'elle; il est vrai qu'à son tour il l'insulta cruellement.

La punition ne manqua pas, et la Bastille s'ouvrit pour le poëte audacieux; il en avait déjà l'habitude. Son frère, digne abbé et conseiller cher au parlement de Toulouse, instruit de l'arrestation de celui-ci, accourt à Paris, remue ciel et terre, et après nombre de démarches et beaucoup de temps écoulé, obtient de la marquise la grâce du coupable. Lui-même va la porter; le pont-levis s'abaisse devant lui, le chevalier sort, et, sur les fossés de la forteresse, l'abbé veut essayer une remontrance fraternelle; le poëte malin se recule, élève la voix.

« Fi, dit-il, fi d'un saint prêtre qui n'a pas eu honte d'implorer une catin; j'en suis si humilié pour lui, qu'il me sera impossible de le remercier et de le revoir. » Cela ter-

---

(1) Fin de conversation entre M. Daine, intendant de Bayonne et le chevalier de Resseguier : — « En tout cas, monsieur, si mes propos vous déplaisent, dit M. Daine, faisant allusion à l'emprisonnement du chevalier, ils ne me feront pas mettre à Pierre-Eucise. — Vous avez raison, monsieur, répond M. de Resseguier, ils sont d'un homme qui n'est digne que de Bicêtre. » (Bachaumont, 1767.)

miné, il tourne le dos au conseiller très désappointé, et court encore. Son frère n'eut jamais d'autre marque de gratitude que celle-là.

Brigitte m'avait suivie à l'Opéra, non avec moi, l'étiquette s'y opposait, mais en la compagnie de ma seconde femme de chambre. Elle s'était placée aux premières galeries, en face de nous, plus occupée de la scène qui avait lieu dans ma loge que du spectacle; son cœur nageait dans une joie indicible à la vue du beau monde dont j'étais assaillie. Elle connaissait tout Paris par noms, prénoms, rangs, qualités, titres et fortunes; aussi était-elle bien heureuse, mais cet enchantement ne dura pas toujours, il s'anéantit en partie, à la vue d'un personnage célèbre dans les fastes de la galanterie, d'un homme, la coqueluche de celles de mon sexe, et qui néanmoins passait pour en avoir ruiné quelques-unes. Sa vue fit sur Brigitte l'effet d'un rude coup de fouet; elle s'imagina que peut-être je tomberais dans ses mains et que je serais rudement plumée.

C'était le fameux, le magnifique, l'admirable marquis de Lettorière (1), officier aux gardes-françaises, et qui avait tant

---

(1) La concision nécessaire à une note effraye un peu quand il s'agit d'une de ces curieuses figures, en quelque sorte représentatives du xvⁱⁱⁱᵉ siècle. M. de Létorières (orthographe plus probable de son nom), devenu maître de camp de cavalerie, conseiller d'état d'épée, sénéchal d'Aunis, abbé commandataire de la Trinité de Vendôme, avait fini par se trouver comblé. Il n'en laissa pas moins des dettes considérables. « Les gens d'affaires eurent soin d'arranger les choses de manière à ce que ses créanciers ne fussent pas payés et qu'il ne resta rien à ses parents. » Il a été question de M. de Létorières dans la préface. Les *Souvenirs de la marquise de Créquy* racontent d'une façon fort dramatique la mort de cet homme qui fut tant aimé, mais non sans qu'il en coûtât cher, parfois, à celles qui l'aimaient. « Il y avait parmi les princesses de famille étrangère établies à la Cour de France, une jeune beauté, naïve et tendre au possible. Elle avait puisé dans les yeux de M. de Létorières un sentiment qui désespérait sa famille, et cette princesse était Mⁱˡᵉ de Soissons, Victoire-Julie de Savoie-Carignan. On en avait dit mille choses fâcheuses, et la maréchale de Soubise, qui était sa tante, avait obtenu qu'on l'obligeât d'habiter l'abbaye de Montmartre et de n'en pas sortir. Les meilleures formes et les plus respectueuses étaient observées à l'égard de la princesse Julie qui n'en était pas moins prisonnière et gardé par un exempt de la prévôté de France. On

de beauté que je ne puis le comparer qu'à Gervais. C'était la même taille, mais une supériorité incontestable de grâces, de formes, de manières. Jamais cavalier ne fut plus séduisant, plus dangereux ; il joignait à toutes les perfections du corps un esprit fin et piquant, un art de séduction poussé si loin qu'il en devenait le génie du genre ; chef suprême des roués de l'époque, trouvant son bonheur dans les aventures scandaleuses, ne rougissant d'aucune infidélité, d'aucune perfidie, et d'autant plus à la mode, qu'une liaison avec lui n'était pas sans danger. Il était couru, poursuivi, tourmenté par la multiplicité de ses bonnes fortunes, et au point que dans diverses circonstances, et avec une impertinence inexcusable, il se fit remplacer par ses amis, heureuse encore la

soupçonnait des intelligences, on surprit un message, on découvrit une échelle de corde, enfin le baron d'Ugeon, gentilhomme de Rohan-Soubise, écrivit à M. de Létorières, afin de l'appeler en combat singulier. Mais la partie fut ajournée pour cause de la maladie de Louis XV, auprès de qui notre galant de Saintonge avait obtenu d'aller s'établir et s'enfermer pour le soigner pendant sa petite vérole pourprée, ce qui fit révolter les gens de la Cour, attendu qu'il n'avait jamais eu les entrées de la chambre. Le roi mourut et cet infirmier du roi s'empressa d'aller ferrailler avec le champion de Savoie, qui lui fit deux blessures en un seul coup d'épée dans le côté droit. On pansa M. de Létorières, on ferma prudemment sa porte et l'on publia qu'il avait prit la contagion pourprée, ce qui n'était ni vrai, ni difficile à persuader au public. Ses blessures étaient des plus graves et ceci ne l'empêcha pas, après deux ou trois jours de pansement, d'aller escalader les murailles de l'abbaye de Montmartre et d'y passer la nuit auprès de Mlle de Soissons, sous la grande arcade cintrée qui conduit du cloître au cimetière... Il paraît que la princesse était prudemment rentrée chez elle avant le point du jour, et cette malheureuse enfant n'avait jamais revu son bel ami, M. de Létorières. Ses plaies s'étaient rouvertes et tout le sang qui lui restait s'écoula pendant la fin de la nuit. Il ne voulut sûrement appeler aucune assistance et il expira sans témoins, sans nul secours, et le lendemain matin il fut trouvé étendu raide mort sur les dalles du cloître... On étouffa cette horrible affaire ; ce cadavre était magnifique. On l'enveloppa d'un suaire, on le fit rapporter dans son lit, et l'on dit que M. de Létorières était mort de la petite vérole. » Il y a une pièce de Bayard et Dumanoir, intitulée *le Vicomte de Létorières* (Palais-Royal, 1841). Dans les rapports de Marais, le nom est écrit *L'Estorières*. Il ne s'agit point encore là de tels romans, dans les notes de l'inspecteur de police, et il le définit crûment : « Il faut à ce cavalier des conquêtes qui puissent disposer de leurs finances et on lui a toujours trouvé le jugement très sain sur cet article. »

demoiselle ou la femme de rang s'il n'envoyait pas son valet de chambre; c'est ce qu'il fit à l'une des nôtres.

Il y avait à Paris une dame de Saint-Estève, fille du très grand genre ayant eu déjà des amants riches ou nobles, et qui, jeune encore, voyait à son char une multitude d'adorateurs. Le marquis de Lettorière manquait à ce concours, et les minauderies, les avances, les gentillesses de la demoiselle n'avaient pu attirer chez elle un homme si capable de rehausser par sa présence l'importance du temple et de la divinité qu'on y adorait. Cette folle, emportée par une fantaisie toute d'amour-propre sans doute, s'avise d'écrire à Lettorière et de lui témoigner sa surprise de ne pas le voir chez elle, et le désir ardent qu'elle aurait à ce qu'il s'y présentât. Lettorière répond aussitôt en ces termes :

Je peux donner le texte du billet parce qu'il en courut des copies, et qu'une tomba dans ma main.

« Mademoiselle.

« Je suis on ne peut plus flatté de l'envie que vous avez de rece-
« voir mes hommages. Je voudrais pouvoir vous les rendre en per-
« sonne, mais le nombre des demoiselles qui suivent le même
« chemin que vous s'accroît en telle proportion, que, dans cette
« partie, on ne peut, avec la meilleure volonté du monde, atteindre
« à toutes ; il faut donc se borner à en cultiver quelques centaines,
« c'est ce que je fais. Cependant, et afin de vous témoigner ma
« reconnaissance de l'obtention future de vos bontés, que sans
« doute vous ne me refuserez pas en vertu de votre démarche carac-
« téristique, je crois vous obliger d'envoyer à ma place, pour ce
« service de quelques jours, qui paraît vous être agréable, mon valet
« de chambre, accoutumé de me faire oublier par plusieurs de ces
« demoiselles. C'est un grand drôle bien bâti, à peu près de ma
« taille, ayant les épaules plus carrées et le jarret plus ferme, la
« quantité d'ailleurs suppléant à la qualité. Je ne peux offrir mieux ;
« et par mon représentant je serai tout à votre service ; je crois
« que l'essai vous satisfera.

« J'ai l'honneur, etc... »

Il y avait là de quoi étrangler le marquis de Lettorière, de quoi se pendre au moins de honte. Mme de Saint-Estève fit mieux, elle répliqua :

« Grand merci, monsieur le marquis, de votre offre gracieuse, je
« l'accepte ; aussi bien sais-je que la duchesse de... qui n'a pas
« attendu votre permission pour vous associer votre valet de chambre,
« en a dit tant de bien, que Mlle Deschamps a voulu en juger par
« elle-même. Je tiens de celle-ci que cet honnête garçon a votre
« mérite, moins votre urbanité ; mais, comme vous le dites, la quan-
« tité suppléera à la qualité. Je le recevrai muni d'un billet de votre
« main et attesté par la signature des dames mes devancières.

« Je suis avec le respect que je vous dois..., etc...

Il faut savoir, pour bien comprendre la vivacité de cette
réplique, que Mlle Deschamps (1) était à cette époque la favorite du marquis de Lettorière, et que la duchesse en question
lui avait joué naguère le mauvais tour de se laisser surprendre pendant que lui était son amant en titre, par je ne
sais quelle canaille d'une profession à inspirer du dégoût. Les
rieurs pour cette fois ne furent pas du côté du marquis de
Lettorière ; mais la famille de la duchesse s'indignant de

---

(1) Marie-Anne Pagès, femme Deschamps, née à Metz, d'abord danseuse
à l'Opéra-Comique, puis à l'Opéra, « la plus comblée en même temps que la
plus dépensière de toutes les filles du siècle ». M. Thirion a cité à son sujet
une plaidoirie de l'avocat Carsilier : « Son luxe est l'étonnement de tout
Paris ; les mines de Golconde ont été épuisées pour elle. L'or germe sous ses
pas et les arts à l'envi ont fait de son habitation un palais enchanté. » Il
reste une description de ce « palais » (rue Saint-Nicaise, à côté de l'Opéra),
faite par Dufort de Chaverny, qui fut « ébloui ». A ce faste dont le duc
d'Orléans et le fermier général Brissart avaient fait les frais, succéda presque la misère. Elle s'était retirée dans une modeste maison de la rue de
Seine et était tombée dans la dévotion. L'évasion de la Deschamps de la
prison de l'archevêché de Lyon, où elle avait été enfermée sur la plainte d'un
prélat qu'elle avait trop rapidement ruiné, est fameuse. Elle sortit dans une
malle, qui était censée contenir des effets qu'elle renvoyait à Paris. On la
porta jusqu'à une auberge, d'où elle gagna Avignon. Les anecdotes abondent sur elle, depuis l'histoire d'un financier qui l' « acheta », avec son lit
jusqu'à celle de ses prêts usuraires, alors qu'elle faisait arrêter ses débiteurs
jusque dans son carrosse. « Drevaudier, célèbre avocat, s'étant pris de
passion pour la Deschamps, alla un jour lui rendre visite fort tard. Elle était
seule et elle lui marqua le regret qu'elle avait de ne pouvoir profiter aussi
longtemps qu'elle l'eût désiré de la compagnie d'un homme de sa réputation
et de son mérite, attendu l'heure presque indue qu'il était alors. — Mademoiselle, dit l'avocat, oh ! j'ai apporté mon bonnet de nuit. » (*Mémoires de
Favart*, t. II.)

l'audace de Mme de Saint-Estève, la fit mettre à Sainte-Pélagie, ce qui lui fut très désagréable pour le moment.

Je n'avais pas encore aperçu Lettorière, et j'avoue que son aspect me charma; c'était un genre de beauté fait pour plaire aux dégoutées, à plus forte raison à moi, dans toute la fraicheur des sensations du début. On le voyait réaliser ces portraits exagérés des héros de romans; chacun de ses traits était une perfection, en y comprenant les mains et la bouche, merveilleusement meublée; il avait des yeux superbes, taillés en amande, remplis d'un feu tout à la fois libertin et doux.

Il se mettait à ravir, donnant le ton à la mode, et rien n'égalait la grâce de ses gestes; je n'ai vu que lui et Molé savoir jeter leurs gants dans leurs chapeaux; tous les deux, mettaient à cette action insignifiante, quelque chose de nonchalant, de négligent et qui, néanmoins, était si particulier qu'on ne pouvait s'empêcher de le remarquer.

Mon premier coup d'œil fut donc très favorable à Lettorière. Je te prie, ma chère Sophie, de me pardonner, si je traite sans façon ce beau seigneur et quelques autres, ma familiarité sera légitimée par l'attachement intime qu'ils ont eu pour moi. Je ne peux reprendre avec eux dans ces pages que je t'adresse le ton cérémonieux que nous avions déjà franchi à pieds joints; mais plus Lettorière me frappa en raison de sa beauté rare, et moins je crus devoir le lui faire connaître, Brigitte m'ayant à l'avance prévenue contre lui; aussi je me tins sur la réserve, et il n'eut de moi que ces politesses banales qu'il ne m'était pas permis de lui refuser.

Brigitte, lorsque nous nous retrouvâmes en tête-à-tête, exprima la joie que mon succès lui causait.

« Oh! s'écria-t-elle, que nous allons rapidement faire fortune, l'argent nous viendra de toutes mains.

— Et M. Hocquart, dis-je, comment s'accommoderait-il que d'autres...?

— Il ferait beau voir, repartit-elle avec un sourire méprisant, qu'un financier s'avisât de faire du tapage, de se montrer jaloux, et surtout de s'imaginer que tu resteras toujours avec lui. La constance est encore un écueil dont il est bon de se garantir. Les nouveaux heureux ont toujours plus de générosité que les possesseurs paisibles, tu t'en apercevras avant peu ; enfin, je tiens à ta gloire et à ta réputation.

Cette conclusion, assez ordinaire à Brigitte, m'amusa : je me reposais d'ailleurs en sa haute expérience, sachant que j'en manquais dans cet instant ; mais, à part moi je me promis que, puisque les longues habitudes me seraient interdites, je m'arrangerais de manière à donner son mois ou sa semaine au magnifique Lettorière.

M. Hocquart se tint si honoré du brillant de mon début, du concert d'éloges qu'on fit de ma personne et des jalousies qu'on témoigna de son bonheur, qu'il mit sérieusement en délibération avec lui-même s'il ne serait pas convenable qu'il se ruinât à mon intention. Je pus présumer que telle était sa pensée par le surcroît de luxe dont il m'environna. Ma maison devint un lieu de délices, mon domestique fut nombreux et superbement vêtu ; j'avais sur ma table, ouverte trois jours par semaine, pour trente mille francs de vaisselle plate, sans compter les diamants venus en proportion.

Une plus forte tête que la mienne aurait été étourdie du passage subit d'une pauvreté si excessive à une fortune pareille. La mienne, je l'avoue, n'y résista pas ; je la perdis, au point que l'image de Gervais s'effaça insensiblement de mon cœur, sans pour cela en disparaître en entier. Je conservais pour lui quelque chose de tendre, un reste de passion pure dans laquelle j'aimais parfois à me réfugier, mais le tourbillon enivrant qui m'entraînait ne me permit pas de rester longtemps attachée à une pensée que rien ne nourrissait. Gervais y resta comme un doux songe, et je m'abandonnai toute à l'attrait du présent.

Parmi les nouvelles connaissances que je dus faire pour me conformer aux usages de ma situation, je distinguai deux femmes ; l'une, Mlle Guimard ; la seconde, cette ancienne élève de Mme de Saint-Étienne, dont Eugénie Leclerc

A L'OPÉRA

(*d'après Moreau le jeune.*)

m'avait parlé. Camille était son nom; créature bizarre
autant qu'elle était belle (1) : l'un de ses caprices majeurs

---

(1) Il ne s'agit pas là de Camille, de la Comédie-Italienne, dont il sera
parlé plus loin.

était la haine qu'elle portait aux hommes, encore qu'elle parût avoir pour eux toutes sortes de bontés. Nous nous plûmes à la première vue et nous nous le dîmes avec franchise.

Elle avait beaucoup d'adorateurs; on la disait philosophe, et à cette époque la philosophie était tellement de mode, qu'une fille du monde retirait de grands avantages de s'enrôler sous ses bannières. C'était d'ailleurs le service le plus aisé de tous; on ne vous demandait que de railler la religion; on vous passait de croire en Dieu, pourvu que vous eussiez la bonne foi de convenir que Dieu n'existait pas. Ce point accordé, on vous abandonnait les autres; il en résultait une liberté de mœurs, une facilité de conduite très agréables. On avait pour soi les trompettes de la renommée, on était prônée, encouragée, soutenue par les hommes de la Cour et par les gens de lettres. Le plus sévère de ceux-ci s'intéressait aux aventures d'une demoiselle qui avait secoué le joug de la superstition, tandis qu'on laissait mourir à l'hôpital celle assez imbécile pour croire aux divins préceptes, que pourtant elle ne pratiquait pas. Le grave M. d'Alembert allait chez plus d'une des nôtres; on y voyait aussi M. Diderot. Celui-ci, échantillon de volcan humain, tout composé de fusées, d'étincelles, de tonnerre, à tel point sa conversation chaleureuse, piquante, spirituelle était semée de traits hardis et inattendus. C'était plaisir que de l'entendre parler lorsqu'il était à son aise, et ce qu'il appelait « franchement entre nous ». Alors son imagination pittoresque, variée, caustique, se donnait carrière, et chaque sujet, même des plus simples, prenait avec lui une physionomie particulière, où l'intérêt de la matière était embelli par le divertissant de la forme; les pensées sortaient de sa bouche en manière de déluge, il nous en noyait. C'était en outre un homme franc, sans arrière-malice, incapable de fausseté, et ne parlant mal des gens qu'à leur nez. Il n'était pas néanmoins d'un commerce sûr, à cause de sa vivacité étourdie, qui le poussait souvent à répéter ce qui compromettait les autres, sans que certainement il s'en doutât.

Ceux qui le voyaient l'aimaient, ses ennemis avaient la douleur de ne pouvoir lui refuser leur estime. C'était, disaient-ils, avoir une bonne forteresse dans le pays étranger. On s'arrachait ses moindres productions, c'était à qui aurait des copies de ses lettres, lorsque ceux qui les recevaient consentaient à en faire part. On sait combien fut courue celle qu'il écrivit à l'époque de la rupture de M. Bertin, trésorier des parties casuelles, avec Mlle Hus, charmante actrice de la Comédie-Française (1).

Cette rupture avait fait grand bruit; on s'occupait alors de si peu de chose! Les collets montés crièrent à l'indigne conduite de Mlle Hus, comme si, dans sa place, une passion ne devait pas être excusée. On paria pour ou contre un raccommodement entre le jaloux et la jolie actrice; il n'eut pas lieu. Mlle Hus, dont le mobilier valait plus de cinq cent mille livres, prit son mal en patience; les consolations ne lui manquèrent pas. Elle eut aussi à souffrir de mauvaises plaisanteries assez désagréables, entre autres celle que se

---

(1) Cette page est « classique ». M. Bertin avait installé Mlle Hus dans sa petite maison de Passy. Il venait un jour de quitter sa maîtresse, lorsqu'il eut l'idée de revenir le soir. Mlle Hus, pendant ses absences, recevait le maître des eaux de Passy, M. Vielard, « jeune homme bien fait, leste d'actions et de propos ». Il était là quand survint malencontreusement le financier. Le maître des eaux put se cacher pendant quelques heures, mais il finit par être découvert par M. Bertin. Mlle Hus avait débuté à la Comédie-Française en 1751 par le rôle de Zaïre et par celui d'Hermione. On lui dédiait ces vers :

> Jeune actrice, à qui Melpomène
> Sous la figure de Clairon,
> De l'art d'attendrir sur la scène
> Donna la première leçon.
> Poursuis ta carrière nouvelle.
> J'ai vu tes yeux; ils sauront me charmer.
> Pour y prétendre, il suffit d'être belle,
> Mais sois plus digne encor de ton modèle.
> C'est à la gloire à t'enflammer.
> Tes talents seuls te rendront immortelle.

Un rapport de police de 1760 qualifie Mlle Hus de « fort violente et très méchante ». Sa sœur, Mlle Hus cadette fit aussi quelque bruit dans le monde.

permit tout chaud à la suite de l'événement le malicieux Dauberval.

Une secrète colère l'animait contre Mlle Hus. Il avait voulu lui plaire et elle y avait répondu par une belle révérence. Il habitait également Passy, et dès que la rumeur lui eut appris la nouvelle du jour le voilà en pleine course vers Paris; il arrive, et d'abord se rend chez Brizard (1). Qui ne connaît cet acteur célèbre, au beau talent, augmenté des avantages physiques? Brizard jouait à la Comédie-Française les pères nobles avec un succès toujours croissant; aimé de tous ses camarades, il était en grande liaison d'amitié avec Mlle Hus, qui l'invitait à chaque fête dont elle amusait M. Bertin.

Dauberval lui dit : « Hé! cher seigneur, Mlle Hus vient de donner en grand une soirée charmante à ce bienheureux M. Bertin; tous les amis intimes y étaient invités; je ne vous y ai pas aperçu; seriez-vous brouillés ensemble? »

Brizard, surpris et piqué, s'étonne de l'oubli. Dauberval l'échauffe, le pousse, et Brizard, véritablement blessé, se rend à son tour chez la jolie jeune première. Il entame la conversation par des vagues propos, des allusions indirectes, tournées cependant de manière à amener une explication. Mlle Hus, n'ayant rien à dire, ne dit rien; Brizard, dont la mauvaise humeur augmente, rompt la glace, et dit enfin :

« Mais vous ne me parlez pas de la fête délicieuse que vous avez donnée hier à Passy a M. Bertin; il n'est bruit que de cela. »

Deux soufflets, rapidement appliqués sont la réponse de la demoiselle qui se croit insultée. Brizard, surpris au plus haut point, et craignant la récidive, s'empare de ses mains, en lui demandant si elle est folle.

---

(1) Brizard (1721-1791) comédien très estimé. Ce fut lui qui couronna Voltaire, en une représentation triomphale. Il y a sur lui mille anecdotes célèbres : « Il était si scrupuleux pour la vérité de ses costumes que, le jour de la première représentation d'*Œdipe chez Admète*, à Versailles, on lui apporta (c'était la Cour qui fournissait les costumes), un habit de satin bleu céleste ; Brizard le refusa et en prit un de laine qui était destiné pour des confidents ». Son sang-froid en scène était fameux.

*Réduction d'une ancienne affiche conservée dans les archives
de l'Opéra.*

« C'est vous qui êtes un insolent, assez osé pour venir
m'insulter chez moi. »

Le combat ayant devancé l'explication, celle-ci a lieu
enfin, et Brizard, honteux d'avoir été pris pour dupe, se voit
contraint à faire des excuses et à emporter les deux soufflets.

M. Bertin, de son côté, crut que la meilleure vengeance à
prendre de Mlle Hus serait d'appeler une autre personne à
recueillir sa succession, et ayant jeté les yeux autour de lui,
passa de la Comédie-Française à l'Opéra, et mit aux pieds de
Sophie Arnould, sa personne, qui était peu de chose, et sa
fortune, d'un plus grand prix.

Ici, il y avait un autre scandale. Le comte de Lauraguais
vivait en demi-mariage avec Mlle Arnould, il en résultait
l'effet ordinaire. Ce seigneur, en se mettant au lieu et place
de l'époux, en avait la méchante humeur, les mauvaises

façons et la jalousie. Les scènes qu'il multipliait en excédant Sophie, avaient fini par le lui rendre insupportable, elle soupirait après une occasion favorable de se délivrer de ce joug odieux.

Sur ces entrefaites, le comte de Lauraguais entreprend un voyage à Genève, il voulait consulter Voltaire sur une tragédie d'*Iphigénie en Tauride*, dont il communiquait le plan à tous ses amis. Son engoûment de ses productions était excessif. Il dit un jour à Diderot :

« Que pensez-vous de ma *Clytemnestre?* (une de ses tragédies mortes à leur naissance).

— Qu'il y a de beaux vers.

— Voltaire m'a écrit que son *Oreste* n'était qu'une froide déclamation, qu'une plate machine en comparaison.

— Il vous a écrit cela?

— Dix fois au lieu d'une.

— Oh! je proteste que le perfide n'en croit pas un mot.

— Eh bien! il a tort. »

Ainsi s'énonçait l'amour-propre naïf du comte de Lauraguais. Sophie Arnould me disait un jour de lui :

« Quand je l'ai à mes côtés, il me tracasse, il m'impatiente, il veut toujours parler.

— Faites-le sortir.

— Oh! non, j'aime mieux l'entendre parler que d'avoir à le lire. Lorsqu'il me quitte, il me laisse un de ses ouvrages : le moyen de ne pas, alors, le regretter? »

Peut-être parlait-elle ainsi dans un moment de colère; tant il y a qu'à l'époque dont il s'agit, ce voyage de Genève parut à Sophie un coup de la Providence, qui voulait l'aider à secouer un joug par trop pesant. Elle le laisse se mettre en route, et sitôt qu'elle le sait à Lyon, elle emballe dans son carrosse, aux armes du comte, les bijoux, les cadeaux qu'elle avait reçus de celui-ci. et jusques à deux enfants, tendres fruits de leur union si délicieuse. Sais-tu à qui tout est adressé? A la comtesse de Lauraguais en personne. Une lettre ainsi conçue accompagne cet envoi :

« Madame,

« Bien d'autrui ne profite pas. Je réalise le proverbe par l'embar-
« ras et l'ennui que je ressens de celui dont je vous ai privée.
« Repentante de ma faute, bien décidée à ne plus y retomber, je me
« défais de l'équipage et des autres présents qu'a bien voulu me
« faire le comte de Lauraguais, afin qu'en renonçant à sa personne,
« il n'accuse pas ma délicatesse. Je ne me réserve pas non plus les
« deux enfants ci-joints à ma lettre, attendu que je craindrais que
« leur présence ne me représentât trop vivement celui que je veux
« oublier à jamais. Lui, aime ses ouvrages, et il sera charmé, je le
« présume, de reprendre la double édition de celui-là : rarement
« passe-t-il la première. Je suis honteuse de m'adresser à vous;
« mais c'est vous qui êtes l'offensée, je n'espère donc qu'en votre
« générosité.

« Je suis, Madame, avec le plus profond respect, etc. »

Une copie de cette folle lettre à la main, Sophie Arnould
court trouver le comte de Saint-Florentin, ministre de la
maison du Roi, et lui apprend son équipée. Le comte se met
à rire, promet à l'insolente Arnould de la protéger en cas de
besoin, et s'en va régaler Louis XV de cette histoire. Elle
prend bien et amuse la Cour, notamment la marquise de
Pompadour, ennemie de M. de Lauraguais, dont la malice
ne l'avait pas respectée; elle fait dire, sous main, à Sophie,
de se tenir tranquille et qu'il ne lui arrivera rien.

Sophie n'accepta de cela que la moitié, et certaine que sa
démarche ne la conduirait pas en prison, elle fut moins rassurée touchant la manière dont le comte de Lauraguais se
conduirait : en conséquence elle disparut et se cacha. A
peine avait-elle pris ce parti, que voici venir l'amant furieux,
consterné et au désespoir. Tout en lui était blessé, son affection, son orgueil, son amour-propre; il va, vient, s'informe,
cherche dans tout Paris, demandant à chaque maison son infidèle, et ne s'arrêtant ni devant le ridicule de ses actes, ni
en présence des plaisanteries que d'abord il en obtint.

Peu à peu l'opinion se retourne vers lui. Les femmes
aiment toujours les hommes emportés par une passion véhé-
mente; on plaint celui-là, on blâme Sophie, dont les rivales
trouvent avec plaisir une occasion de se venger; dès lors

grande huée contre l'actrice. Cette manifestation de l'opinion publique calme subitement le comte ; il fait mieux ; il parvient à savoir où l'inconstante s'est retirée. Il va la trouver, lui déclare que ne voulant pas vivre avec elle contre sa volonté, il y renonce, et en même temps il lui remet un contrat de six mille livres de rente viagère.

Mlle Arnould, de son côté, se pique d'une noble générosité et refuse. Jusque-là tout se passe dans les règles et on n'a rien à dire, mais voici l'extraordinaire : Mme de Lauraguais s'avise d'intervenir, et non seulement pardonne à l'actrice sa lettre inconvenante, mais l'assure qu'elle prendra les deux enfants, qui seront élevés convenablement. Ici Sophie accepte, charmée, dit-elle à ses amies, qu'il ne lui restât de M. de Lauraguais que son souvenir, ce qui même n'est pas grand'chose.

Cette grande affaire s'achevait, lorsque survint la rupture de Mlle Hus avec M. Bertin. Le trésorier des parties casuelles, instruit par la rumeur publique que Mlle Arnould est à prendre, se propose, est accepté. Il paie les premiers frais d'établissement pour environ cent mille livres dépensées à propos, et néanmoins ne se croit pas (tant il sait bien vivre) propriétaire de sa nouvelle maîtresse avant d'avoir obtenu l'assentiment du comte de Lauraguais. Il écrit à ce seigneur une lettre qui lui vaut la réponse suivante :

« J'ai reçu, monsieur, avec reconnaissance, la communication de
« votre scrupule de conscience, relativement à la prise de possession
« de Mlle Arnould. Si on avait eu à votre égard une politesse
« pareille, vous n'auriez pas eu besoin de venir au secours de cette
« personne (allusion à l'aventure avec M. Vielard). Jouissez donc de
« votre acquisition, je n'ose vous promettre que ce sera sans trou-
« ble ; Mlle Arnould sait trop souvent le prix qu'elle vaut pour
« espérer qu'on ne la remettra pas à l'enchère avec le concours de
« sa volonté. Elle est charmante, chante à ravir, a une âme de feu,
« un corps à l'avenant. Vous apprendrez tout cela à vos périls et
« risques, mais aussi que vous aurez de doux moments auprès
« d'elle ! Elle fait oublier le temps et ne le perd jamais, je vous en
« avertis.

« Je suis, monsieur, etc. »

Ce persifflage, dont le comte donna pareillement force copies, fut la seule vengeance qu'il se permit. Il alla s'inscrire chez M. Bertin, et chez Mlle Arnould, se comporta avec toute la grâce maligne d'un grand seigneur; et puis se remit en voyage.

On devait s'attendre, après une rupture pareille, à ce que M. de Lauraguais renoncerait sans retour à son infidèle et parjure maîtresse; eh bien! cela ne fut pas ainsi. Peu de temps après ils se rapprochèrent, se querellèrent, se rapatrièrent, et le pauvre M. Bertin, une seconde fois, fut trahi avec pleine indignité. Il ne trouva personne pour le regretter et le comte de Lauraguais, au contraire, s'en alla partout, se plaignant du procédé peu honnête de M. Bertin, qui, à son tour, n'était pas venu se faire inscrire chez lui, Lauraguais, lors de sa rentrée en ménage avec Mlle Arnould; et il ajoutait plaisamment :

« Voyez à quoi sert d'être poli envers ceux qui sont incapables de profiter de nos exemples! »

VIII

ON ne tarda pas à beaucoup parler de moi. J'avais de la beauté : on me taxa de sottise; je me conduisais décemment : on me préta des aventures. Ceux dont je ne voulais pas, affirmèrent que j'en avais voulu. Le plus proche voisin de la calomnie, c'est l'amour-propre blessé. Ces mensonges, ces allégations, les contes répandus sur ma personne, loin d'écarter la foule, la conduisit plus nombreuse autour de moi; c'était à qui essaierait de me plaire. Les uns m'attaquaient par le cœur, les autres par les oreilles. Les cadeaux et les soupirs, les fêtes et les malices, rien ne me manquait; pas au moins les vers, j'avais constamment à ma suite cinq ou six poètes, gens à tout faire, qui m'encensaient ou me déchiraient tour à tour.

Colardeau (1) était du nombre. Il s'avisa de m'aimer; je ne fus pas d'humeur à lui rendre la pareille. Les élégies allèrent dès lors leur train et j'en fus à tel point fatiguée, que je me demandai si, pour les faire cesser, il ne conviendrait pas de faire un heureux de leur auteur. Mais je m'avisai que les chants du bonheur viendraient à la place; et, vers pour vers, il me parut plus agréable d'inspirer ceux où l'on me

---

(1) Colardeau, en ce temps de passades, fut capable d'une véritable passion. Il l'éprouva trois ans durant pour Marie Verrière. La rupture fut un

reprochait mes rigueurs. C'était une sorte de certificat très convenable à opposer aux gens assez téméraires pour affirmer que je ne mettais aucun de mes amants dans le cas de se désespérer.

Me voilà donc inflexible ; Colardeau de plus en plus amoureux, se plaint à la terre entière. On me parle pour lui ; je ris ; on insiste. Je demande qui me garantira les suites d'un pareil engagement ; c'était, certes, une plaisanterie faite sans arrière-pensée. De bons amis l'envenimèrent, et M. Dorat (1), qui se mêlait autant de tracasseries que de rimer, répéta que

---

coup de foudre pour elle, et, parmi tant de petits vers fades, il y a du désespoir dans les vers qu'il écrivait après cette séparation :

> Pourquoi, dans les moments de prestige et d'ivresse
> N'ai-je pu voir le piège où tombait ma faiblesse !
> J'aurais dû te connaître et pressentir, dès lors,
> Qu'un amour partagé s'éteint dans le remords.
> Que ton cœur, las d'un nœud qu'il croit illégitime,
> Pour le briser un jour, m'objecterait le crime...
> Quel crime, cependant !... Si c'en fut un pour toi
> De tromper mon rival et de trahir ta foi.
> C'en est un autre encor, mais plus grand, plus horrible,
> D'abuser lâchement d'une âme trop sensible,
> D'avoir troublé la paix dont tu sus m'arracher,
> D'abandonner un cœur que le tien vint chercher...

(1) « Un général de troupe légère », disait le chevalier de Bonnard, en parlant de Dorat qui fut, un moment le favori, la coqueluche de son temps. Il eut du moins l'incontestable grâce, qui lui tenait lieu de tout. « Va, écrivait-il à Bonnard,

> Va, nous servons sous la même bannière,
> Ton compagnon, ton ami, ton égal,
> Ainsi que toi, je marche en volontaire,
> Briguant tous deux dans une aimable guerre
> Le prix du cirque et les profits du bal,
> Le grand honneur qui naît d'un madrigal
> Et du plaisir la cocarde légère,
> On nous a vus aller, tant bien que mal,
> De Gnide au Pinde et du Pinde à Cythère...

Ce poète frivole, ce bel esprit, cet épicurien eut une fin stoïque. Il vit venir la mort, et, pour la bien recevoir, il se fit habiller, coiffer, poudrer, accommoder galamment. Sa maison était située rue d'Enfer. Son ami Colardeau n'était guère mort avec moins de tranquillité. Le poète Barthe était venu le voir et entendait lui lire une pièce. « Songez, mon ami, lui dit-il doucement, que je n'ai plus que quelques heures à vivre. — Hélas ! oui, fit Barthe, mais c'est justement pour cela que je serais bien aise de savoir encore ce que vous pensez de ma pièce. — C'est juste ! dit le moribond en

j'avais répondu que l'avis de mon médecin m'interdisait toute affaire de cœur avec Colardeau.

Celui-ci prend feu, et m'écrit une lettre insolente, je tranche le mot. Je réponds avec moins d'aigreur, et, de part et d'autre, nous ameutons Paris. Les partisans du poète soutiennent que je me hâte de récriminer, de peur qu'on ne se plaigne de mes faveurs, et M. Dorat, du ton le plus doux, s'avise de chanter que je suis le premier riche qui prête à de moins heureux.

Ce mot cruel fait fortune. Les rieurs passent dans le camp ennemi; je reste presque seule. C'est alors que je m'aperçois combien une conduite trop retenue a son désavantage. Mlle Le Clerc me dit à ce sujet :

« A qui la faute, si l'infamie de Dorat s'accrédite? A toi seule. Qui peut prendre ton parti avec connaissance de cause? Personne. On ne te connaît d'autre amant que ton vieux financier.

— Et l'univers entier que l'on y joint, m'écriai-je en pleurant en vraie insensée!

— Oh l'univers! c'est beaucoup de monde : en prouvant trop on ne prouve rien. Il vaudrait bien mieux qu'on désignât cinq, six, une douzaine environ d'amis intimes, gens d'honneur, et qui seraient en témoignage de l'excellence de ta santé. Ce n'est pas, toute réflexion faite, que nos jeunes seigneurs ne soient sujets à caution eux-mêmes, mais enfin, il vaut mieux courir la chance du réel que de subir les conséquences d'un mensonge dont on fait une honteuse vérité. »

Le ton grave que mit Eugénie à prononcer ce propos, me ramena à la gaieté, et je promis d'aviser sérieusement au

souriant. » Et il écouta la lecture des cinq actes. « Dorat, disent les *Mémoires de Fleury*, était l'homme de France qui savait le mieux combiner une harmonieuse opposition entre la couleur du frac et celle du gilet, qui entendait en maître l'assortiment d'une toilette, le bon air d'une coiffure et était doué du plus de tact pour l'embaumer des senteurs convenables, d'après certaines études à lui particulières. »

moyen de faire tomber ces méchancetés infernales. J'étais à
en chercher les moyens, lorsque Lettorière entra. Il se donnait depuis quelque temps le droit de venir chez moi sans
cérémonie, sans invitation, et dirais-je que je le voyais avec
plaisir? Il n'en était pas de même de Brigitte; elle en avait
fait sa bête noire, et, chaque fois qu'il paraissait, elle se sauvait en manière de chat fâché, et, lorsque nous nous retrou-
vions tête-à-tête, alors les querelles, les remontrances, les
prédictions fâcheuses ne manquaient pas.

Il eut été possible que, malgré les agaceries de Lettorière,
j'eusse donné peu de suite au caprice qu'il m'inspirait; mais
Brigitte était tellement excitée contre lui, elle m'en disait
tant de mal, que je finis par croire que je l'aimais à la folie.
Le seul moyen de combattre un amour naissant est de n'y
apporter aucun obstacle. Tel bûcher formé de bois vert ne
s'enflamme que parce qu'on le souffle : si on le laissait en
repos, le feu dont on l'a garni s'éteindrait au lieu de le
consumer.

J'étais donc dans des dispositions très favorables au beau
Lettorière lorsqu'il se présenta devant moi.

Je ne l'avais pas vu encore plus séduisant, et, à part sa
tournure, sa figure si gracieuse, si noble, si animée, il relevait le charme de sa personne par l'élégance de ses vêtements. Il rayonnait des pieds à la tête. Ses yeux brillants,
son sourire divin, ce je ne sais quoi qui plaît tant, tout en
faisait un homme bien dangereux.

Il m'aborda d'un air de familiarité affectueuse que je n'ai
vu qu'à lui; et, quand il l'employait, aucune femme ne s'avisait de songer que des formes plus respectueuses vaudraient
mieux. Il baisa ma main tandis que j'avais envie de lui
tendre la joue; puis il me dit :

« Voici deux jours que je brûle de venir vous proposer
de me rendre un service d'ami; un service qui, si vous me
l'accordez, vous assurera de ma parfaite reconnaissance. Ah!
n'est-il pas vrai, qu'un refus ne me consternera pas?

— Qu'est-ce? demandai-je, intriguée que j'étais d'ailleurs

par la tournure de cette phrase, et ne sachant trop ce qu'il me voulait. Si Brigitte avait été à ma place, elle se serait attendue à une attaque à ma cassette: je m'en tins à mille lieues. L'expérience me manquait, elle m'est venue depuis.

— Un parent, reprit Lettorière, un parent très respectable... ah! oui sans doute, et que je n'ai jamais connu, ayant ici-bas fourni sa carrière d'honnête homme, a été malheureusement saisi de la fantaisie du grand voyage; il s'en est allé à l'aide d'une attaque de goutte remontée dans la poitrine. Je l'ai pleuré, je le devais; mais je ne sais comment je me suis trouvé couché sur ses dernières dispositions pour une misérable somme de cent mille francs, qu'avant-hier on m'a compté... Il s'arrêta.

— Eh bien! dis-je, que puis-je faire à cela? y voyez-vous quelque malheur attaché?

— Cent mille francs, répondit-il, tout en or dans une boîte magnifique, et que j'ai placée au chevet de mon lit; je suis comme le savetier de la fable de La Fontaine, depuis qu'il est là, j'ai perdu le sommeil. En conséquence, je viens me jeter à vos pieds pour vous conjurer de m'aider promptement, et honorablement surtout, à dépêcher cette somme incommode.

— Incommode! fis-je en riant.

— Oui, sans doute, quant à moi je ne suis en paix et joyeux que lorsque je laisse au seul soin de mes créanciers, à pourvoir à mes nouveaux besoins... J'ai de la conscience au point que si je dois à plusieurs d'entre eux, je cherche à leur devoir toujours un peu plus, afin d'attacher éternellement leur fortune à la mienne. »

Le ton parfait, la gaîté sérieuse avec lesquels Lettorière débitait ces folies, m'amusa infiniment; et, ayant gardé un instant de silence, il reprit avec le même accent :

« Que vous semble de mon désespoir et de ma prière? En exauçant celle-ci, viendrez-vous me délivrer de celui-là?

— Mais, répliquai-je, vous me demandez chose impossible. Si je vous l'accordais, comment m'arrangerais-je avec le respectable M. Hocquart?

— Eh, grand Dieu! n'êtes vous pas lasse et de sa personne et de votre fidélité? N'est-ce pas de sa part un excès d'égoïsme, que de prétendre garder pour lui seul un bien si désiré de tous? Je vous apprendrai, si d'ailleurs vous ne soupçonnez pas encore, que cette constance dont vous vous piquez mal à propos, risque de vous couvrir d'un vernis de ridicule. »

Ceci rentrait trop dans le cercle de mes pensées secrètes, pour ne pas m'inspirer des réflexions sérieuses; il en résulta, qu'au lieu de répondre à Lettorière je tombai dans une méditation profonde. Il se douta de la cause qui m'occupait, et alors, se hasardant à m'embrasser avec une familiarité entière :

« N'est-il pas vrai mon ange, que ta haute sagesse se déterminera à me rendre heureux?

— Oh! nous n'en sommes pas là; répondis-je, piquée de ce tutoiement téméraire.

— En serions-nous encore si éloignés? repartit-il. Lorsque l'on se décide à une folie, il s'y faut porter soudainement avec autant de résolution que de philosophie. »

L'aisance, le persiflage, l'aplomb de Lettorière, me jetaient dans un étrange embarras; mon penchant était pour lui, et, toutefois, une lueur de raison m'éclairait sur la faute que j'allais commettre. J'hésitais, il devenait pressant. Je ne sais trop ce que j'allais répondre, ce que lui allait tenter, car il était au premier rang parmi les audacieux de son sexe, lorsque Brigitte parut tout à coup; je crois que je l'aurais battue de se montrer si mal à propos. Quant à Lettorière, au lieu d'en manifester la moindre gêne, il se tourna vers elle, et, avec un ton que je ne saurais décrire :

« Brigitte, dit-il, pardieu, tu es une femme charmante, de venir si à point pour m'éviter la peine de courir après toi, dans le grenier, où tu fais sans doute l'amour avec quelque honnête et robuste laquais de la maison. J'ai besoin de ton aide pour décider mademoiselle à dépêcher cent mille livres dont je suis furieusement embarrassé. »

Brigitte, déjà piquée du début de ce propos, et plus encore alarmée de ce que la fin lui laissait prévoir, et peu touchée d'une somme dont la mesquinerie lui était évidente, répondit précipitamment :

« Miséricorde ! Monsieur, est-il possible qu'un homme de votre rang vienne tenter une pauvre fille qui n'a, pour réussir dans le monde, que sa bonne conduite et ses vertus.

— La peste ! repartit Lettorière. Tu dois sentir qu'il s'agit ici de la nécessité où est Mademoiselle de se lancer un peu plus dans le monde, d'abord pour m'obliger, et ensuite pour faire taire certains bruits, dont sa délicatesse et la tienne doivent souffrir beaucoup.

— Monsieur, répliqua Brigitte, d'autant plus de mauvaise humeur qu'elle me voyait sourire, tout cela est bel et bon, mais...

— Mon cher cœur, dit Lettorière, en prenant Brigitte par le bras, en lui faisant faire la pirouette et en la poussant vers la porte, va-t'en à l'antichambre, ta place naturelle, et surtout ne m'échauffe pas les oreilles. »

Lettorière, en conséquence, s'approche de moi, m'embrasse avec une effronterie telle que j'en eus la parole coupée, puis me dit :

« Je souperai avec toi ; arrange la migraine d'usage, afin de ne pas me contraindre au désagrément de faire descendre l'escalier de vive force à l'honnête Hocquart. »

Brigitte fit un bond de terreur tellement naturel, que je ne pus retenir un long éclat de rire. Quant à Lettorière, il sortit sans ajouter rien. Dès que nous fûmes seules avec Brigitte :

« Oh ! s'écria-t-elle, j'avais raison de me méfier de ce filou, voyez un peu le misérable avec ses cent mille francs dont déjà peut-être il en a mangé soixante, et qui viendra nous affamer dans notre maison. »

Puis poursuivant, elle me trace un plan de défense militaire : je devais faire fermer la grande porte de la rue, celle de l'appartement, armer les laquais, invoquer le secours de mon protecteur, et mieux encore me sauver au moyen d'une prompte fuite. Mais à mesure qu'elle parlait, la froideur de mon silence la déconcertait de plus en plus; comprenant alors ma pensée secrète :

« Seriez-vous assez abandonnée de vous-même, dit-elle (car les formes respectueuses étaient revenues à cause de l'éclat de ma position), pour préférer ce gueux au solide M. Hocquart?

— Je ne sais trop ce que je dois faire, repartis-je, on me gronde de ma fidélité, elle inspire des propos fâcheux sur mon compte, et véritablement je me dois peut-être de saisir une occasion qui puisse les faire tomber. »

Cette réplique accabla Brigitte. « Eh quoi! s'écria-t-elle, est ce là le fruit de mes leçons? N'avez-vous pas eu assez d'amour avec Jacquot et Gervais, et vous en faut il encore avec un garnement mille fois plus dangereux? L'argent dont il vous parle est un appât dont il vous leurre. Il mangera avant peu tout ce que vous possédez. Au nom de Dieu, mademoiselle, ayez meilleur sens que cela ! »

L'emploi que cette créature faisait d'un nom sacré, pour en venir à une chose qui l'était si peu, ne fit pas diminuer ma gaîté ni changer ma détermination prise; je signifiai à Brigitte ma fantaisie de Lettorière, et mon envie de le rendre heureux.

M. Hocquart, en homme excellent, ne me fit qu'une visite de peu de minutes quand je lui eus annoncé ma déplorable migraine et partit en me prévenant qu'il m'enverrait Bordeu, son médecin (1).

M. Hocquart retiré, je donnai des ordres au chef de ma cuisine afin qu'un souper délicieux fût servi vers onze heures; puis je me mis, en vraie sotte, à attendre Lettorière, au lieu de sortir et de me distraire; j'étais sous la magie d'un premier caprice, et il fallait que je le suivisse dans ses dive ses périodes.

J'avais espéré que Lettorière viendrait de bonne heure, aussi, avant la nuit m'étais-je défaite de M. Hocquart... Le temps s'écoula, et je restai seule; je commençai à prendre de l'impatience, l'humeur vint à la suite, puis le dépit, et enfin j'atteignais à la colère lorsque Lettorière me fut annoncé; j'étais si furieuse que je l'aurai battu, et lui, radieux, tranquille, s'excusa légèrement sur la nécessité où il s'était trouvé de faire auprès de la maréchale de Luxembourg un service d'étiquette, en l'accompagnant chez la marquise du Deffant.

« Je viens, dit-il, d'être mis au supplice entre deux vieilles femmes aimables et méchantes, elles ont en moins de rien déchiré gaillardement la Cour et la ville, sans m'épargner moi-même, et néanmoins j'étais présent. »

Il partit de là pour me raconter une foule d'anecdotes, d'épigrammes, de malices sur des femmes de haut rang, sur

---

(1) Bordeu (1722-1776) fut le médecin à la mode durant quelques années, c'était en même temps un homme de grande science, qui pressentit nombre de vérités devenues des lois fondamentales de la médecine. Ses succès avaient déchaîné contre lui les colères de ses confrères, et ce galant homme eut à se disculper de l'accusation, tout absurde qu'elle fût, d'avoir dévalisé un de ses malades. Il triompha de ses calomniateurs, mais non tout de suite. Bordeu eût voulu qu'on fît l'autopsie de Louis XV; on sait que l'on se contenta d'ensevelir son corps « dans un taffetas ciré bien garni de poudres aromatiques ».

des princes, des grands seigneurs; ce fut une galerie fort amusante qu'il me fit parcourir, et il ne tarda pas à ramener chez moi la bonne humeur.

« Je vous croyais, dis-je, avec une de vos maîtresses.

— Oh! s'écria-t-il, l'atroce pensée, moi aujourd'hui à d'autres qu'à toi : c'est me supposer peu d'amour. Hier ou demain, à la bonne heure. »

La franchise de cette impertinence m'amusa : je répondis sur le même ton; nous soupâmes à ravir. Lettorière fut charmant, je tâchai de lui répondre. Il était au delà de minuit lorsque nous passâmes dans ma chambre. Je ne sais pas par quelle retenue de petite fille j'avais envoyé ce soir-là se coucher avant moi les femmes de mon service; je voulais que leur présence ne me tourmentât pas.

Lettorière prétendit qu'il remplirait leur office; et tout en me déshabillant débitait des folies qui me faisaient rire aux éclats; lui-même s'était accommodé d'un bonnet de nuit de M. Hocquart, qui se rencontra là par un hasard très extraordinaire; il l'attacha sur sa tête avec un beau ruban bleu de ciel glacé d'argent, prit la robe de chambre du fermier général, taillée dans un lampas rouge à fleurs d'or et se plut à imiter les formes un peu lourdes de mon protecteur; nous faisions un vrai tapage d'enfant, fort capable de nous distraire de tout autre bruit, lorsque j'entendis tourner le bouton de la porte principale que j'avais oublié de fermer comme cela aurait dû être fait d'abord : je me retournai avec impatience pour gronder celui de mes gens qui se présentait à une heure si peu convenable; c'était bien un de mes laquais, ne venant pas là pour son compte, mais bien pour celui de M. Hocquart, qui, sur ses pas, fit son entrée suivie du docteur Bordeu.

Jamais coup de théâtre ne fut pareil, je poussai un cri, et ma stupéfaction, et mon chagrin, et ma confusion ne peuvent être conçues qu'imparfaitement; je n'essayerai pas de peindre le jeu de physionomie du fermier général, celui de Lettorière, et jusques à la surprise du célèbre médecin. Nous demeurâmes tous les quatre immobiles et silencieux; ce fut pour peu de temps, car Lettorière, avec cette aisance impertinente qui ne l'abandonnait jamais, s'avançant un fauteuil à la main, et se donnant les airs d'un vrai maître de maison :

« Eh! messieurs, dit-il, d'un ton parfait, comment pouvez-vous être assez cérémonieux pour attendre que je vous offre un siège : de grâce veuillez vous asseoir.

— Monsieur... Mademoiselle... balbutia le pauvre M. Hocquart, tout à la fois en belle rage et honteux de sa position... J'avoue que je ne m'attendais pas...

— A me trouver ici, répondit Lettorière; c'était néanmoins dans les choses possibles, et même probables. Je suis installé sans façon dans votre bonnet de nuit, et dans votre robe de chambre; s'il vous plaît d'en faire autant avec mon habit et mon chapeau, je vous en laisse le maître, et vous me feriez plaisir d'en essayer, parce que j'en acquerrai la preuve que vous êtes sans rancune, ce qui me rendrait heureux.

— Et vous, mademoiselle, qui feignez une maladie, vous pour qui je vais chercher dans tout Paris M. Bordeu...

— Eh! monsieur Hocquart, repartit Lettorière, toujours avec un sang-froid propre à le faire déchirer à belles dents, pouvez-vous laisser seule une pauvre fille souffrante? Son état m'a fait pitié; je me dispose à lui tenir lieu de garde-malade, et je me flatte que ma conduite dans cette profession déterminera le docteur Bordeu, à me recommander à ses patients, et à ses connaissances. »

Quelque désir que ce médecin eût de conserver une neutralité convenable à son caractère et à sa position, il lui fut impossible de retenir la gaîté communicative qui s'empara de lui; elle exaspéra le fermier général qui, élevant la voix :

« Mademoiselle... Mademoiselle... je présume que désormais vous ne me jugerez pas assez sot...

— Monsieur, apaisez-vous, dit Lettorière, votre réputation est complète, et sur ce point soyez tranquille; mais faites attention que dans la chambre d'une malade tout éclat de paroles est interdit, et qu'en ma qualité de garde je m'opposerai à du tapage, dont maintenant vous n'apprécieriez pas aussi bien l'inconvenance. Quant à vous, Monsieur Bordeu, je réponds de la santé de mademoiselle, et demain je passerai chez vous pour prendre l'ordonnance que vous aurez rédigée, et vous remercier de vos soins. »

Lettorière, en prononçant ces mots, fit un pas comme pour reconduire ces messieurs. M. Hocquart, entrainé par la colère, essaya un demi-geste que le médecin arrêta avec beaucoup de sagesse, et que Lettorière, par grandeur d'âme, voulut bien ne pas apercevoir.

Bordeu en même temps dit à M. Hocquart :

« C'est vous qui m'avez amené, ne me faites pas faire le docteur de campagne, ce sera vous qui me reconduirez ; allons, Monsieur, de la philosophie : êtes-vous celui qui perdez le plus à ceci? (1). »

M. Hocquart se laissa mener en enfant hors d'état de se guider soi-même. Lettorière, toujours dans son rôle, dit à mon laquais :

« Saint-Jean, éclairez ces messieurs... Messieurs, je suis au désespoir que mon costume accidentel me prive de vous rendre les honneurs que je vous dois ; mais, vu l'état de mademoiselle, je suis obligé de me consacrer uniquement à son service. »

Il les salue, ferme pour cette fois la porte à double tour ; puis, se tournant vers moi, toujours immobile et confondue, vers moi, accablée de honte, de regret peut-être et qui, pendant la durée de cette scène rapide, n'avais osé ni ouvrir la bouche, ni faire un geste, ni lever les yeux :

« Ma toute belle, me dit-il, ces messieurs vont aller se coucher, leur exemple est bon à suivre, ne le retardons pas ; à cette nuit le plaisir, à demain les affaires. »

-----

(1) La même mésaventure était déjà arrivée à M. Hocquart avec Mlle Fleury, qu'il surprit avec le comte de Rochefort. Mais Mlle Fleury avait si opiniâtrement soutenu qu'elle se défendait héroïquement contre les entreprises du comte, que le financier avait « avalé la pilule ». (*Rapports des Inspecteurs de police*, 2e série.)

IX

JE vous assure, ma chère, me dit Lettorière, que je ne don-
nerais pas, à votre place, ce qui vient de se passer hier
au soir pour une grosse somme. D'abord vous n'êtes plus
obligée de feindre vis-à-vis d'un galant homme à qui vous
devez de la reconnaissance et des égards; ensuite le bruit qui
en résultera attirera sur vous l'attention de toute la bonne
compagnie.

— Comment, le bruit? J'espère, dis-je, que nul ne le
saura; la profession de M. Bordeu lui commande la discrétion, et le dépit de l'autre le retiendra dans le silence.

— Et moi, repartit Lettorière, pour quoi me compter?
Êtes-vous assez simple pour imaginer que je resterai bouche
close sur une aventure aussi piquante? Non, parbleu, il n'en
sera rien; j'ai dix ou douze intimes avec lesquels nous faisons
échange d'anecdotes, Louvois, Sennectaire, Chabrillant,
Montmorenci, Guéméné et le reste. Je tiens trop à leur
amitié pour leur taire les événements d'hier, et, en conséquence, je vais loyalement courir après eux pour les leur
apprendre. »

J'eus beau dire, Lettorière n'en démordit pas; il me quitta
le lendemain après m'avoir enjoint de ne diminuer en rien
le train de ma maison. Il croyait, ce bel ami, cent mille
livres une somme inépuisable. A peine eut-il tourné le dos,
que parut Brigitte, Brigitte éplorée, mourante, véritable
messagère des trépassés. Il me fallut essuyer ses doléances,

ses plaintes, ses reproches : j'avais tué la poule aux œufs d'or, je m'étais égorgée du même coup ; et avant peu, on me ramasserait sur le fumier où je serais tombée ; elle prétendait me forcer à implorer mon pardon de la part de M. Hocquart, à renvoyer lestement mon Lettorière.

« Qu'en as-tu besoin davantage ? me dit-elle ; vivrais-tu dix ans avec lui, que ce serait toujours la même chose.

— Hélas ! répondis-je, que la même chose dure pendant dix ans, et je ne demande pas mieux. »

Brigitte me qualifia d'insensée, de créature sans sagesse ; elle en dit tant que, lassée dans ma patience, je pris le parti de l'envoyer promener, ajoutant que, si mon service ne lui convenait plus, je choisirais, parmi d'autres confidentes que Lettorière mettrait volontiers à ma disposition. Cette manière nouvelle et rude de soutenir la dispute en imposa à Brigitte ; elle sentit qu'à mesure que je me formerais au monde je serais moins disposée à me soumettre à ses volontés. En conséquence, se rejetant sur le zèle de mon service, sur l'amour de ma personne, elle déclara qu'à moins d'être chassée, elle ne se déciderait jamais à se séparer de moi.

Puis je me mis à écrire à M. Hocquart ; non pour implorer sa pitié, mais pour lui faire mes excuses : je l'assurai de mon attachement sincère, et lui offrit de l'amitié sans fin à la place de cet amour qui ne pouvait jamais être de longue durée. Ma lettre était simple, sans raillerie apparente, sans persiflage sous-entendu ; elle plut au fermier général. Il me fit une réponse honnête, et eut la bienveillance de dire publiquement qu'il était très satisfait de moi ; c'était, il faut en convenir, se contenter de peu de chose.

Lettorière mit quelque vanité à m'afficher comme lui appartenant. J'étais, de mon côté, fière de pouvoir me montrer en la compagnie d'un seigneur aussi couru, et que les dames de haute volée s'arrachaient. Je savais qu'il en était une, fille d'un duc et pair, alors très occupée de lui plaire, et que mon bonheur devait tourmenter. Cela me tracassait peu, et j'étais enorgueillie de l'emporter sur une personne qui joignait d'ailleurs l'esprit et la beauté à la prééminence de son rang.

Ma liaison avec Lettorière rehaussa mes actions. Je m'en aperçus à l'importance que j'avais chez Mme de Saint-Étienne dont je fréquentais toujours la maison ; je revis là les demoiselles Verrière, qui certes ne me reconnurent pas pour la petite fille dont, quelques années auparavant, elles avaient admiré la beauté naissante. Je me retins de le leur rappeler, et je fus invitée en cérémonie aux soirées brillantes et aux soirées dramatiques qu'elles donnaient.

Le prince de Soubise, tant que j'avais été sous la protection de M. Hocquart, bien qu'il eût rodé autour de moi, soit à l'Opéra, soit chez Mme de Saint-Étienne, ne m'avait jamais invitée aux soupers de sa petite maison, mais aussitôt que j'eus été anoblie, il n'en fit faute, et je trouvai là brillante compagnie : outre celles dont j'ai déjà parlé, je vis plusieurs actrices de la Comédie-Française, Mlle Hipolyte Clairon (1) en tête de la tragédie, qui aurait tenu le premier rang si la Dumesnil eût déjà disparu de la scène. La première, à part son talent de Melpomène, avait une célébrité justement méritée par le nombre et l'éclat de ses aventures galantes. Attachée, à cette époque, au comte de Valbelles, elle se reposait sur ses myrtes et ses lauriers ; elle était bien ; ses admirateurs la trouvaient belle, mais ce qui la rendait fort ridicule, était sa majestueuse fierté, sa représentation théâtrale continuée dans les formes ordinaires de la vie : on aurait dit d'une reine. Aussi Sophie Arnould disait d'elle :

« Je gage qu'elle fait Sémiramis dans les bras de son porteur d'eau. »

Cette majesté peu agréable ne réussissait pas toujours à procurer à Clairon les respects dont elle était si avide. Gâtée par la flatterie de Voltaire et des grands seigneurs, adulée

____

(1) Les *Rapports des inspecteurs de police* font mention des « élèves » formées non pas seulement à l'art tragique par Mlle Clairon : Mlle Brida Mlle Pinet, etc.

au point qu'on frappa une médaille en son honneur, et que le roi fit graver à ses frais le portrait de Clairon dans le rôle de Médée, il arrivait parfois que des méchancetés infernales rabaissassent terre à terre cette actrice qui aspirait toujours à se maintenir sur son trône.

Je rencontrai en outre chez le prince de Soubise feu Mlle Gaussin, fantôme encore tenant à la vie, véritable ruine qui existait en dépit de l'âge, et qui ne pouvait se déterminer à prendre sa retraite du monde où elle s'obstinait à vouloir demeurer, quoique le monde la repoussât ainsi que naguère l'avait fait le théâtre. On parlait de son ancien talent, de sa figure autrefois charmante, de sa naïveté si franche ; on citait en preuve ce propos à une de ses amies, qui lui reprochait la multiplicité de ses complaisances : « Hélas ! cela leur fait tant de plaisir et à moi si peu de peine (1). »

En dehors de la Comédie-Française plusieurs autres demoiselles à réputation prenaient part aux soupers du prince, et celles-là n'avaient pas moins de valeur, c'étaient Mlle Deschamps, Mlle Le Clerc, mon amie, la superbe et impérieuse Camille, Mlle Guimard, la favorite de son altesse domestique, comme disait plaisamment le chevalier de Rességuier, à propos des titres et qualifications princières prises par les maisons de Rohan et de Bouillon.

On s'amusait beaucoup dans ces réunions intimes ; on passait délicieusement le temps ; on y parlait de tout, voire d'autre chose que de ce qui était futile. Mais on ne laissait pas, bien entendu, de s'occuper des menus scandales du jour. Telle l'aventure de Mlle Dolcy.

Cette nymphe, perdue dans la foule des choristes de l'Opéra, raffolait le public par ses grâces : elle plaisait à la scène, et son bon caractère lui attirait une foule d'amis. Un beau matin, se présenta chez elle un véritable écolier, homme

---

(1) On sait que, sur le tard, Mlle Gaussin épousa un obscur figurant dans les ballets du Théâtre-Français, Italien d'origine et portant le nom bizarre de Taolaigo. « L'unique satisfaction qu'il lui causa fut de la laisser veuve après six années d'enfer conjugal. »

bien né toutefois, qui se dit amoureux à outrance, et qui accompagna sa déclaration du cadeau modeste d'une montre enrichie de brillants. Elle, en fille d'honneur, rendit à l'écolier la monnaie de sa pièce et se crut très en droit de retenir celle-ci.

Mais il y a des gens d'une humeur tellement difficile, qu'on ne sait par où les prendre et comment les contenter; il s'en trouva de pareils dans la famille de l'adolescent, et, sous prétexte que la malencontreuse montre, bien que par effet de substitution, elle dut un jour revenir à celui-ci, appartint momentanément à son aïeule, on eut l'indélicatesse de revenir sur un marché loyalement conclu et non moins honnêtement exécuté; encore si on s'était contenté de reprendre le bijou à Mlle Dolcy sans la dédommager du prix qu'elle l'avait payé; mais on alla plus loin; et de la part du lieutenant de police, on la conduisit à Sainte-Pélagie.

Ce fut un scandale majeur. Mais, disait-on en riant, pour Mlle Dolcy, à quoi pouvait-elle reconnaître la minorité positive de son jeune soupirant? Elle jurait au contraire ses grands dieux qu'elle l'avait trouvé en majorité pleine, et que sur ce point elle était aussi compétente pour le décider que le premier jurisconsulte de France; elle eut beau dire, on la coffra pour quelque temps.

Mon service continuait avec le beau Lettorière. Je nageais au sein de l'abondance, et, comme lui, imaginant que cent mille francs ne devaient jamais avoir de fin. Nous les achevâmes pourtant, et assez vite encore, mais nous n'en fûmes pas avertis d'abord, parce que les fournisseurs prenaient patience dans l'espoir que nous ne tarderions pas à nous occuper d'eux.

Mais le moyen de songer à payer ses dettes, lorsque l'on a encore les facilités de les augmenter! Nous allions toujours, Lettorière avec l'habitude d'un homme à qui les créanciers sont indifférents, moi avec l'ignorance des affaires. J'avais déjà perdu, dans ma splendeur présente, le souvenir des jours passés dans l'infortune avec Gervais.

Cependant il me revenait de temps à autre quelques symptômes de changement de position : les ouvriers étaient moins humbles, mes domestiques moins respectueux; Brigitte me tutoyait presque en compagnie; il m'arrivait d'être maussade, et Lettorière commençait à être moins amusant : c'étaient sans doute les avant-coureurs de la catastrophe. Lorsque, après un dîner mal servi, point délicat, et mangé en silence, tête-à-tête, mon amant et moi, lorsque dis-je, nous fûmes rentrés dans le salon, lui, se renversant à demi sur une ottomane :

« Je vais mourir, s'écria-t-il, ne suis-je pas même mort, mon ange, car, à vrai dire, vous devez vous en apercevoir.

— Il me semble pourtant que vous êtes plein de vie.

— Non certes, et la preuve en est que je me sens le cœur horriblement vide... là... comme la bourse, ajouta-t-il d'un ton plus bas... Oui, cher amour, je suis à sec, sans un louis, une obole, sans moyen surtout de faire de l'argent; dès lors tant vaut aller rejoindre ses pères, et, si je n'y vais pas subito, c'est par suite de l'attachement que je te porte.

— Avez-vous déjà mangé cent mille livres?

— Mangé! dévoré; car nous avons vécu en prince; pourquoi cela n'a-t-il pas duré plus longtemps?

— Qu'allons-nous devenir? demandai-je.

— N'as-tu de ton côté aucun bois pour faire des flèches?

— Quelques louis sont dans ma bourse; dix ou douze environ.

— Miséricorde! autant vaudraient dix ou douze deniers; mais enfin il y a des diamants dans ton écrin et de la vaisselle dans le buffet. Lorsque la tempête est extrême, on sauve le navire en l'allégeant. »

La comparaison était si vraie, qu'elle augmenta mon hilarité. Je courus au coffre où je tenais mes bijoux, et en ayant retiré un médaillon et une agrafe, présent du prince Altieri, je les remis à Lettorière, en lui disant qu'il tâchât de s'en procurer la valeur.

« Non pas, s'il vous plaît, non pas, mademoiselle, ré-

pliqua-t-il ; je ne veux en aucune sorte toucher à vos effets.
J'ai besoin d'argent, je vous en emprunte et je ne vous
dépouille pas. Vous en manquez ainsi que moi, et votre
générosité, tenant néanmoins à m'obliger, s'obstine, et,
pour trouver la somme, se décide à mettre en gage des
pierres blanches ou de couleur. L'usage, en pareil cas, est
que la généreuse consomme l'œuvre elle-même, et se rende
chez quelque honnête prêteuse sur gage, afin que celui que
l'on oblige n'ait pas la honte du bienfait. »

J'en étais au point d'écouter ce glorieux seigneur à l'égard
d'un oracle ; et, me mettant à l'embrasser avec vivacité :

« Et comment se nomme cette personne? demandai-je,
et où demeure-t-elle?

— Dans le plus horrible lieu du monde, en un vrai
coupe-gorge d'aspect, et qui sert d'enseigne à l'assassinat
positif qui a toujours lieu dans l'intérieur de la maison, rue
des Marmouzets, en la Cité, et elle est connue sous le nom
de Mme Saubier. »

Les chevaux ayant été mis à la voiture de Lettorière, nous
partîmes. Nous dûmes laisser notre carrosse auprès du Palais
et faire pédestrement le reste de la route, aucun carrosse
n'ayant jamais pu rouler de mémoire d'homme dans ce centre
infect de la capitale. Enfin avec l'aide de deux ou trois indications, nous arrivâmes à la porte de la dame Saubier.

Sa maison me parut un peu moins affreuse que les voisines. Nous eûmes à monter, ou à grimper plutôt, un escalier droit et raide, mal éclairé, tremblant sous nos pas :
l'étrange demeure pour qui aurait pu ailleurs se procurer ses
aises ! il ne faut pas disputer des goûts.

Dès que nous eûmes atteint le premier étage, voici que
Lettorière se mit à crier : « Dame Saubier! dame Saubier!
accourez tôt, il vous vient des pratiques! » et, en s'annon-
çant ainsi, il frappait le plancher de sa canne. Soudainement nous entendîmes six ou sept chiens aboyer de grand
goût, des perroquets jurer, des chats miauler en prenant la
fuite, et une voix aigre, discordante, s'élever par-dessus

ce tapage, et maudire celui qui, sans respect pour sa personne, troublait ainsi le repos de sa maison.

Lettorière se laissa prendre à un violent accès de rire, et moi, que le son de cette voix atteignit au cœur, je m'arrêtai tout effarée.

« Allons-nous-en, dis-je, je suis perdue.

— Nous serions pis, si nous revenions sans argent ! »

Et, de plus belle, il recommença son charivari en défiant la sorcière... La sorcière parut enfin ; mon cœur ne m'avait pas trompée... c'était ma respectable et chère tante Duval.

« Est-ce bien possible, monsieur le marquis, dit la Duval, que vous preniez plaisir à tout casser, à tout épouvanter dans une maison tranquille et bien tenue où l'on vit dans la crainte de Dieu et l'affection des gens de bien.

— Au tapage infernal de tes bêtes, repartit Lettorière, j'ai cru, dame Saubier, que tu tenais un sabbat au petit pied. Fais donc taire tes maudits chiens et ton perroquet, ne vois-tu pas que je conduis dans ce dédale horrible une femme charmante sur laquelle a soufflé un vent de malheur et qui vient te demander quelques sacs d'écus en retour de méchantes pierres dont tu apprécieras la valeur. »

Ma parente, pendant ce dialogue, essayait de voir ma figure et était avantageusement placée pour satisfaire cette fantaisie à cause du dernier rayon du jour qui frappait lumineusement sur mes traits. Je me détournais à demi, mais mes efforts furent inutiles ; Lettorière détermina le moment fatal en me disant de montrer à la Saubier les diamants que j'apportais, et aussitôt il se recula afin de se maintenir dans un rôle apparent de neutralité fière. Dès que ma tante eut entendu le son de ma voix, la sienne s'élevant au ton de l'exclamation :

« Sainte Vierge, s'écria-t-elle, que tous les Saints du paradis me soient en aide ; c'est ma nièce qui est ici !

— Madame, vous vous méprenez.

— Je me méprends, drôlesse et coquine ! Viens çà que je te confonde. »

Et en disant ceci elle me saisit brusquement par les deux mains, m'attira vers la croisée et là me fit subir un examen de conviction qui la confirma pleinement dans l'exactitude de sa découverte, assurée en outre, par ma rougeur, ma confusion, mon effroi et les larmes involontaires dont mes yeux se remplirent.

« Misérable ! poursuivit la Duval, cœur dénaturé qui m'a enlevé un profit légitime ! ingrate, que la crainte de Dieu...

— Eh ! ma tante, puisqu'il vous plait que je sois votre nièce, répliquai-je enfin violemment irritée des expressions qu'elle employait, elle était belle, la crainte de Dieu qui faisait que vous me vendiez à un archevèque !

— Tu calomnieras ta bienfaitrice ?

— Je dirai la vérité.

— Va, va, je saurai te punir, et maintenant que je te trouve embellie et bien nippée, tu ne m'échapperas plus.

— Cela vous plait à dire, mais je me moque de vous; mon chemin est fait, je suis encataloguée, et certes le roi ne vous cédera pas ma tutelle; il sait, d'ailleurs, si je lui fais honneur.

— Encataloguée ! repartit ma tante en poussant un profond soupir, provenant de sa haute connaissance des privilèges d'émancipation que le régime de l'Opéra accordait à ses membres, est-ce bien possible !... N'importe, tu es trop jeune pour te diriger et j'aurai de droit la surveillance de ta conduite.

— Dieu m'en garde !

— Je la prendrai.

— Non.

— Si...

— Eh ! qu'est-ce donc? s'avisa enfin de dire Lettorière qui, aux premiers mots de notre reconnaissance si particulière, s'était rapproché de nous en déguisant mal les éclats de sa gaité, je crois, Dieu me pardonne que j'ai eu le bonheur de rapprocher deux membres de la même famille.

— Monsieur, dit la Duval, c'est ma nièce, la propre enfant de ma sœur et ce titre...

— Est incontestable, répliqua Lettorière en affectant une gravité comique.

— Tu entends, monsieur, dit la Duval déjà joyeuse.

— Oui, reprit mon amant, titre incontestable; mais pour ce qui touche du fait de ta nièce ou de ses diamants, garde-toi de prétendre à la moindre autorité. Ces diamants lui appartiennent, elle s'en défait momentanément par générosité toute pure, et si tu t'avises de les retenir sans droit, outre le feu qu'en débutant je mettrai à la maison, je trouverai bien encore le moyen de t'envoyer finir tes jours à Bicêtre ou en toute autre demeure semblable. »

La Duval était à peindre par l'expression de consternation douloureuse que prenait sa physionomie à mesure que Lettorière parlait.

« Ma chère nièce, si tu savais...

— Paix! As-tu de l'or à nous donner? interrompit Lettorière, sinon nous irons ailleurs... »

Ma tante, avec une expression de douleur avaricieuse, se mit à examiner mes diamants sous tous leurs aspects possibles, les essuya, les pesa, et s'étant assurée de leur valeur, me dit :

« Mon enfant, c'est parce que je t'aime et à cause que tu dois être mon héritière que je vais te prêter là-dessus jusqu'à mon dernier sou et voici mille écus....

— Mille diables en retour qui t'étranglent! repartit Lettorière indigné; comment, hideuse harpie, 1 000 écus de ce qui en vaut 6 000! Compte-nous 12 000 francs, ou nous allons aller chez ton voisin Simoneau qui aura plus de conscience. »

Ma tante, à ces dernières paroles de Lettorière, poussant un profond soupir, nous tourna le dos et s'en alla dans un arrière-cabinet dont elle ferma la porte sur elle. Là nous entendîmes un grand bruit de clés et de cadenas, ensuite le son de l'or qu'elle compta, recompta avec lenteur et une attention désespérante; enfin elle revint portant la somme

renfermée dans un sac de peau, prit mes diamants, les exa-
mina avec plus d'attention encore et, saisissant le moment
où Lettorière vérifiait la somme exigée, me dit à l'oreille :

« Si on veut te rendre ces bijoux, envoie ici les amateurs,
je te donnerai vingt-cinq louis en plus. »

Ce ne fut, pendant le retour, que plaisanteries de sa part et
bouderie de la mienne. Je trouvais qu'il ne m'avait guère
mieux traitée qu'il n'avait agi envers ma tante et je ne pouvais m'empêcher de craindre mes rapports avec celle-ci.
Lettorière, charmé d'avoir de l'argent frais, avait retrouvé
toute sa gaîté; il m'entraîna le soir même à la Comédie-Italienne : c'était alors un théâtre double pour ainsi dire et composé de deux troupes, celle qui donnait son nom à la salle
et celle de l'Opéra-Comique qui, merveilleusement composée, réunissait une élite d'acteurs et d'actrices investis de la
faveur du public.

Carlin passait pour un très grand arlequin (1); il était fait

----

(1) Carlo-Antonio Bertinazzi, dit Carlin (1713-1783). Il débuta à Paris, à
la Comédie-Italienne, où il devait tenir une si grande place en 1741. On
s'aperçut bien qu'il était malaisé de le remplacer quand on fit venir d'Italie
Corali pour le doubler. Voici, à l'époque où nous reportent les *Souvenirs*,
quel était l'état de la Comédie-Italienne.

MM. Carlin, Bertinazzi, Zanizzi, Colalto (Pantalon), Le Ruette, Clairval,
Véronèse, Trial, Nainville, Camera (Scapin), Julien, Suin, Narbonne.

Acteurs à pension : MM. Desbrosses, Thomassin, Touvois, Gaillard, De-
mery, Roussel, Désormery, Mosel, Leclerc.

Actrices : Mlles Desglands, La Ruette, Bérard, Beaupré, Trial, Zameini,
Billioni, Moulinghem, Colombe.

Actrices à pension : Mlles Bacelli, Gault, Lefèvre, Gaillard, du Fayete.

Danse : Directeur de ballets : M. de Hesse.

Premiers danseurs : MM. Berquelaure, Harmoire.

Danseurs figurants : MM. Rousseau, Adenet, Gaillet, Le Dée, Frédéric,
Boyer, Blanche, Boucher, Riou.

Premières danseuses : les deux demoiselles Lefèvre et Harmoire.

Danseuses figurantes : Mlles Colombe, Greneau, Leclerc l'aînée, Leclerc
cadette, Courtois, Cadette, Léger, Carré.

Orchestre : M. Le Bel, musicien ordinaire du roi.

« On vient de faire de nouveaux règlements de la Comédie-Italienne,
imprimés en 3 volumes in-16 en forme d'almanach; c'est un catéchisme
pour les acteurs, danseurs, gagistes et tout le *bataclan*. Dans un des articles, il
est défendu très expressément à toute danseuse, de quelque condition qu'elle

LA RUE DES MARMOUSETS EN LA CITÉ

(d'après une lithog. de Regnier).

(Collection de M. G. Hartmann.)

pour dérider les fronts nébuleux, on lui trouvait de la fécondité, beaucoup de variété dans ses lazzis, une souplesse étonnante dans son jeu; il provoquait, malgré qu'on en eût, la grosse gaîté.

De Hesse (1) était acteur, valet de premier ordre, il sentait à merveille la chorégraphie; nous trouvions dans Pochard un chanteur agréable; La Ruette réparait à force d'art la nature la plus ingrate; c'était un musicien consommé, etc.

Clairval (2), qui jouait les jeunes premiers, avait une voix délicieuse et un jeu à l'avenant. Ses succès sur la scène étaient supérieurs peut-être à ceux qu'il obtenait dans le monde auprès des dames; plusieurs de celles de la Cour n'avaient pas caché la passion qu'il inspirait; on citait d'elles des traits étranges de folie.

Vers cette époque, Mme de Stainville commença de prendre du goût pour Clairval et bientôt, ne s'occupant pas de sa réputation, la compromit à dire d'expert; cette intrigue dura plusieurs années et lorsqu'il en sera temps je rapporterai la catastrophe qui la termina, me contentant ici de rappeler que dans une circonstance Clairval disait à l'un de ses camarades :

puisse être, d'occuper désormais une place à l'amphithéâtre, sous quelque prétexte que ce soit. »

(1) De Hesse qui, à la scène, avait si souvent joué le rôle d'un valet aidant son maître dans un enlèvement, joua, au naturel, les tuteurs bernés. Voir, dans les Mémoires de Favart, comment deux fillettes dont il avait la garde, s'y prirent pour lui fausser compagnie et rejoindre leurs amants, M. de Sainson et un de ses amis.

(2) Les ennemis de Clairval déniaient l'agrément de sa voix, et, par une allusion à son ancien métier de perruquier, avaient fait courir sur lui ce distique

Cet acteur minaudier et ce chanteur sans voix
Écorche les auteurs, qu'il rasait autrefois.

M. de Stainville ne se fâcha vraiment que lorsque Clairval lui eut pris aussi sa maîtresse, Mlle Beauménil. Il fit payer à la femme légitime l'infidélité de la maîtresse, et Mme de Stainville contre qui il avait obtenu une lettre de cachet, fut enfermée au couvent des Filles-de-Sainte-Marie, à Nancy.

« Je me trouve dans une situation pénible. M. de Stainville me menace de me faire donner cent coups de bâton si je continue de rendre des soins à sa femme, et celle-ci m'assure qu'elle m'en fera appliquer deux cents si je cesse d'être son serviteur très humble; comment sortir de cet embarras?

— En obéissant à Mme de Stainville, répondit l'autre, il y a cent pour cent à gagner. »

Les actrices de la Comédie-Italienne étaient en nombre et très célèbres : il y avait là Mme Favart (1), jolie poupée musquée et déjà un peu sur le retour puisqu'elle avait compté au nombre des favorites du maréchal de Saxe; Mlles Colombe (2) et Camille (3), la maîtresse de M. Romot, premier commis des finances et depuis surintendant de la maison de Monsieur, frère du Roi. Je parlerai de ces dames si l'occasion s'en présente. Il convient de revenir à mes propres affaires.

Les 12000 livres fondirent vite. Avec la disette de fonds nos inquiétudes recommencèrent : l'argent que Lettorière espérait d'un côté lui manqua et, de nouveau, il me proposa une visite, non chez Mme Saubier qui avait changé de nom, attendu que son premier était devenu trop célèbre, mais chez Simoneau; j'avoue que cette fois je ne m'y prêtai pas avec le même empressement; je balançai à fournir aux besoins de Lettorière et à ma propre dépense, il y avait déjà près de six mois que nous nous aimions et je me sentais des scrupules de me perpétuer dans un attachement qui avait perdu le piquant de la nouveauté. Mon amant comprit ce qui se passait en moi, aussitôt prenant un parti en brave :

---

(1) Mme Favart est morte à cinquante-cinq ans, en 1772.

(2) De son vrai nom Marie-Thérèse Roncoboli, « qui s'acquitte de l'emploi des amoureuses avec d'autant plus d'avantage que sa figure séduisante et ses grâces captivent tous les cœurs ». (*Anecdotes dramatiques.*)

(3) De son vrai nom Jacoma-Antonia Veronese, Vénitienne comme Colombe. Débuta, à douze ans, en 1747, dans les *Deux Sœurs rivales*, canevas composé par son père Carlo Veronese. « Camille avait le geste du sentiment, le ton de la nature qui partent d'un cœur vraiment pénétré : c'était la noblesse et la franchise, l'esprit et la gaîté. (*Annales dramatiques*, par une Société de gens de lettres, tome II.)

« Eh bien, mon ange, dit-il, tu as raison; si tu continuais à m'aimer, tu pourrais devenir ma dupe, car vois-tu, je ne sais comment je fournirais à tout; séparons-nous momentanément et de bonne intelligence; va, fais la guerre de ton côté, je vais du mien essayer ailleurs de corriger la fortune : cependant je veux te faire un cadeau de prix, je te continue ma protection apparente, elle te vaudra une augmentation de valeur, on a toujours payé cher la gloire de succéder à Lettorière. »

Cela dit, il m'embrasse et s'en va aussi satisfait que s'il m'eût donné un billet de caisse de trente mille livres. Je demeurai presque fâchée de perdre un si beau cavalier ; j'avais eu plus que du goût pour lui, mais enfin j'étais libre, bien qu'embarrassée un peu de ma liberté. Je pensai qu'un peu de repos m'était nécessaire. Mais l'état de mes finances ne me permettant pas de me soutenir sur un aussi grand ton, je feignis un besoin extrême de changer d'air et, disant adieu à ma société ordinaire, j'allai à la campagne; je louai pour cela un pied-à-terre aux nouvelles eaux de Passy.

X

CEPENDANT, le temps s'écoulait et ma position ne changeait point. Ceci commençait à me tourmenter. Un mois de séjour aux eaux de Passy équivalait pour moi à un siècle .. Tout à coup et au milieu d'un fracas inexplicable, Lettorière se présente à moi : je dois dire que conformément à sa promesse, il venait me voir de temps à autre, assez pour qu'on me pût croire encore à lui. Cette fois son étonnant visage était fort animé.

« Alerte! me cria-t-il, tu touches, mon ange, au terme de tes malheurs; je t'apporte une heureuse nouvelle, car je précède un comte allemand, aussi noble que riche, et qui vient à Paris se former aux belles manières : il m'a pris pour type, pour modèle, il veut faire tout ce que je fais, et j'ai formé le projet de te remettre à flot par un tour de ma façon. »

Je questionnai Lettorière avec quelque curiosité.

« Ah! friponne, dit-il, la Providence te favorise. Imagine-toi un Adonis de cinq pieds six pouces, taillé en hercule, qui remplace par sa force colossale ce qui lui manque du côté de l'esprit : il a vingt-cinq ans, un million de rentes et trente-deux quartiers de noblesse. »

Lettorière me raconta, avec une délicieuse immoralité, le plan qu'il avait conçu pour rendre le comte de Waldstein amoureux de ma petite personne, et ce fut un nouveau trait de folie : il en faisait tant!

J'attendis donc, avec un souper exquis et une parure de conquête l'arrivée des deux amis, me préparant à jouer mon rôle (puisqu'il fallait bien que j'en jouasse un, maintenant) dans la comédie imaginée par Lettorière. Je vis arriver le descendant de l'un des pairs de Charlemagne : ce n'était certainement pas la beauté gracieuse et spirituelle de Lettorière, mais celle d'un grand garçon parfaitement nourri, aux couleurs fraîches, à la peau blanche et douce, aux membres fortement musclés. Il avait les yeux bleus, les dents belles et les mains horribles.

Au demeurant, en ce corps solide, un assez puéril orgueil nobiliaire, et il fallait quelque patience pour l'écouter conter les illustrations de sa maison. M. de Waldstein ne se lassait pas de répéter ce que, grâce à sa verbeuse parole, on savait dès le premier jour à fond. Et ceci me rappelle le mot du marquis de Genlis, auquel, selon son usage, il répétait :

« Il y a cinq cents ans que nous sommes comtes d'Empire ; il y a cinq cents ans que nous possédons les mêmes dignités, il y a cinq cents ans... — Ah ! monsieur, cinq cents ans, dit le marquis, que cela doit vous ennuyer ! »

A part ce ridicule, M. de Waldstein était poli, délicat, généreux, sentant son grand monde, ayant bonne envie de plaire, et, s'il ne se mettait pas en frais, c'était à cause de la persuasion où il était qu'il n'y avait rien à ajouter, lorsqu'on avait trouvé la preuve que depuis cinq cents ans...

Il s'était mis sous la protection de Lettorière à qui on l'avait adressé, comme étant le plus propre à l'initier aux manières des petits-maîtres. En conséquence, il le regardait faire et l'écoutait parler avec une naïveté admirable.

Les voilà tous les deux à table avec moi, Lettorière faisant de l'amour comme s'il eût été à mon égard au premier jour de sa fantaisie ou affirmant, avec une doctorale gravité, des maximes de galanterie d'une rouerie parfaite.

« Un homme de haute naissance, qui veut débuter dans le monde par un coup d'éclat, ne doit pas s'amuser à courir les aventures vulgaires : ses premières doivent frapper le public par une tournure piquante, quelque chose d'original, qui donne de lui une opinion complète... Moi, par exemple, poursuivit-il, j'entrai dès l'abord en plein dans la carrière. »

L'Allemand ouvrait de grands yeux. Lettorière, avec un magnifique aplomb, lui conta que, formé aux belles manières par un parent qui avait grande réputation, celui-ci l'avait conduit chez sa maîtresse en titre. Il prétendait qu'il trouvât en cette maison quelque inclination.

« Savez-vous à qui je m'adressai? à sa propre maîtresse.

— A sa maîtresse, monsieur, s'écria le noble Allemand, eûtes-vous bien cette perfidie?

— Mon cher comte, répondit Lettorière, j'aurais mauvaise opinion de celui qui n'en ferait pas autant.

— Mais la foi des traités, l'hospitalité violée...

— Tout cela sonne creux, mon cher. Un tel acte étonna par son originalité : celui qui le renouvellerait se rendrait illustre du premier coup, et l'on parlerait de lui comme on parla de moi... Les femmes voulurent connaître ce méchant garçon capable de rouer son propre sang... Au demeurant, comte, vous vous perdez : voici un mois que vous êtes à Paris, et on ne vous connaît ni créanciers ni maîtresses. Cela va vous attirer une méchante réputation. »

L'Allemand demeura plongé dans une méditation profonde. Au bout d'un moment, Lettorière parut se rappeler soudain qu'il avait un rendez-vous indispensable avec un ami et nous laissa tous deux, non sans m'avoir embrassé le plus tendrement du monde.

Le comte garda quelque temps le silence, avec embarras. Un combat se livrait manifestement en lui. L'ennui finissait par me gagner, tant ce silence se prolongeait. Soudain, je le vis se précipiter à mes pieds, et avec une telle impétuosité, qu'elle contrastait fort avec son attitude passive de tout à l'heure. Je ne pus me retenir de pousser un cri de surprise.

« Mademoiselle, dit le comte, pardon de la liberté grande, mais je ne serais pas si insolent si je ne devais obéir aux injonctions de M. de Lettorière.

— Eh quoi, monsieur, que vous a-t-il ordonné?

— Ne me suis-je pas proposé de l'imiter en tout, et ne m'a-t-il pas fait comprendre qu'une de ses aventures de conséquence avait été d'enlever sa maîtresse à un ami? »

Je jouai l'indignation, tout en ne pouvant me garder de rire. Mais il était entêté de son idée, car il s'était juré de suivre en tout son modèle.

« Monsieur, lui dis-je, j'aime M. de Lettorière.

— Et c'est précisément pour cela, fit-il, que je tiens tant à votre conquête.

— Monsieur, repris-je, il est probable que, en pareil cas, M. de Lettorière dut agir avec infiniment plus de galanterie. »

Il demeura pétrifié, la bouche ouverte, ne sachant plus quelle contenance prendre. Enfin, assez penaud, il murmura :

« Mademoiselle, je mets ma fortune à vos pieds.

— Fi, monsieur, lui dis-je, avec toutes les apparences d'une personne offensée, mêler l'intérêt à l'amour! Cela se conçoit-il! »

Pour le coup, il fut consterné. Il sentait vaguement sa balourdise. Mais il était bien évident qu'il ne renonçait pas à la gloire d'avoir imité Lettorière.

Il me quitta, mais, le lendemain, un page à sa livrée m'apportait une boîte de Galuchat que remplissait une montre enrichie de pierreries, attachée à une chaîne de chatons de prix. Cela manquait de goût peut-être ; mais le présent était magnifique.

A ce cadeau une lettre était jointe, où M. de Waldstein me suppliait d'accepter le titre de propriété d'une maison voisine du boulevard, dont il m'assurait que l'installation était digne de moi, suppliant que j'eusse au moins la curiosité de la visiter. Cet Allemand allait vite en besogne.

Je pris garde de ne point céder trop vite. J'allai voir la maison, cependant : elle était à souhait et l'or qu'il avait distribué avait fait des prodiges. Je crus devoir le gronder de

VUE DE PASSY, *prise dans l'île des Cygnes, d'après le dessin de J.-J. le Veau.*

ses horribles dépenses. Il souriait d'aise, en constatant que je m'adoucissais, quoique j'affectasse encore quelque fierté blessée. Il avait déjà réuni tout un monde de domestiques, avec une livrée bleu céleste doublée de jaune.

Cependant, je lui déclarai que je refusai ses offres. Je m'engageai seulement à une autre visite, que je prolongeai un peu. Que dirais-je? J'étais talonnée par la nécessité. Le fait est que je m'installai, au bout de quelques jours, et mon Allemand était béat d'orgueil. Il avait donc, comme Lettorière, enlevé sa maîtresse à un ami? Il triomphait et attendait de ce coup d'éclat la faveur de Paris.

L'une des premières visites que je reçus fut celle de M. de Lettorière. Je lui contai tout ce qui s'était passé, et le voilà, en réponse, entrant dans une colère furieuse sur le rôle honteux qu'il jouait au milieu d'un tel événement, s'en prenant au ciel et à la terre de l'acte coupable du comte de Waldstein envers lui. Sa colère me parut délicieuse, à tel point elle avait de naturel, et, lorsque je trouvai qu'elle avait assez duré, je le priai d'en rire avec moi.

« En vérité, me dit-il sérieusement, cela est impossible. J'ai fait pour toi ce que je n'eusse pas fait pour ma propre sœur; je t'ai solidement établie, mais, la chose consommée, j'ai mon honneur à venger.

— Votre honneur! répétai-je étonnée... je ne vous comprends pas...

— Quoi! reprit-il avec un sang-froid qui me plongea dans une consternation inimaginable, ne vois-tu pas que je vais devenir la fable de Paris! On croit que tu es encore à moi; en te voyant passer sans intervalle sous la protection de cet Allemand, nul ne s'avisera d'imaginer que l'or seul arrange la partie. On pensera que vous avez pris tous les deux le parti de vous moquer de moi; on me persiflera, et je dois, pour me rattacher ou les rieurs ou les femmes à sentiments, donner ou recevoir un coup d'épée, ici d'étiquette nécessaire.

— Grand Dieu, m'écriai-je, effrayée, avez-vous perdu la

raison, cela ne sera pas; je ne veux pas que vous exposiez votre vie : j'en mourrais de douleur.

— Non, mon enfant, tu n'en mourras point : il faut absolument que je croise le fer avec mon ravisseur. D'ailleurs, mon projet est de continuer à te voir et je ne le pourrais guère, si je me conduisais autrement.

— Monsieur, dit Brigitte, qui était entrée, si, pour couronner votre bienfait, vous pouviez ne pas tuer notre comte allemand, et, poussant à bout votre héroïsme, consentir à vous laisser coucher par lui sur le carreau? »

La conversation avait fini sur un ton de badinage, par cette intervention de Brigitte, et je pus croire qu'il n'avait point donné de suite à ses projets. Au demeurant, je n'entendis plus parler de lui pendant quelques jours.

Le comte de Waldstein avait voulu que sa prise de possession eut un grand éclat, et il s'était mis à inviter nombreuse compagnie. La fête, disposée avec goût (car je ne m'étais pas fiée à ses propres inspirations) eut un beau succès.

Quelques jours s'écoulèrent. Un matin, vers onze heures, je vis entrer M. de Waldstein : il n'avait plus son air triomphant; il était bouleversé.

« Qu'est-ce donc, monsieur? demandai-je.

Ah! mademoiselle, fit-il, accablé, armez-vous de courage... promettez-moi de me pardonner... »

Ces préambules me faisaient mourir. J'assurai le comte de ma fermeté.

« Sachez donc, poursuivit-il, que, appelé hier soir en duel par M. de Lettorière, j'ai eu, ce matin, le malheur de le blesser dangereusement. »

Je poussai un cri : je n'étais pas encore détachée de Lettorière, et il me fut impossible d'ouïr de sang-froid le récit du coup qui l'avait frappé. Je dois rendre justice au comte; il trouva convenable ma douleur, il la loua même. Elle était sincère. Il m'apprit les circonstances de la rencontre; ce fou de Lettorière avait tenu parole; il avait voulu se battre avec M. de Waldstein.

« J'ai tout fait pour le ménager, reprit l'Allemand, mais sa mauvaise étoile l'a emporté, et mon fer lui entra profondément dans la hanche. »

Cette catastrophe m'avait désolé. M. de Waldstein me proposa d'envoyer de ma part savoir des nouvelles de Lettorière. Le chirurgien avait trouvé la plaie grave, mais espérait qu'elle ne s'envenimerait point. Le bon M. de Waldstein passa des jours anxieux, jusqu'au moment où on répondit du blessé : il ne savait comment réparer sa brutalité. Il m'invita même à l'aller voir, et il poussa l'obligeance jusqu'à me recommander de ne point trop désespérer de Lettorière.

« N'affirmez point devant lui la tendresse que je vous inspire... c'est le cas de feindre l'indifférence pour moi, et je vous y autorise pleinement. »

Cela me parut si admirable dans sa simplicité et sa candeur germanique que je ne pus me retenir d'en rire à part moi. Le comte s'imaginait montrer par ce conseil une grandeur d'âme peu commune. Je lui obéis de tout point, et je passai au chevet de Lettorière, qui se rétablissait plus vite qu'on n'eût pensé, des heures charmantes.

Encore un peu pâle, il vint chez moi, et, devant M. de Waldstein, me baisa la main avec un style de roman, se réconcilia avec lui, et, depuis, revint sur le pied d'ami de la maison. C'était bien ce qu'il avait voulu, eût-il risqué sa vie pour acheter ce droit. Comment eussè-je pu lui être sévère?

Pendant qu'il souffrait, je ne m'étais point montrée en public; j'avais gardé une retraite profonde tant que sa santé n'avait point été assurée. Ma conduite, en cette circonstance, avait été trouvée parfaite et ne laissa rien à mordre à la jalousie. Il en résulta que, lorsqu'on me revit, on me témoigna un empressement et une satisfaction qui me charmèrent. Le comte de Waldstein eut sa part dans ce contentement public et il s'attacha à moi davantage, ce qu'il me fit connaître par des attentions plus généreuses. Le luxe de ma parure, celui de ma maison redoublèrent : on ne parla plus que de moi.

Je devins à la mode, c'était à qui souhaiterait d'être reçu chez moi. J'eus bientôt l'élite de la Cour, les financiers de haute volée. La littérature ne fit pas faute non plus à ma célébrité; je reçus à la fois Diderot, Marmontel, Dorat (avec qui je m'étais réconciliée), Palissot. J'eus aussi l'Église, d'abord avec des abbés sans conséquence, puis elle fit irruption dans mon salon avec ses dignitaires. Après Voisenon (1). surnommé par Voltaire l'évêque de Montrouge, et qui faisait de Mme Favart son diocèse ordinaire, ce fut l'abbé de Boismont (2), membre de l'Académie française, homme beaucoup plus du boudoir que de l'autel et fameux par l'éclat et le nombre de ses aventures galantes; enfin j'attirai les regards des princes à crosses et à mitres, non que ceux-ci vinssent à mes cercles publics, mais ils ne dédaignaient pas de s'asseoir en petit nombre à ma table, lorsque je n'y appelais que l'élite de mes intimités. Je signalerai parmi eux l'archevêque de Cambrai, fils du régent, quelque peu vieillot, car il était né dans l'autre siècle, sans que pour cela l'âge l'eût amendé; c'était le prélat le plus libertin de tous; digne fils de son père, il entretenait publiquement Mme de Lismore que l'on appelait avec malice sa chaufferette de mi-

(1) Le spirituel abbé de Voisenon (1708-1775), que Voltaire appelait « mon cher ami greluchon », et dont, plus tard, il écrivit la célèbre oraison funèbre :

   Ici gît, ou plutôt frétille...

Ce spirituel abbé écrivait à Mme Favart en l'appelant « ma chère petite nièce Pardine » et à Favart en l'appelant « mon ami ». Les lettres étaient d'ailleurs également charmantes.

Voir la chanson de Favart, « où la vie passée, présente et future de M. l'abbé de Voisenon, est récapitulée avec une précision unique » :

  ...Le soir, d'un conte libertin,
   Il écrit quelques pages.
  Il dit ses heures le matin

   Et baise les images.
  En attendant que le malin
   Le rôtisse ou l'échaude,
  Il a le bréviaire à la main, etc.

(2) Nicolas Thyrel de Boismont (1715-1786), le plus mondain des prédicateurs. Il jouait la comédie à merveille.

nuit ; il réparait, par ses complaisances, ce qui lui manquait en amabilité et on le recevait toujours avec plaisir, indépendamment de l'honneur que lui procurait sa compagnie.

M. de la Roche-Aymond, archevêque de Reims, que le cardinalat attendait, ainsi que la plus haute fortune, était encore des nôtres : celui-ci, au moyen du manège, suppléait à tout ce qui lui manquait du côté de l'esprit ; il s'était fait, de sa naïveté même, un moyen pour fournir sa route ; il ne manquait ni de grâce, ni de cette amabilité des princes qui, dans le monde, peut tenir lieu de mérite supérieur. On a prétendu, dans la suite (et je ne donne ceci que comme un bruit de salon) que M. de la Roche-Aymond avait, en cachette, épousé une jolie femme, dont il lui restait six enfants, au moment de sa mort.

L'évêque d'Orléans, M. de Jarente, ayant la feuille des bénéfices, avait tellement jeté sa mitre par-dessus les moulins qu'il ne lui était plus nécessaire de se gêner dans sa conduite : c'était un scandale permanent. Sa nièce passait pour sa maîtresse en titre, mais que d'autres il avait, et que d'aventures on donnait à Sa Grandeur, qui les acceptait, tout comme si elles eussent dû faire partie de ses fonctions épiscopales. Venaient aussi MM. de Jumilhac, archevêque d'Arles, et de Villedeuil, évêque de Digne, et, certes celui-là, non moins que les autres, peu digne de l'épiscopat ; au demeurant bon vivant, plus assidu chez nous que dans son diocèse.

C'est vers le même temps que je reçus aussi chez moi M. de Sainte-Foix (1).

---

(1) M. de Sainte-Foix (ou de Saint-Foix) était alors âgé, étant né en 1703, Rennes. Aussi ne laissait-il pas d'avoir quelques mésaventures. Les *Rapports es inspecteurs de police du roi* signalent qu'il venait de rompre avec Mlle Porsein, « parce qu'il l'avait trouvée couchée avec Clairval, qui trahissait vo lontiers la marquise de l'Hôpital, bien qu'elle l'eût attaché par des raisonsonnantes. Sainte-Foix est un des petits-maîtres les plus aimables du xviiie siècle, plein d'esprit, de distinction dans l'enjouement ; esprit volontiers paradoxal, d'ailleurs, curieux d'histoire et ayant des opinions originales en histoire (voir *Mémoires secrets,* avril 1767), soutenant, par exemple, que

Homme de lettres, homme du monde, maniant également bien la plume et l'épée, M. de Sainte-Foix était depuis longtemps fameux par ses succès au théâtre et par les bizarreries de son caractère. On le savait porté à quereller pour un oui ou un non, et qu'il ne se bornait pas à ce moyen de défense, ayant dans son esprit mordant des ressources non moins redoutables; le chantre des *Grâces* était un ours mal léché, grondant toujours, inquiet, tracassier au possible, et avec lequel on ne gagnait rien à se fâcher.

Qui ne connaît la majeure partie de ses aventures? Ce serait redire ce que tout le monde sait que de les répéter. Il en est une pourtant peu connue que je ne peux résister au plaisir de citer : parmi les littérateurs qu'il n'aimait pas, on comptait M. M..., qui, gonflé d'amour-propre, rendait à Sainte-Foix haine pour haine, mais il y mettait de l'adresse, ne l'attaquant qu'avec mesure et toujours de manière à pas en venir à une querelle ouverte.

Sainte-Foix s'aperçut bientôt de ce manège; il en prit de l'humeur, et le voilà tombant chez M... à l'improviste. Ils ne se visitaient point : aussi sa venue surprit beaucoup celui qui en avait l'honneur; il était à se demander, non sans émotion, quelle cause la lui attirait, lorsque Sainte-Foix prenant la parole :

« Monsieur, dit-il, j'ai le malheur de ne vous plaire, ni dans ma personne ni dans mes écrits.

— Ah! monsieur, quelle horrible pensée!

— Ne le niez pas; je vous parais mauvais littérateur et batailleur redoutable; la crainte que vous inspire mon épée vous empêche de déchirer franchement mes ouvrages. Cela me fait de la peine, car il leur manque le succès de vos critiques. Je suis donc venu vous dire que vous pouvez ne pas me les épargner; je suis résolu, quoique vous puissiez dire

---

Ravaillac ne fut pas le seul assassin de Henri IV. Sa maison, sur le boulevard, était véritablement princière. Une pièce en un acte de Sainte-Foix, une manière de petit chef-d'œuvre, *les Grâces*, a été reprise à l'Odéon, en 1899, pour les débuts de Mlle Sorel.

ou écrire sur mon compte, de n'y répondre que par de l'indifférence et du mépris, et, afin de vous fournir la preuve sans réplique, voici un billet que je vous laisse, et dont, en cas de besoin, vous pourrez faire usage envers moi. »

Cette pièce était ainsi conçue :

« Je soussigné, déclare à M. de M... que je le tiens quitte de tous coups de bâtons ou d'épée que désormais il pourrait mériter de moi par les propos ou les sottises qu'il publiera sur moi ou mes œuvres, entendant que le champ lui reste pleinement libre, et ce en vertu du peu de valeur que j'accorde à sa personne et à ses œuvres.

« DE SAINTE-FOIX. »

C'était une insigne insolence que M... n'osa pas relever comme elle devait l'être. Mlle Clairon, de son côté, recula devant Sainte-Foix, et même ne trouva pas un seul de ses admirateurs qui se souciât de devenir son champion en cette circonstance.

Mais, à peu de temps de là, et à la suite de la première représentation de la tragédie *le Siège de Calais*, par Dubelloy, l'aristarque Fréron, qui était l'ennemi de cette actrice toute dévouée à M. de Voltaire, antagoniste principal de l'*Année littéraire*, Fréron, dis-je, dans un numéro de ses mâles feuilles, ménagea peu Mlle Clairon, et poussa assez loin l'aigreur de ses critiques. Fréron ne paraissait pas aussi redoutable que Sainte-Foix, et l'actrice se flatta qu'elle en viendrait plus facilement à sa gloire. En conséquence, la voilà qui court chez les premiers gentilshommes de la Chambre, qui pleure, se plaint, se dit outragée, demande vengeance prompte et bonne ou menace de se retirer.

Mlle Clairon était une sorte de puissance; les ducs de Richelieu et de Duras avaient de l'amitié pour elle, le duc d'Aumont mieux peut-être, et le duc de Fleury (1) l'admirait

____

(1) Voir sur les « quatre ducs », les portraits dessinés avec grâce par M. Ernest Boysse dans l'introduction du *Journal* de Papillon de la Ferté : le

POULLAIN
DE SAINT-FOIX

en amateur. Elle eut donc peu de peine à obtenir d'eux un ordre du roi pour faire enfermer le gazetier au For-l'Évêque, où il aurait été conduit, si, dans ce moment, un accès de goutte n'eût empêché l'exécution de la lettre de cachet dont l'effet demeura suspendu jusqu'au rétablissement de la santé de Fréron.

Ce pauvre diable, au désespoir, mit tous ses amis en campagne. L'abbé de Voisenon était du nombre; il le fit écrire au maréchal, duc de Duras, en style pathétique. La réponse ne se fit pas attendre; le duc fort porté d'ailleurs pour l'abbé, lui exprima ses regrets de ne pouvoir lui donner une marque de son affection, mais que la résolution était prise de ne dispenser le journaliste de son châtiment mérité que dans le cas où sa grâce serait sollicitée par Mlle Clairon elle-même.

Outre que la chose serait par trop humiliante à demander, on avait la certitude d'un refus : Mlle Clairon était vivement piquée, et avait en outre, pour l'exciter à tenir bon toute la cabale voltairienne. Il fallait néanmoins sortir de cet embarras. Fréron s'était de longue main assuré la protection du roi de Pologne Stanislas, alors duc de Lorraine, et par suite celle de la reine de France, sa fille; le roi avait même consenti à être le parrain de son fils. celui-là qui maintenant joue un si vilain rôle dans la révolution actuelle (1). La reine, persuadée

----

duc d'Aumont, le plus ancien en charge, d'un abord difficile, jaloux de son autorité dans l'administration des Menus, qu'il s'était réservée, vaniteux et colérique; le duc de Fleury, ménager de l'argent du roi et partisan de toutes les économies, esprit calme, ennemi des querelles; le maréchal, duc de Richelieu, taquin, brouillon, dépensier, soulevant sans cesse des difficultés, cherchant dispute, tracassier, ne se donnant pas la peine de lire les rapports qu'on lui présente, et « sa surdité, cependant, lui fait souvent entendre une chose pour une autre », scandalisant Papillon de la Ferté par ses familiarités avec les comédiens et les comédiennes; le duc de Duras, homme de cour accompli, membre de l'Académie comme le duc de Richelieu, ayant du goût pour le théâtre, affable, mettant de la bonne grâce dans ses relations, se piquant d'exceller dans l'organisation des spectacles.

(1) On sait que Fréron le fils, député à la Convention et chargé, avec Barras, de la répression de l'insurrection fédéraliste de Marseille, montagnard farouche, fut, après la réaction thermidorienne, quelque chose comme le chef de la « Jeunesse dorée ». Pauline Bonaparte fut en coquetterie avec lui. Il mourut pendant l'expédition de Saint-Domingue, en 1802.

que Fréron défendait la cause de la religion contre les philosophes, le soutenait efficacement; elle ne lui manqua pas ici, et lorsqu'il l'implora, la reine commanda au duc de Choiseul de faire retirer la lettre de cachet qui pesait sur l'écrivain.

La chose eut lieu; Mlle Clairon faillit en mourir de colère, elle ne se tint pas pour battue toutefois, et, aveuglée par son orgueil qui dépassait toutes bornes se flatta de pouvoir lutter avec avantage contre la reine. Toujours mettant en jeu le fait de sa démission, elle se rend à l'audience de M. de Choiseul, et là, en présence de nombre d'auditeurs :

« Monseigneur, dit-elle, je vois que mes talents ne sont pas agréables au roi, que ma présence sur la scène lui déplaît, puisqu'il consent qu'on m'avilisse. Je crois dès lors devoir me soumettre à cette disgrâce cruelle et je viens vous prier de faire agréer ma démission à Sa Majesté. »

Le duc de Choiseul, à beaucoup d'esprit, joignait un art particulier de persiflage. La démarche de Mlle Clairon lui paraissait très inconvenante, et pour le lui faire sentir, il se hâta de répondre, en affectant une gravité encore plus malicieuse que le ton de plaisanterie qu'il aurait pu y substituer.

« Mademoiselle, dit-il en élevant la voix de manière à se bien faire entendre de tout le cercle, nous sommes, vous et moi, chacun sur un théâtre, mais avec cette différence que vous choisissez les rôles qui vous conviennent et que vous êtes toujours sûre des applaudissements du public; il n'y a que quelques gens de mauvais goût, comme ce malheureux Fréron, qui vous refusent leurs suffrages. Moi au contraire, j'ai une tâche souvent très désagréable; j'ai beau faire de mon mieux, on me critique, on me condamne, on me hue, on me bafoue, et cependant je ne donne pas ma démission; immolons, vous et moi, nos ressentiments à la patrie et servons-la de notre mieux, chacun dans notre genre. D'ailleurs, la reine ayant fait grâce, vous pouvez, sans vous compromettre, imiter la clémence de Sa Majesté (1). »

----

(1) Le discours qu'avait tenu le duc de Choiseul a été reproduit, d'après

Ce badinage de si bonne compagnie, cette leçon donnée avec tant d'affabilité, parurent pénibles néanmoins à la superbe et vindicative actrice, qui, n'y répliquant que par une révérence profonde, se retira le cœur d'autant plus gros, qu'elle voyait le sourire malicieux de toutes les personnes de l'assemblée. De retour chez elle, où le duc de Duras l'attendait, elle raconta ce qui s'était passé, et avec un redoublement de colère. On promit de tenter un dernier effort, pour qu'elle n'en eût pas le démenti; mais, en résultat, le roi à qui on parla de l'affaire, sans lui cacher la part d'intérêt que la reine prenait à Fréron, dit :

« Que Mlle Clairon se taise, et si Fréron la décrie de nouveau trop fortement, alors on l'enverra au For-l'Évêque. »

Ceci passa pour une manière de réparation, quoique l'actrice n'en fut que peu satisfaite, aussi lui en resta-t-il un levain qui, plus tard, décida de sa retraite : on en connaît le motif apparent, je ne le rapporterai pas; ceux qui l'ignorent trouveront consignés les détails de cette affaire dans toutes les chroniques du temps. J'ai préféré l'anecdote que je viens de transcrire, comme étant aussi piquante et plus ignorée.

Quelques pages, où se traîne un peu l'action, sont à abréger. Le marquis de Louvois, qui n'a plus la légèreté d'un Lettorière, mais une âpre volonté dans l'accomplissement de ses désirs, souhaite fort les bonnes grâces de Mlle Duthé. Il la brouille avec le comte de Waldstein, sans réussir pourtant à le supplanter. Les circonstances font retrouver à Mlle Duthé M. de Dillon, qui avait vu son aventure avec elle se terminer si singulièrement et en avait gardé le regret. Il s'y prend, cette fois, avec plus de ménagements; il s'offre et est accepté. M. de Louvois, fort dépité, se jure de prendre sa revanche.

les *Souvenirs* de Mlle Duthé, par Edm. de Goncourt, mais avec quelques variantes. L'article de Fréron était de ceux qui ne se pardonnent point : « Les talents les plus rares ou regardés comme tels n'effacent point l'opprobre d'un vie dissolue. On peut accorder quelque estime au jeu théatral de la comédienne, mais le sceau du mépris est toujours empreint sur sa personne, etc. »

XI

Le marquis de Louvois était un des seigneurs de la Cour
qui faisaient le plus parler d'eux ; celui-là joignait à
beaucoup d'esprit de la déraison et de la malice tellement
exubérante qu'elle pouvait passer pour de la méchanceté. Il
faisait des vers piquants, des couplets satiriques et avait si
peu d'estime de soi et des autres qu'il prétendait ne pas avoir
besoin de se gêner (1). « Je sais bien, disait-il, que, de loin
en loin, il y a des gens respectables mais où les rencontrer ?
et telle extravagance que l'on fasse, ce serait jouer de malheur si on les en avait pour témoins » En conséquence, il
agissait à sa guise, n'hésitant pas à perdre ou à compromettre
les femmes, à se rendre célèbre par des actions déplorables
et à se faire redouter par des noirceurs qui ne l'étaient pas
moins.

La première jeunesse de M. de Louvois avait été fort orageuse. On racontait de lui des traits incroyables. Il fut une
circonstance où il se vêtit aux dépens d'une tapisserie du
château principal de sa famille, le tout pour faire enrager
monsieur son père, et la suite ne répondit que trop à ce

---

(1) Les *Rapports des inspecteurs de police* ne se font pas faute de conter
quelques-unes de ces « extravagances » ou quelques traits de singulier sans-
gêne ; le marquis, par exemple, quittant brusquement une femme qu'il accompagnait en public, pour devenir le cavalier d'une autre femme rencon-
trée, sans se soucier le moins du monde du dépit et de la mortification de la
délaissée, avec laquelle il avait une liaison.

début. Ce fut lui qui, obligé de se laisser accompagner par des huissiers, imagina de leur faire prendre sa livrée et de s'en servir dans les maisons où il allait souper. C'était d'ailleurs un homme gracieux, bien élevé et qui ne faisait aucune mpertinence qu'il ne l'enveloppât des formes de l'urbanité la plus exquise. Je le connaissais beaucoup plus de réputation que je ne l'avais fréquenté; encore le redoutais-je, ce n'était pas à tort. Je citerai de lui une méchante action qu'on ne reprochera pas à ma médisance, car elle a eu tout Paris pour témoin. C'était d'une âme abominable.

Le marquis de Genlis, frère du comte de Genlis, naguère capitaine des gardes du duc d'Orléans, comp-

LE MARQUIS DE GENLIS
(d'après un dessin de Porreau).

(Collection de G. Hartmann.)

tait, lorsque je parus dans le monde, au rang des plus élégants du siècle et méritait une réputation meilleure par son amabilité; peut-être un peu d'affèterie déparait ses manières toutes du meilleur ton; c'était la fine fleur de galanterie envers les femmes, un ton exquis, une douceur de formes remplie de grâce et d'agrément; il parlait bien quoiqu'il saccadât les mots : son port était élégant, noble, et sa taille parfaite; il y avait sur ses traits quelque chose qui plaisait, à part leur régularité parfaite, mais il ne devait pas ouvrir la bouche sous peine de perdre, car elle était mal meublée.

A beaucoup d'esprit naturel, à tous les avantages d'une éducation complète, le marquis de Genlis joignait une indifférence entière de lui-même et de son avenir; tout au présent, il manquait de prévoyance et semblait prendre plaisir à ajouter à son détriment contre tout ce que la fortune lui permettait de bonheur. Colonel à quinze ans, riche à dix-sept avec des espérances magnifiques, aucune borne ne serait opposée à son ambition appuyée sur le crédit du marquis de Puysieux, son parent, qui lui avait laissé en outre d'immenses richesses. M. de Genlis ne voulut rien de tout cela.

Il perdit au jeu 500 000 francs dans une seule nuit contre le baron de Viomesnil, à part 100 000 francs qu'il devait déjà et en plus des sommes antérieures dissipées également sur le tapis vert. M. Puysieux le traita avec sévérité; il fut enfermé au château de Saumur pendant cinq ans et perdit son régiment.

Pour achever de rentrer en grâce avec ses parents, il dut se marier et on parvint à obtenir pour lui la main de Mlle de Vilmur, jolie personne et riche héritière; quelques jours avant la signature du contrat, le marquis de Genlis alla trouver le chevalier de Courten, tuteur de la prétendue, et lui demanda la faveur d'un entretien avec Mlle de Vilmur.

Le voilà qui parle à ravir et, avec sa bonne mine parfaite, prend modestement de sa main gauche le bout des doigts de sa fiancée en lui disant :

« Mademoiselle, je suis le plus heureux des hommes; vous daignez consentir à porter mon nom et ma vie entière ne suffira pas à reconnaître cette marque de confiance, mais plus j'en suis pénétré et plus il convient que je m'en rende digne par ma conduite et ma franchise; je réponds de la seconde, je crois pouvoir en faire autant de la première, puisque notre bonheur en sera le but; mais je sais combien je suis faible, mes intentions sont parfaites.... Qui peut répondre au moins de l'ascendant de l'exemple, de l'entraînement! je lutterai, je tâcherai de me conserver tel que je dois être, et toutefois je dois vous prévenir que, peu soigneux des biens de ce monde, j'ai dépensé les miens à diverses reprises. Qui sait ce que je réserve à ceux qui me restent; il me serait affreux de compromettre les vôtres, de vous en enlever la moindre partie; je vous supplie de ne montrer aucun désintéressement dans l'affaire du contrat, de ne pas confondre votre fortune avec la mienne, et tandis qu'une union intime avec vous me rendra heureux au-delà de mon mérite, soyons séparés de biens, j'en serai plus tranquille et l'on aura dans tous les cas moins de reproches à me faire. »

C'était là sans doute un compliment singulier et un conseil non moins étrange, donné à une jeune personne dont on voulait faire sa femme. Mlle de Vilmur l'écouta avec étonnement, en remercia toutefois M. de Genlis et se hâta de raconter tout chaud à son tuteur ce qui venait d'être dit. Le chevalier de Courten en profita et les deux époux furent par contrat séparés de biens.

Le marquis de Genlis essaya de rendre sa femme heureuse; cela lui fut impossible, ce qu'il avait prévu arriva; il retourna peu à peu à sa vie passée et avec la meilleure volonté de se bien conduire, se conduisit mal.

La marquise de Genlis essaya de le ramener par de la tendresse et beaucoup de vertu; ce double moyen manqua son effet; elle finit par se lasser de montrer de l'amour à un époux qui n'en avait plus pour elle : l'indifférence vint et, ce qui arrive toujours, Mme de Genlis se montra disposée à suivre l'exemple qu'elle avait devant les yeux.

Elle joua de malheur dans son premier choix puisqu'il reposa sur le marquis de Louvois; on ne pouvait prendre pire; une liaison avec ce seigneur ne devait pas rester secrète. M. de Genlis en eut vent : le voilà encore une fois revenu auprès de sa femme en audience de cérémonie.

« Ma chère amie, lui dit-il, mes torts envers vous, et je les avoue, ne me donnent aucun droit à vous quereller sur ce qu'il vous plaira de faire; vous êtes libre, entièrement libre d'agir à votre fantaisie et sur ce point, je me tairai et ne verrai jamais rien; mais pour manquer d'amour l'un envers l'autre, nous ne devons pas être sans amitié réciproque, j'en ai beaucoup pour vous, infiniment même; vous savez, en outre, que je suis de bon conseil, eh bien, permettez-moi de vous dire que vous débutez mal.

— Comment, monsieur?

— Oui, très mal, si vous aviez du penchant pour tel ou tel des nôtres que vous connaissez aussi bien que moi, je n'aurais rien à dire, je serais tranquille sur votre repos, votre honneur et votre santé.

— Monsieur, ces propos...?

— Sont d'un ami sincère. Rien de tout cela ne vous sera conservé si vous vous engagez dans une liaison avec celui que vous paraissez préférer. Tous hors lui, je vous en conjure. Je sais ce qu'il est, je l'ai vu aux preuves, il ne vous convient pas, il vous faut un ami discret, sage, bien portant, et celui-là est gâté de corps et d'âme.

— Mais, monsieur, ce que vous dites est indigne!

— Non pas, c'est au contraire très bienveillant, c'est mon attachement qui le dicte et, en vérité, moi qui ne vaux guère mieux, je suis de mille piques au-dessus du marquis de Louvois... Ne vous emportez pas, mettez que je n'ai rien dit. Quant à moi, je tenais à vous prévenir et, maintenant que j'ai fait mon devoir, je vous baise les mains; vous ne pourrez au moins m'adresser aucun reproche lorsque le moment sera venu de la douleur, car je vous le répète, vous vouliez seulement des distractions et pas de scandale, eh bien! avec le marquis de Louvois, les unes ne vont pas sans les autres. »

Sur ce, M. de Genlis salua et s'en fut. Sa femme, au lieu de suivre son avis, se laissa entraîner de plus en plus vers le marquis de Louvois; elle ne tarda pas à obtenir la preuve fatale de tout ce que son mari lui avait dit.

M. de Louvois se lassait de cette liaison, mais ne pouvait consentir à la secouer honnêtement. Il fallait, lorsqu'il abandonnait une femme, qu'il la déshonorât sans retour, et voici comment il s'y prit.

Le marquis et la marquise de Genlis logeaient sur le boulevard, précisément à l'angle de la rue Montmartre ; lorsque M. de Louvois prolongeait la soirée chez Mme de Genlis, il avait l'habitude de sortir par la porte, avant le lever de l'aurore, comme il convient de faire en pareille occasion ; mais la dernière fois qu'il voulut y venir, il allongea si bien la causerie que le jour parut alors qu'il parla de se retirer.

« Mais on vous verra dans l'escalier.

— Vous avez raison, il vaut mieux que je m'en aille par la fenêtre. »

Et sans écouter les supplications de Mme de Genlis, il ouvre la croisée qui donnait sur le balcon élevé à une hauteur médiocre au-dessus du sol, commence par jeter son chapeau et son épée, à six heures du matin en plein été, se cramponne aux barreaux de fer et se laisse choir sur le boulevard.

Le peuple y foisonnait à ce moment. On voit un homme quitter une maison par une voie suspecte, on s'attroupe, on veut le saisir, il se défend en riant, demande s'il a la tournure d'un voleur et, moitié par force, moitié par persuasion, se sauve de ceux qui l'environnaient, puis feint d'oublier son épée.

La foule continue à grossir.

« Qui est-ce ?

— Un monsieur qui est descendu par cette fenêtre.

— Un brigand.

— Oh ! que non, il était si bien mis, et puis voyez la belle épée ! »

Sur ces entrefaites le guet passe, s'informe de la cause de l'attroupement, on la lui conte, il ramasse l'épée et on la porte chez le lieutenant de police, où le marquis de Louvois alla la réclamer comme lui appartenant.

Jamais noirceur pareille n'avait eu lieu encore : tout Paris l'ayant appris s'en indigna ; les femmes moins que les hommes, tous fulminèrent contre l'auteur de cette atrocité qui, malgré son audace, fut obligé de quitter Paris pendant quelque temps, afin d'éviter les marques du mécontentement général qu'il aurait par trop recueillies.

Que faisait pendant ce temps la malheureuse marquise de Genlis? En proie à un désespoir sans égal, éperdue, redoutant la clameur publique, elle connaissait enfin l'homme qu'elle avait eu la faiblesse d'aimer. Elle est folle d'abord, et puis, ayant entièrement la tête troublée, va se jeter aux genoux de son mari en criant qu'elle est coupable, qu'elle mérite un châtiment rigoureux et qu'une prison dans un couvent obscur est ce qu'on lui doit et ce qu'elle demande. M. de Genlis la relève, la console, l'engage à se calmer.

« Je vous l'avais bien dit, ma chère amie, que vous placiez mal votre affection; vous n'avez pas voulu me croire... le mal est fait, il s'agit de le réparer. Je ne suis pas en droit de vous adresser des reproches, mais vous voulez disparaître du monde, je m'y oppose; erreur n'est pas crime, et si je ne me fâche pas, aucun à Paris n'aura le droit de se plaindre. Cette aventure fera du bruit, eh bien! allons au-devant d'elle, étouffons-la par notre bon accord, daignez jusqu'à nouvel ordre me prendre pour votre chevalier. Mme la duchesse de Chartres reçoit ce soir, allons à son cercle; demain, nous nous montrerons en grande loge à l'Opéra, après-demain, chez la duchesse de Luxembourg, et ailleurs où l'on reçoit les autres jours de la semaine; certes, si l'on nous voit perpétuellement ensemble, on doutera de vos torts ou pour mieux dire on les déniera. »

M. de Genlis, avec une obligeance parfaite, se conduisit comme il le disait; son union avec sa femme, dans un moment si critique pour elle, produisit le meilleur effet, et bientôt la pitié qu'elle inspira augmentant l'indignation publique, tourna au désavantage du marquis de Louvois et elle fut en quelque sorte mise hors de cause.

Cette aventure, dont il reste encore des témoins et que l'on ne peut contester sans aller contre l'évidence, fut connue et de la Cour et de la ville; je la savais aussi bien que le reste du public et ne trouvais en elle rien qui dût me rapprocher du marquis de Louvois; aussi, loin de me sentir du penchant pour lui, je ne fus qu'effrayée de ses attentions et je me promis de me bien garder. Il déplaisait, d'ailleurs, à M. de Dillon.

« Mademoiselle, me dit-il un jour, j'ai peu de plaisir aux assiduités de M. de Louvois.

— Quant à moi, fis-je sincèrement, la satisfaction que j'éprouve à le voir est tellement médiocre que vous avez tort de vous en alarmer.

— Ce peut être de ma part un ridicule, mais si vous voulez m'en affranchir, je vous aurais obligation.

— Qu'à cela ne tienne, monseigneur, et, puisque vous trouvez à redire à ses visites, je les ferai finir.

— Comptez sur ma reconnaissance.

— Le service est-il si grand?

— Oui, en vérité, car j'ai peur.

— De M. de Louvois?

— Ma santé actuelle m'est précieuse, je tiens à la conserver. »

Je vis que M. de Dillon cherchait à se sauver par une malice de sa jalousie. Je me permis, cependant, à la première visite que me ferait M. de Louvois, de profiter de la circonstance pour le prier de renoncer à moi.

Il ne vint pas pendant deux jours. Le lendemain (c'était un mercredi, je m'en souviendrai longtemps) j'étais couchée, dormant peut-être, car il pouvait être au plus neuf heures du matin, lorsqu'une de mes femmes entra dans ma chambre, et, tandis que je la grondais de sa hardiesse, me prévint que le marquis de Louvois était dans le salon et demandait à me parler à l'instant même pour une affaire de la plus haute importance, qui me regardait personnellement et ne pouvait souffrir de retard.

J'avoue que mon premier mouvement fut tout de curiosité; je me livrai vite à mille conjectures, puis, me rappelant ce que j'avais à dire à M. de Louvois, je jugeai qu'il fallait profiter de la circonstance, et, ayant fait ouvrir à petit jour, j'ordonnai qu'on fit entrer mon soupirant malheureux. Il vint à moi avec un empressement extrême, me demanda des nouvelles de ma santé, et, la soubrette partie et lui installé dans une bergère, il commença à me parler.

« Voilà, dit-il, un siècle que je ne vous ai vue, mais je n'ai pas perdu le temps, je vous ai priée d'accepter mes soins, vous n'en avez tenu compte, et, toutefois j'ai persisté dans ma résolution inébranlable d'en finir à mon honneur. »

Ce début, qui me ramenait à ce que je savais déjà, me donna de l'impatience.

« En vérité, lui dis-je, était-il besoin de forcer ma porte dès l'aurore pour me répéter ces propos ? Vous m'en eussiez aussi bien régalée à une heure plus convenable.

— Oh ! quant à l'heure, repartit-il, mieux que vous je dois être le juge si elle est propice ou non, et fiez-vous à l'habileté du choix que j'en ai fait. Mais revenons au texte principal : me voulez-vous pour amant à titre ?

— Non, monsieur le marquis, dis-je résolument.

— Tant pis, car, moi qui vous parle, je vous veux pour maîtresse avouée, et vous le serez, que cela vous plaise ou non.

— Cette violence, fis-je avec quelque irritation, serait d'un nouveau genre : peut-être l'exercerez-vous au moyen d'une lettre de cachet.

— Vous plaisantez ? Eh bien, apprenez, mademoiselle, qu'après la déclaration de guerre que nous nous faisons, tous moyens sont admis qui assurent le succès, et je me flatte de vous en fournir bientôt la preuve.

— Monsieur, repartis-je, ces formes ne réussiront point avec moi. D'ailleurs, il est une personne que j'estime et qui voit avec peine que je suis le but de vos assiduités. Elle désire que je les fasse cesser, et je me vois, avec un vrai regret, dans la nécessité de vous prier de renoncer à me voir. »

M. de Louvois se mit à rire :

« Parbleu, dit-il, vous me trouverez très récalcitrant sur ce point. Soumettez-vous à l'influence de la destinée : elle veut que vous m'apparteniez, et cela dès aujourd'hui.

— Dès aujourd'hui ?... »

A peine eut-il prononcé ses dernières paroles que j'entendis le bruit d'une voiture qui s'arrêtait sur le boulevard devant la porte de ma maison. M. de Louvois courut précipitamment à la fenêtre, entr'ouvrit le volet, regarda, puis, se rapprochant de moi :

« Monseigneur est sensible aux avis qui lui parviennent... C'est M. de Dillon. »

Et, en même temps, je le vis défaire son épée, la poser sur un fauteuil, mettre bas son habit, de côté sa veste, dénouer ses jarretières et se dépouiller à demi du vêtement nécessaire. Je le regardais agir avec une stupéfaction si complète que j'en avais perdu la parole et le mouvement. Quoi ! il m'annonçait la venue de mon protecteur, et il se disposait à paraître devant lui en équipage indécent ! Quelle était sa pensée, je l'entrevoyais, et la colère, la frayeur d'être victime d'une odieuse rouerie me rendaient incapable de protester.

« Que faites-vous, monsieur, m'écriai-je enfin, quelle est cette action odieuse ? »

Il ne m'écoutait pas, continuait son manège, si bien que, lorsque le prélat ouvrit rapidement la porte de ma chambre, je crois que M. de Louvois était en chemise. Je poussai un cri déchirant. M. de Dillon s'arrêta dans sa course et demeura immobile, les yeux grand ouverts, et la bouche béante. M. de Louvois le regardait avec une physionomie remplie de malice.

« Quoi, monseigneur, lui dit-il, déjà de retour de Versailles, nous ne vous attendions que demain ! si on eût pressenti votre arrivée, vous m'eussiez trouvé en tenue plus modeste. »

Peut on bien comprendre tout ce que j'éprouvai en ce moment, ma fureur, ma rage, ma honte même, car j'en avais de n'avoir point deviné cette abominable scélératesse. Je voulais me justifier, courir à M. de Dillon : il ne m'en laissa pas le temps. Aussitôt qu'il eut pu voir ce qui se passait, il se recula, ferma la porte, revint à sa voiture et partit.

Je retombai sur mon lit, éperdue, suffoquant, pleurant

tandis que le roué se renversait dans la bergère où il était assis, et riait.

« Vous êtes un monstre, m'écriai-je enfin, le plus pervers des hommes. Sortez, monsieur, sortez, vous m'êtes en horreur. »

Mais il continuait à rire.

« Eh bien, cher ange, que vous semble de mon adresse? oh! l'excellente idée, je l'avais méditée à loisir... Je suis un monstre, soit, mais est-ce la première fois que les monstres ont de l'amour?

— Un fourbe!

— Pour vous posséder, je suis capable de tout. Allons, chère amie, un peu d'indulgence; aussi bien, le mal est fait. Convenez que vous aurez meilleure grâce à mon bras qu'à la suite d'un vieillard! Je vous aimerai aussi bien, et, quand vous voudrez me quitter, je vous placerai mieux, car ce sera moi qui me mêlerai de ce nouveau mariage. »

Je ne pus supporter plus longtemps sa présence; je m'évanouis. Il dut se retirer ce jour-là. Le lendemain, M. de Dillon, l'officier, se présenta chez lui. Tous deux étaient en termes amicaux. M. de Dillon gardait sa bonne humeur naturelle et ses habitudes d'intimité avec M. de Louvois. Il lui exposa toutefois qu'il allait être obligé de lui couper la gorge, pour venger l'honneur des Dillon.

« Oui, mon cher, fit-il, je suis déterminé d'avoir la douleur extrême de t'appeler demain matin sur le pré, à la porte Maillot.

— Tout ce qui me rapprochera de toi me sera agréable, répondit galamment M. de Louvois, tu ne dois pas en douter. »

Le résultat fut pour M. de Louvois un coup d'épée qui le retint quatre semaines au lit, et en fâcheuse posture...

Hélas! faut-il avouer que c'est, de nous deux, le marquis de Louvois qui eut raison et qu'il obtint un jour, à force de persistance, ce qu'il n'avait pu avoir par ruse...

XII

C'ÉTAIT, quoi qu'on en dise, le bon temps. Oh! quelle différence avec l'époque actuelle! On était alors aimable ou gai, on se créait des occupations, véritables folies; on se passionnait pour des riens auxquels on accordait de l'importance; l'argent et les plaisirs ne manquaient à aucun; toutes les classes possédaient des moyens d'atteindre au bonheur; on vivait avec insouciance; le plus grand mal était à un sur cent mille d'aller, de temps à autre, passer quelques mois à la Bastille ou dans tout autre lieu semblable. Le pouvoir dont on se plaignait frappait paternellement et ne manquait jamais de mettre de la douceur dans sa colère. On avait une noblesse polie, aimable, un clergé dépensier. Les artistes, avec du talent, arrivaient à la fortune; les hommes de lettres faisaient à peu près tous leur chemin; le commerce ne chômait pas; les théâtres étaient constamment remplis. Oui, quoi qu'on en dise, c'était le bon temps...

Que de frivoles souvenirs me reviennent, que de figures repassent devant mes yeux! Dans ces heures pénibles où j'écris, loin de Paris, alors qu'une Révolution a tout anéanti de ce passé charmant, que de visions passent devant mes yeux, que de noms se rappellent à ma mémoire!

Ce fut si je m'en souviens bien, en septembre de 1768 que

le roi de Danemark vint en France (1). Des nouvellistes
s'avisèrent de faire grand bruit de sa galanterie, de le représenter comme amateur ardent du beau sexe; on alla jusqu'à
avancer que sa venue en France avait autant pour objet de
voir de près les jolies femmes dont Paris abonde, que pour
observer en curieux les monuments et les produits des arts.
Certaines fondèrent sur cette donnée de singulières espérances de fortune. On se mit en quatre pour arriver au cœur
de S. M. Danoise, en passant par ses yeux; chacune employa
les moyens qu'elle crut les plus certains : plusieurs louèrent
des appartements garnis autour de sa demeure, et s'établi-
rent à la fenêtre, quelque temps qu'il fît, pour le voir passer.
Il y en eut qui allèrent à sa rencontre en équipage leste ou
riche, à quatre et même à six chevaux.

Le tapissier chargé de la décoration de son palais tempo-
raire fut payé à haut prix, afin qu'il plaçât les portraits de
quelques jeunes femmes dans ses salons, sa chambre à coucher, son cabinet, dans ses gardes-robes, et enfin aux lieux
les plus particuliers. Jamais on n'avait encore montré si peu
de retenue. Lacour, Rosalie, les Fleury, Asselin et consorts
furent ces insensées; Grandi, plus audacieuse encore, envoya
directement son portrait au roi, qui, surpris de cette hardiesse, dit en présence de plusieurs seigneurs français :

« Ce qui m'étonne, c'est que cette créature n'ait songé
qu'à m'envoyer son visage. »

Quant à moi je n'eus garde de faire de telles imprudences;
je m'en tenais aux bons procédés du prince de Merinvilla,
dont j'acceptais alors les soins, et si, comme les autres, je
parus assidue aux endroits où fréquentait le monarque, ce

---

(1) Le séjour en France du roi de Danemark Christian VII a son écho
dans les *Mémoires secrets*. Ils citent ses mots, ses « réponses ingénieuses »,
ses soupers, ses visites à l'Académie, aux manufactures, au Palais, à la
Sorbonne. Sa gravité de surface lui vaut le nom de « moderne Télémaque ».
Il était accompagné à Paris de son médecin, dont le nom était encore obscur, et qui devait bientôt briller d'un grand éclat, jusqu'à la catastrophe
finale : Struensée.

fut pour ma propre satisfaction. Il m'était agréable de voir du monde et de me montrer bien parée. Il en résulta que S. M. pria M. de Duras de me faire souper avec elle. Ce bon duc, le meilleur des hommes, et le plus maltraité du public parmi ceux de la Cour, je ne sais pourquoi, prit la peine de venir lui-même me faire part du désir du roi. J'en fus flattée; c'était d'ailleurs un ordre auquel la bienveillance et le respect ne permettaient pas de se soustraire.

Le même soir, je dis au prince ce qui se passait, ne voulant pas qu'il apprît par d'autres cette faveur dont peut-être il pouvait prendre de l'ombrage; mais lui aussitôt :

« Vous savez nos conventions? Vous êtes libre.

— Vous allégez tant l'esclavage, repartis-je, que vous inspirez le désir qu'il soit plus dur.

— Le compliment est neuf, sans pour cela qu'il me surprenne; convenez que vous trouvez peu de charme à des distractions qui ne me blessent pas.

— Des distractions! oh! croyez-vous que je m'en permette?

— C'est une thèse que je ne traite pas.

— Oh! vous ne pouvez croire ni à la constance ni à la fidélité.

— Je ne m'attache pas à bâtir sur des chimères.

— Grand merci, monsieur, et vos illusions?

— Mes illusions? reprit-il, eh! c'est pour les conserver pures que je ne les applique jamais à la réalité. »

Le prince avait une tournure piquante de dire les choses qui portaient à chaque coup; il ne fallait pas avec lui tenter un combat d'épigrammes, car non seulement on était battu, mais encore rudement. C'était bien à lui qu'on pouvait appliquer ce vers connu, qui est devenu proverbe :

Gille a cela de bon : quand il frappe, il assomme.

Je me tus donc. Ma mauvaise humeur était extrême : les femmes veulent qu'on les croie fidèles lors même qu'elles ne le sont pas, c'est une de leurs manies : on nous pique en doutant, on nous blesse en affirmant, et nous sommes si fort attachées à obtenir toute confiance, que nous qualifions d'injustice un refus motivé sur de bonnes raisons.

En conséquence de l'autorisation officielle du prince de Merinvilla, j'allai au souper de S. M. Danoise. C'est chose sacrée et très vénérable que la personne d'un monarque, et la haute opinion que l'on prend d'elle avant que de l'approcher souffre beaucoup, lorsque, dans une fréquentation plus intime, elle est contrainte d'en rabattre : c'est ce qui arrive presque toujours.

Je fus discrète touchant l'honneur qui m'était fait; les intimes seuls en eurent connaissance.

« Eh bien, me dit mon amie Le Clerc, tu sais donc maintenant ce que vaut un roi? Eh bien! que pèse-t-il?

— En fait de majesté, le poids est énorme.

— Mais en humanité?

— Ah! ma chère, que la nature est équitable! elle a mis à tout des compensations.

— Oui : aux soldats-aux-gardes la force positive, aux monarques la représentation : je m'en doutais.

— J'en ai la preuve.

— Avait-il le désir d'être aimable?

— S'il n'eût tenu qu'à lui... C'est dommage que le roi de Danemark n'ait pas avec lui un chancelier qui fasse honorablement les affaires de son maître. »

Pourquoi m'attachai-je, en ce moment, à me souvenir de Mlle Fleury (1), que le public s'était avisé de surnommer avec assez d'inconvenance, la *Belle et la Bête*, pour la distinguer de ses deux homonymes, Fleury la douairière à cause de son âge, et Fleury la jolie, qui m'avait remplacée dans les affections de M. Hocquart. Elle prétendait débuter à la Comédie-

____

(1) Voir *Mémoires secrets*, année 1768. Mlle Fleury débuta en 1769. Elle s'était assuré l'appui de La Morlière et de sa troupe d'applaudisseurs payés. Un de ses amants fut le prince de Nassau, dont elle eut un enfant.

Française dans le rôle de *Médée*; on doutait de son talent : elle en eut assez pour mériter les éloges et les encouragements.

C'était une belle créature, douce, naïve, complaisante et qui avait une singulière habitude : chaque fois qu'elle faisait un heureux, et cela lui arrivait souvent, tant son caractère était bon, elle ne manquait jamais de faire la révérence, qu'elle accompagnait d'un : *Monsieur, je vous remercie!*

Je la querellais un jour sur ce protocole bizarre, mais je le faisais sans succès.

« Que voulez-vous, me répondit-elle, mes parents m'ont appris à être honnête. »

On voulut la mystifier dans une circonstance, et on lui présenta un fort de la halle qu'on lui dit être un prince d'Allemagne, et, lorsque, ensuite, on se mit à la plaisanter :

« Ce n'est pas moi, dit-elle, qui ai été attrapée. Ce brave garçon a fait mieux qu'un prince, et je compte le revoir, car il me semble que la quantité vaut mieux que la qualité. »

Je lui disais un jour qu'elle se montrait trop pressée, et qu'il était bon de filer une intrigue, afin de n'avoir pas l'air de commencer ce roman par la fin.

« Ma chère, me dit-elle, les préparations ne sont que du remplissage, et, puisque le solide est au bout, j'y vais donc d'abord. »

Je me prends à sourire de ce passé. Te raconterais-je une histoire un peu égrillarde? mais elle m'amènera à un personnage d'importance.

Cette histoire est la mésaventure de Mlle Fauconnier. Un monsieur, vêtu de noir, accompagné d'un exempt se présente un jour chez elle et demande à lui parler en particulier.

La vue de l'oiseau de mauvais augure qui est à sa suite et dont le costume et la canne ne sont que trop connus excite déjà une telle épouvante chez cette pauvre fille, qu'elle est déjà hors d'état de rien refuser dans la crainte légitime que des méchants ne lui aient suscité une mauvaise affaire.

Elle passe donc dans une pièce reculée de son appartement

avec le monsieur vêtu de noir qui ferme les portes avec soin,
puis qui, baissant la voix :

« Mademoiselle, dit-il, je suis désespéré de la mission
pénible que j'ai la charge de venir remplir auprès de vous,
par ordre exprès de monseigneur le lieutenant de police. »

A ce début sinistre, Mlle Fauconnier est près de se
trouver mal; elle cherche par quel méfait elle se sera
rendue coupable, interroge sa conscience, se trouble, pâlit et
demande avec insistance que son crime lui soit reproché.

« Mademoiselle, poursuit le monsieur vêtu de noir, on
vous accuse d'avoir singulièrement altéré la santé d'un jeune
homme de très haut rang qui est venu chez vous en plein incognito et que vous avez pris pour un polisson sans conséquence : ses illustres parents se sont plaints, ils ont porté
leur requête à monseigneur le lieutenant de police, et ont demandé que vous soyez enfermée aux Madelonnettes. »

A cette révélation funeste, la malheureuse s'évanouit à
moitié; cependant, forte de son innocence, elle repousse la
culpabilité prétendue, et offre la preuve que le méfait n'existe
pas.

« Mademoiselle, monseigneur le lieutenant général de
police sait ce qu'il doit aux parents du jeune homme, et rien
n'empêchera de les satisfaire, si vous êtes dans votre tort.
Mais, d'une autre part, monseigneur le lieutenant général de
police est l'équité en personne et, à ce titre, ne vous condam-
nera pas si vous ne le méritez point; en conséquence, il m'a
donné la commission à moi, docteur en chirurgie en la faculté de Montpellier, de venir vous trouver, et après vérification faite, de lui adresser un rapport qui décidera le point;
s'il est favorable, on imposera silence aux accusateurs. Mais
si je retire la conviction... je souffre de vous le dire... on
vous conduira aux Madelonnettes. »

Mlle Fauconnier, un peu rassurée depuis qu'il dépendait
d'elle-même que l'affaire tournât bien, ne balança pas à inviter
M. le docteur en chirurgie de la faculté de Montpellier de
procéder conformément à la volonté de monseigneur le lieu-

tenant général de police; mais lui, avec un sourire respectueux qui succéda à sa gravité première, prétendit qu'avant qu'il pût instrumenter, il était un travail préliminaire qui s'imposait à Mlle Fauconnier et qui devait être fait avec décence; il tira de sa trousse, dont il était muni, un rasoir et des ciseaux, les remit à l'inculpée, lui en indiqua l'usage, non sans rougir, mais toujours au nom de monseigneur le lieutenant général de police, et lorsque subjuguée par son épouvante, Mlle Fauconnier, après s'être retirée modestement dans un coin, se fut mise à l'instar d'une petite fille, quand elle eut fait table rase, le chirurgien procéda à la visite sans rien omettre, puis dressa son procès verbal spécifiant l'état des lieux par mots techniques et sans circonlocutions. La chose faite et l'accusée ayant remis ses vêtements, il lui dit que l'usage était de payer un louis une telle visite et de donner six francs à l'exempt. Mlle Fauconnier, trop heureuse d'en être quitte à si bon marché, car il lui fut assuré qu'on allait la proclamer la demoiselle sans tache de tout Paris, donna de grand cœur les dix écus, et on se sépara de bonne amitié.

Eh bien, tout cela n'était qu'une abominable plaisanterie; elle reçut dans la journée la quittance de trente livres que lui envoya le curé de sa paroisse, pour le versement qu'elle avait fait faire de pareille somme au bénéfice des pauvres, et le procès-verbal de la vérification de ses charmes courut imprimé dans tout Paris, sans que l'on y eût omis le sacrifice préliminaire exigé d'elle. Ce lui fut un rude coup; elle demeura plus de six mois sans oser se montrer d'aucune façon, et il en résulta une perte incalculable en raison de cette vacance forcée; elle aurait bien voulu porter plainte à son tour; mais elle apprit que le principal auteur de cette avanie était le prince de Conti; dès lors il fallut se taire.

Ce prince, ne pouvant être homme de guerre, à cause de la politique du gouvernement, se dédommageait de son inaction forcée en s'occupant du soin de plaire aux femmes et de les tourmenter, c'était pour lui chose égale que les aimer ou les

combattre; généreux comme à la Cour on ne l'était plus
guère, il mettait de l'ostentation à augmenter le nombre de
ses conquêtes; chaque fois qu'une femme, n'importe le rang
ou la profession, avait répondu à ses désirs, elle devait primo,
donner une boucle de ses cheveux, et un autre échantillon
plus mystérieux; secundo, sa bague, et en troisième, se
laisser peindre à l'huile ou en miniature, selon qu'il fallait
mettre plus ou moins de discrétion dans cette faveur; les
cheveux, le reste et la bague étaient renfermés dans une bonbonnière et attachés au portrait avec une étiquette, indiquant
le nom, le signalement, l'âge présumé de la dame et la date
précise du jour et de l'heure où elle avait cédé. Tout était
réuni dans une suite de salles interdites au public, mais où
parvenaient facilement les intimes et même les curieux, qui
payaient la complaisance de la valetaille de monseigneur.

Le nombre de ces portraits dépassait deux ou trois mille;
à en voir une aussi grande quantité, on imaginait parfois
que le prince n'avait pu suffire à cueillir tant de lauriers dans
les champs de Cythère, et qu'il se faisait plus magnifique
qu'il ne l'était réellement.

Toute demoiselle débutant dans le monde devait une visite
au Temple et nulle n'y manquait. Le cérémonial de ces
sortes de rencontres était invariable : un page de S. A. S.
venait engager la demoiselle à aller prendre une tasse de café
avec le premier gentilhomme de monseigneur; il indiquait
l'heure, souvent très indue, car le prince avait pour usage
de faire de la nuit le jour; la demoiselle se parait de son
mieux, une voiture simple, des laquais vêtus de gris la prenaient chez elle, au moment convenu; elle arrivait, deux
femmes la recevaient, la conduisaient dans une salle où un
bain était préparé; quand elle l'avait pris, M. Guérin, le
chirurgien de S. A. S. faisait la visite (1); s'il concevait des
doutes, la demoiselle, à la suite d'une réprimande, était ren-

____

(1) Les *Rapports des inspecteurs de police*, à la date de novembre 1772,
attestent que Guérin, malgré sa vigilance, était susceptible d'erreur.

voyée sur-le-champ, mais jusqu'à nouvel ordre, S. A. S. ne voulant renoncer que lorsque l'impénitence finale était par trop constatée. Si le docteur ne trouvait rien à dire, l'appelée passait dans une pièce voisine, tendue de bleue, si la demoiselle était blonde, ou dans une autre tendue de jaune, si elle était brune; là, elle trouvait une collation préparée, et on lui remettait un écran sur lequel on lisait les coutumes de la maison, le don des cheveux, de la bague, le portrait et le reste; le prince paraissait enfin, il causait et la conversation terminée, un carrosse, cette fois à ses armes et avec des gens à sa livrée, ramenait la demoiselle à qui on remettait une bourse de filigrane avec cinquante louis, non que le prince s'arrêtât à ce taux quand il était content du sujet, mais enfin le cadeau ne manquait pas de munificence envers une jeune personne qui pouvait en outre compter sur la protection de S. A. S.

A propos du chirurgien de Mgr le prince de Conti, je me rappelle l'aventure suivante : il y avait alors de par le monde une dame de L..., maîtresse avouée d'un ministre dont elle avait eu plusieurs enfants qui portaient le nom du mari. Ces fils de l'amour avaient fait une fortune rapide; l'un d'eux, le marquis de L..., était colonel à la suite d'un régiment d'élite, il avait une maîtresse : qui n'en avait pas alors? M. Guérin la trouvait jolie, la suivait avec assez d'affectation pour inspirer de la jalousie à l'amant; celui-ci, impatienté de voir toujours M. Guérin à la suite de la belle, vint à lui, le traita mal et le menaça de coups de bâton; le frater feint d'ignorer à qui il a affaire, tombe sur M. de L..., le secoue rudement, et bon gré mal gré, le traîne devant le commissaire; là une explication a lieu, le marquis demande vengeance; mais M. Guérin se fait connaître comme attaché à la personne du prince de Conti, et à ce nom, le commissaire au lieu de l'envoyer en prison selon la demande du marquis, se hâte de le renvoyer à son maître auquel il va se plaindre de M. de L... et de l'avanie qu'il prétend en avoir reçue.

Le prince de Conti n'aimait pas M. de Saint-Florentin, et

LA DUPUE, par Perin. (Musée de Reims.)

Phot. de Rothier, Reims.

charmé de trouver une occasion indirecte de lui être désagréable, prend aussitôt la plume et écrit en ces termes au marquis de L...

« On dit, Monsieur, que vous voulez faire périr le sieur Guérin sous le bâton, je vous prie de songer qu'il est mon chirurgien, qu'il m'est fort attaché, que j'en ai besoin, car j'ai vu beaucoup de filles, que j'en vois encore, ce que madame votre mère vous affirmerait en cas de besoin... J'ai eu des bâtards, mais j'ai toujours eu soin qu'ils ne fussent pas insolents. Je suis, Monsieur, avec la considération que vous méritez, votre serviteur, etc. »

Cette lettre cruelle dont le prince fit courir des copies, produisit un scandale énorme. On eut de la joie de l'affront qui en résultait pour une famille justement haïe et M. de L... ne songea plus à punir M. Guérin, qui n'en fut que plus audacieux.

Maintenant, tu me demanderas si je fus la seule à laquelle le prince de Conti fit l'affront de ne pas l'appeler à prendre une tasse de café avec son premier gentilhomme : je n'ai pas de reproche à adresser à S. A. S. et je me plais à rendre justice à sa politesse et aux bontés dont il m'a toujours honorée jusqu'au moment de sa mort; je lui dois de la reconnaissance, et certes, mon souvenir n'est pas ingrat.

Mme de Boufflers était la tenante de cette maison; elle y avait le titre de maîtresse-douairière, et elle en remplissait la charge de représentation très agréablement... J'ai vu en rang moins superbe, et toujours plus intime, Mlle Peslin (1), danseuse attachée à l'Académie royale de musique et dont le prince de Conti était devenu véritablement amoureux : il voulut lui faire abandonner le théâtre et la doter en conséquence.

Le prince de la Marche, fils du prince de Conti, mérita dès

---

(1) Ou Pelin (Angélique) se trouve sur les états de l'Opéra comme danseuse « dansant seule ». Amie de la Guimard. Du temps de sa liaison avec le prince de Conti, elle le trompait avec le marquis de Fleury, et elle trompait le marquis de Fleury avec d'Auberval. On lui accordait, sans être absolument jolie, « le don de plaire et un très bon caractère ».

sa jeunesse une renommée brillante dans les fastes de Cythère, il était à peine adolescent lorsque son gouverneur le surprit en flagrant délit avec la fille d'un porteur d'eau et s'en vint, tout éperdu, raconter ce fait au prince de Conti et lui demander ses ordres.

« Cette malheureuse est-elle jolie?

— Que trop, monseigneur.

— Eh bien! mon fils est plus heureux que moi, car j'ai débuté avec une créature laide et presque vieille.

— Mais, monseigneur, que faut-il en faire?

— Ce soin regarde mon fils. Pensez-vous, monsieur, que je l'ai mis au monde pour l'élever en sot? Il verra des filles, cela fait passer le temps.

— La morale, Monseigneur...

— Votre devoir est de la lui apprendre, et ne craignez pas que la petite personne aille sur vos brisées en ce genre d'enseignement. »

Ce fut tout ce que le gouverneur put tirer du prince de Conti.

J'ai parlé de M. de Lauraguais. Lassé de Sophie Arnould qu'il avait reprise après sa passade avec Mlle Hus, il s'était épris d'une belle passion pour Mlle Heinel (1), la danseuse. Le goût était baroque. Heinel, Allemande de naissance, était un superbe homme sous les habits de mon sexe : c'est l'effet qu'elle m'a toujours produit. Des formes colossales, une taille à l'avenant, un pied, des mains qui ne démentaient pas le reste, une peau admirable de fermeté et de blancheur, une figure très bien, mais à grands traits, des yeux pareils à des portes cochères à tel point ils étaient énormes. On les admi-

(1) Mlle Heinel, née à Bayreuth en 1753. Débuts à Paris en 1768. « Par sa manière noble, majestueuse, on croyait voir Vestris danser en femme! » On a souvent raconté la première rencontre de Mlle Heinel avec le prince de Conti, les fantaisies amoureuses de celui-ci et le mot qu'elles inspirèrent à Sophie Arnould, recevant les doléances de la danseuse : « On n'est jamais si petit qu'auprès des grands. » Voir une note précédente et le charmant livre, si riche en informations, de M. Gaston Capon, les *Vestris*.

rait : j'y aurais consenti, pourvu qu'au préalable on eût convenu que l'immensité serait désormais le type de la beauté. Sa bouche, petite, contrastait, selon moi, ridiculement avec l'ensemble.

Heinel dansait à l'avenant ; le monde ordonnait qu'on s'enthousiasmât de sa personne, de sa danse et de ses charmes. Tout cela ne me plaisait pas, mais les hommes ont des goûts singuliers. Le comte de Lauraguais s'était donc épris de cette manière de montagne, et le bruit public disait que, pour obtenir ses faveurs, il avait débuté par lui envoyer 30 000 livres dans une boîte d'or et de nacre. A cela était joint un pur cadeau de 20 000 livres à un frère tendrement chéri de la danseuse. Ce frère, du reste, était *colosse second*, véritablement beau des pieds à la tête, le point de mire de toutes les filles d'Opéra. M. de Lauraguais, en outre de ces magnificences, donnait un appartement meublé avec un goût exquis, un carrosse doré comme un calice, des chevaux, des laquais, avec profusion sans pareille qui dépassait, disait-on, 100 000 livres.

Notre camarade Grandi, un soir, au foyer de l'Opéra, enviait le sort de Mlle Heinel.

« Un peu de patience, je crois, lui dit M. de Cortigny, qui sait si votre étoile ne vous promet point la même heureuse aventure ? »

Le lendemain, Mlle Grandi recevait une lettre en fort mauvais français (elle avait l'excuse d'être écrite par un Anglais) qui lui demandait de la protéger en secret, à raison de vingt mille livres par mois.

Elle accepta la proposition sans hésiter et le lord parut. C'était un grand garçon à carrure lourde, aux blonds cheveux, blanc et rose à plaisir, bien vêtu, sans luxe, mais les doigts chargés de bagues. Il remercia de l'honneur qui lui était fait et parla de ses millions ; son père lui avait laissé une cave remplie d'or et d'argent, et il avait des possessions dans les quatre parties du monde.

Ce discours saisit de respect Mlle Grandi. L'Anglais cita les

sommes énormes qu'il avait semées depuis Londres à Paris,
en passant par Hambourg et la Hollande. Il avait fait, dans
chaque ville, le Jupiter magnifique auprès d'une demi-dou-
zaine de Danaés. Ses mains jouaient négligemment dans ses
poches avec des poignées d'or. Tout en causant, il s'avisa
d'être téméraire. Mlle Grandi résista un peu, mais il devint
plus entreprenant; la défense mollit. Tant et si bien que
l'Anglais fut heureux.

« Mademoiselle, dit-il dans son baragouin, permettez... »

Il s'arrête, sort de son habit... des diamants?.. point du
tout : des tablettes; il en prend le crayon, chiffre, calcule,
puis dit avec flegme :

« Mademoiselle, je suis un homme d'ordre; je ne
vivrais pas tranquille si je devais un farthing seulement pendant une heure. Il y a seize minutes que notre marché est
conclu. Or, à raison de 20 000 francs par mois, cela fait
sept livres, deux sous, un liard, deux deniers appoint à
votre avantage. En conséquence, voici mon dû en monnaie
de France. »

Mlle Grandi l'écoute, stupéfaite, rit de l'originalité du personnage, croit à une plaisanterie et s'en amuse. L'Anglais
disparaît... et ne revient point. C'était une méchante mystification.

Mlle Grandi qui parla moins, désormais, au foyer de l'O-
péra, se rattrapa plus tard avec un richissime Hollandais,
massif de corps comme la plupart de ceux de sa nation,
mais qui, du moins, payait comptant (1).

On a beaucoup parlé de mes relations avec M. de Sartine.

---

(1) *Mémoires secrets*, 14 mars 1767. « ... Le lendemain, il arrive chez
Mlle Grandi un magnifique carrosse attelé de deux chevaux; trois chevaux
suivent en laisse, et l'on trouve 130.000 livres dans le carrosse. On ne dit
point encore le nom de ce magnifique personnage, bien digne d'être inscrit
dans les fastes de Cythère. On assure que c'est un étranger, ce qui est inju-
rieux pour la galanterie française. — Mlle Grandi, « danseuse en double d'un
talent médiocre ». Le maître de ballets Laval avait fait son éducation, sous
tous les rapports.

L'origine en est étrange (1). Elle me vint d'un accès de vertu, ou de prudence, comme on voudra.

J'étais en commerce d'amitié avec M. le prince d'Henin. On me l'annonça, un jour, accompagné d'un M. Stanislas. Qui était-ce? Un poète inconnu, un gentilhomme champêtre? Mes visiteurs entrèrent. Le premier coup d'œil que je jetai me prouva que mes conjectures n'avaient pas de sens commun : le compagnon du prince d'Henin, ce M. Stanislas, que je me figurais un passe-volant sans conséquence, n'était rien moins que S. A. le prince de Lamballe. Je le reconnus d'abord, bien que vêtu en habit noir et sans rien qui le distinguât. Je l'avais vu à l'Opéra, à la Comédie, chez Guimard, mais jusqu'à ce moment, il ne m'avait pas fait l'honneur de venir chez moi. Le nom qu'il prenait me donnait à connaître qu'il prétendait garder l'incognito. J'étais trop bien apprise pour ne pas me conformer à sa fantaisie : pourtant, me levant de mon fauteuil, j'allai aux deux tiers du salon, au-devant de Son Altesse avec l'empressement respectueux que je lui devais.

Le prince de Lamballe, âgé à peine de vingt ans, touchait au tombeau où le conduisait une vieillesse anticipée. Il avait dévoré la vie, et cela, avec une avidité effrayante. Fils d'un père vertueux, il s'était lancé, dès avant quinze ans, au milieu d'excès que sa faible santé ne put supporter. Il n'était plus qu'une ombre encore vivante; la flamme de la jeunesse, éteinte dans ses yeux, les rendait mornes et froids, ses joues creuses, sa pâleur, la toux qui lui était habituelle, un tremblement convulsif de la tête, tout annonçait sa disparition prochaine. Lui seul n'y croyait point et il ne cessait de former des projets pour l'avenir.

C'était à une princesse de Same-Carignan qu'il était marié

(1) M. de Sartine (1729-1801), conseiller au Châtelet, lieutenant de police, puis ministre de la Marine. « Il possédait en circonspection, en discrétion, en souplesse, tous les menus talents de la médiocrité. » (Marmontel, *Mémoires*, tome III.)

tout nouvellement (1). La jeune femme brillait de fraîcheur
et de santé. Qu'elle était majestueuse et belle! On l'adorait
rien qu'à la voir. Destinée à tous les malheurs possibles, elle
commençait par ceux d'un hymen mal assorti; elle devait
finir par un supplice atroce! Plus elle avait de qualités et de
charmes, moins elle plaisait à son mari, blasé, éteint, expirant.
Il venait de s'afficher à l'époque de son mariage avec Mlle de
la Chassaigne (2), actrice sans talent de la Comédie-Française et dont la figure commune et sans expression ne revan-
chait pas de son peu de mérite. Elle avait cependant été
aimée du prince et elle lui avait fait l'honneur d'une pater-
nité équivoque. Ce cas rendait la Chassaigne fort impertinente. Elle avait fini par se croire princesse du sang, ou à
peu près.

Mais une amie ne suffisait pas au prince. La superbe et
hommasse Laforêt (3) s'était mise sur les rangs et avait obtenu
le mouchoir éphémère. Cette bacchante désordonnée se montra sans pitié envers un tempérament déjà faible, et les dé-
sordres auxquels elle le poussa inspirèrent aux surveillants
du prince de graves inquiétudes. Le duc de Chartres, qui

---

(1) La courte vie du prince de Lamballe, mort en 1768, fut scandaleuse.
Il y avait cependant eu quelque grâce dans sa rencontre avec la princesse
de Carignan, qu'il épousa à Nangis. Il avait voulu la connaître sans qu'il fût
connu d'elle, et il s'était présenté comme un simple gentilhomme, venu la
complimenter de la part de son maître.

> Deux jeunes cœurs formés du sang des rois,
> Epris tous deux de l'ardeur la plus belle...

dit l'*Ephitalame sur le Mariage de Leurs Altesses Sérénissimes*. Mais de la part du
prince cette ardeur dura peu. Voir, dans Bachaumont, les détails de sa fin :
« Il est constant qu'il succombe sous les remèdes dont on l'accable. Il est de
fait, par les mémoires de l'apothicaire, qu'on lui a administré sept livres de
mercure, sans compter les dragées de Keyser et autres ingrédients de char-
latan. » *La Gazette de France*, du 9 mai 1768, vante ses sentiments « de piété
et de résignation ».

(2) Débuta en 1766 par le rôle de Phèdre.

(3) Il est fort souvent question de Mlle Laforêt dans les *Notes des inspecteurs de police*, de ses démêlés avec Mlle Fleury, de sa « hauteur insupportable » et de son luxe : on l'avertit de ne pas paraître à la revue du roi
dans un carrosse à six chevaux.

s'intéressait vivement à « cette pauvre Laforêt » la mit à couvert pendant un temps et chacun se demanda pourquoi. Des bruits étranges coururent à ce sujet; on les éteignit en faisant reparaître Laforêt qui vint se jeter aux pieds du duc de Penthièvre et lui rendre des diamants enlevés de l'écrin de Mme de Lamballe, dont le prince avait osé lui faire cadeau.

Au moment où M. de Lamballe daigna venir chez moi, il s'attachait à la gentille Lacour, créature délicieuse, n'eût été le palais d'or qui, dans sa bouche, remplaçait celui de chair (1). Hélas! les ravages d'une maladie funeste l'avaient réduite à cette extrémité qu'elle dissimulait le mieux possible, qu'elle n'avait pu cacher à ses amis et dont, par conséquent, le public était instruit. J'avoue que, à part l'honneur que me faisait Son Altesse, j'avais peu de satisfaction de sa présence. Cependant, il ne m'était pas permis de manifester mon inquiétude et, lorsque M. d'Henin m'eut présenté son compagnon « comme un jeune homme de la plus belle espérance », je le mis, sans affectation, à la place d'honneur où il s'établit comme s'il oubliait son incognito.

M. de Lamballe m'accabla de compliments : il était en veine. Sa galanterie si ardente me fit peur; je vis le moment où M. le prince d'Henin, par une complaisance qui m'eût été pénible, allait le laisser seul avec moi.

J'esquivai par une défaite ingénieuse une déclaration que je sentais menaçante. Je gagnai du moins quelques jours. J'étais assez troublée lorsqu'entra le gazetier Marin (2) qui était de mes amis. Je le mis au fait, en lui disant que si je

___

(1) Le fermier général Magon de la Balue avait fait pour elle « une dépense considérable ».

(2) Marin (François-Louis-Claude), 1721-1809, était un provençal adroit et sachant se pousser dans le monde. De petit avocat, il était devenu censeur royal, secrétaire général de la Librairie, chargé de la direction de la *Gazette de France*. On raconte que ses fonctions lui imposant le devoir d'empêcher l'introduction à Paris de certaines œuvres de Voltaire, il donnait en apparence, des ordres fort sévères et laissait, en réalité, les volumes proscrits entrer par un autre point que celui qu'il avait fait ostensiblement surveiller.

(D'après L. Vigée, gravure de Ingouf le jeune.)

tenais à ma santé, je redoutais aussi le mécontentement du prince. Que faire? J'en vins à cette idée singulière de faire demander conseil à M. de Sartine. Marin était dans les bonnes grâces du lieutenant général de police.

« Informez-le, je vous prie, d'un honneur qui m'inquiète. Je ne me soucie pas de lutter contre M. le duc de Penthièvre, déterminé à sévir contre celles qui sont aimées de son fils. Je supplie M. de Sartine de me sauver, ou du moins, s'il faut que je succombe, que ce soit avec son attache et sa garantie.

— Ceci est plaisant, dit Marin. Mais je ne vous croyais que jolie femme : vous avez du bons sens, ceci a sa valeur. Tranquillisez-vous, je ferai votre cour à Monseigneur et je saurai de quelle manière il faut vous conduire.

— Le cas est urgent. »

Marin me promit qu'il me rendrait le lendemain la réponse du lieutenant de police. Le lendemain, en effet, il me faisait savoir le résultat de sa mission. M. de Sartine, charmé de ma prévenance à son égard, me faisait promettre sa protection, mais à la condition que j'irais le remercier en personne.

Je ne pus m'empêcher de dire :

« Ainsi, en voulant éviter Charybde, je suis tombée à Scylla.

— Miséricorde! comparer Monseigneur à un gouffre! »

Je dus donc aller le voir. Il pouvait avoir quarante ans à cette époque. Espagnol d'origine, son teint était brun, ainsi que ses yeux vifs pas trop grands et bien coupés. Il manquait de grâce et de beauté, sans être laid. Il portait déjà cette perruque caractéristique, destinée à servir de modèle, dont les nombreuses copies ont retenu le nom. Les perruques jouaient un grand rôle dans la toilette de M. de Sartine, il en avait un cabinet rempli, chacune posée sur un pied et renfermée dans une armoire vitrée, ce qui laissait la facilité de les voir d'un coup d'œil et l'avantage de choisir celle qui convenait le plus au moment.

Il y avait sous ce *crépi-boudiné* de l'esprit, de la finesse, de

vastes connaissances, de l'astuce et l'art éminent de se faire
valoir, quelque peu de galanterie, gourmée, il est vrai. Lui
qui devait tout entendre et qui entendait tout, en effet, il
avait la manie de se mettre les doigts sur les oreilles, mais
point de trop près, comme on suppose.

« Voici longtemps que vous êtes attendue, Mademoiselle, dit-il en m'accueillant; je vous dois des compliments
pour votre conduite prudente. »

Puis il me parla de l'Opéra, du monde, me donna des conseils excellents, me félicita de la tenue de ma maison, en mettant quelque coquetterie à me prouver qu'il savait tout ce
qui s'y passait et me fit asseoir auprès de lui sur un canapé,
dirigeant la conversation à sa fantaisie. Je le laissai faire à sa
guise; il est naturel que le maître du logis donne le ton. Il
ne tarda pas à le donner fort vivement (1).

Un nom se présente sous ma plume, mais il me fait frémir
aujourd'hui : qui eût pu soupçonner, en ce temps, ce que

----

(1) M. de Sartine n'était pas toujours aussi complaisant. A une promenade de Longchamps, alors si fort à la mode, Mlle Deschamps devait pa-
raitre dans un carrosse dont les harnais seraient recouverts de strass;
c'était un raffinement de luxe si peu commun qu'il faisait un bruit sans pareil. On s'en indignait dans Paris. Certaines grandes dames se plaignirent
à l'autorité. Le lieutenant de police envoya chercher la Deschamps et la
prévint que si elle se montrait dans cette magnificence, les chevaux, les harnais, la voiture, tout irait au fond de la rivière. « Et, ajouta-t-il, sans
qu'on s'embarrasse si vous êtes dedans. »

M. de Sartine savait mettre de l'esprit, parfois, dans sa justice. Un
gentilhomme de bonne race, mais réduit aux expédients, avait soustrait
ses diamants à Mlle Fleury, à la suite d'une assez vilaine comédie.
Mlle Fleury s'était allée plaindre au lieutenant de police. Le coupable fut
surveillé. C'était en Hollande qu'il voulait vendre les diamants, et il partit.
Presque aux portes de Paris, tandis qu'il traversait la forêt de Montmo-
rency, son carrosse fut attaqué par six hommes bien armés, qui dévalisè-
rent entièrement le voyageur et découvrirent aisément les diamants.

Avec quelque audace, il vint conter sa peine au lieutenant de police, le
conjurant de retrouver ses voleurs, mais fort en secret. « Vous serez satisfait de la discrétion de mon monde, dit M. de Sartine. » Dès le lendemain, l'indélicat amant de Mlle Fleury recevait la visite d'un commis de
M. de Sartine. « On a découvert le receleur, lui dit-il, suivez-nous chez
lui. » On monte en voiture, et c'est chez Mlle Fleury elle-même qu'on le
conduit. Les prétendus bandits avaient été postés par M. de Sartine.

deviendrait M. le duc de Chartres, ses crimes et sa fin ! A peine osai-je m'arrêter un moment à son souvenir. Il était bien fait, alors ; sa taille ne manquait pas d'élégance, ses traits étaient beaux. On voyait qu'un peu plus tard, son teint, encore pur, serait échauffé. Déjà quelques boutons couvraient son visage, mais ils ne le déparaient pas. Qui croira à sa timidité en public ? Il l'avait, cependant, au point de paraître imbécile. Il s'en dédommageait par sa loquacité dans l'intimité : bavard, commère, tâtillonneur avec ses familiers, il avait le juron facile, dès son plus jeune âge. Ce prince avait sans doute quelques qualités : je ne peux plus me les rappeler depuis qu'il a compté parmi les assassins de son roi.

Je le revis peu de jours après la mort du prince de Lamballe. C'était à l'Opéra ; je fus choquée de le rencontrer en grande loge ; cette inconvenance me frappa et nombre de personnes en furent indignées. Le duc parut ne pas comprendre à qui s'adressait le murmure du parterre et le brouhaha non moins expressif des loges ; il lorgnait dans les diverses parties de la salle, m'aperçut, me fit un geste de familiarité, m'adressa un sourire à l'avenant et aussitôt quitte sa loge. Je devinai qu'il venait à moi.

Ma loge fut ouverte précipitamment par la femme chargée de ce soin et qui m'annonça Mgr le duc de Chartres. Je me levai respectueusement. Après quelques mots de badinage, il me dit :

« Vous avez été près de devenir ma proche parente. »

Je saisis l'allusion et répliquai que je regrettais sincèrement le prince de Lamballe, qui avait daigné se montrer chez moi.

« Je sais, dit le duc, il avait été faire une reconnaissance, afin de pouvoir plus tard s'emparer du corps de place. Il m'en a parlé et je suis son exécuteur testamentaire. »

La légèreté inconvenante qu'il employait à parler d'un si proche parent descendu depuis si peu de jours au tombeau me fit de la peine. Je n'eus garde, néanmoins, de le manifester, et je poursuivis la conversation sur le ton qu'il l'avait commencée.

« La charge, dis-je, sera pénible, car M. le prince de Lamballe éparpillait beaucoup ses sentiments.

— Aussi ne l'ai-je acceptée que sous bénéfice d'inventaire et dans la résolution qu'elle ne me mettrait en rapport qu'avec celles qui vous ressemblent. Le nombre n'en sera pas trop grand. Mais ce pauvre garçon a manqué de forces pour soutenir la vie.

— On prétend qu'on l'a aussi chargé de plus de poids qu'il n'en pouvait supporter. »

Je reconnus mon imprudence à l'éclair de mécontentement qui passa dans les yeux du jeune duc.

« Les Parisiens, fit-il, sont des enfants à la langue infernale, ils jouent à la calomnie avec plus de plaisir encore qu'aux osselets. Bah! il a voulu recommencer Hercule lorsqu'il était à peine Adonis. Vous n'avez pas eu le temps de faire la différence, mais parlez-en à Mlle Lacour et vous entendrez ce qu'elle sait là-dessus.

— Nous sommes si habituées, repartis-je, à la méchanceté du monde dans toutes les classes que nous répétons, sans y faire attention, les mensonges que journellement il débite. »

Cette tournure donnée à mon propos ramena la sérénité dans les yeux du duc de Chartres. Il me demanda si je serai libre de venir souper avec lui, M. de Sillery, M. de Barbantane et quelques autres intimes... A cette époque, un prince du sang comptait pour quelque chose; n'eussé-je pas été libre que je n'eusse su comment refuser.

Nous n'étions pas loin du Palais-Royal et c'était dans les petits appartements du Régent que se célébraient des orgies renouvelées des siennes; ce fut, plus tard, à Mousseaux (1), au Raincy et dans des habitations encore plus mystérieuses, quand ces fêtes eurent dégénéré en d'épouvantables baccha-

----

(1) Ce que l'on appelait la « Folie de Chartres ».

nales auxquelles, Dieu merci, je ne pris jamais part. Ce souper ne laissa pas, toutefois, d'être gaillard : il présentait cette particularité que le service était fait par de jeunes garçons et de belles filles, habillés de pied en cap comme l'étaient Adam et Ève dans leur première demeure. Ce qui est singulier, c'est que Mgr le duc de Chartres, déjà fort corrompu, ne parlait jamais avec indécence : le fond de sa conversation pouvait être graveleux, mais elle se parait des convenances des formes.

Mgr le duc de Chartres me fit souvent l'honneur de venir dans mon salon, mais à longs intervalles, sans dessein arrêté. J'ai tout lieu de croire que de nouveaux projets sur ma personne furent d'abord refroidis par la somptuosité du luxe dont m'entourait alors le prince de Merinvilla : il eut peur, dans son avarice, que j'en exigeasse la continuation. En conséquence, il se maintint sur le pied de l'amitié, mais il nous arrivait souvent de sourire en nous regardant. Nous avions entre nous un souvenir qui ne pouvait lui revenir sans une manière d'attendrissement, comme un général pense à sa première bataille.

XIII

J'ÉCRIS, comme je l'ai dit, ces notes à bâtons rompus, sans me soucier beaucoup d'ordre, au hasard de mes souvenirs. J'allai un soir à l'Opéra : on jouait des *Fragments*, sorte de spectacle alors à la mode : on le composait de divers actes formant à eux seuls des petites pièces et extraits des plus célèbres de l'époque.

J'arrivai seule, et, dès qu'on me vit, une volée d'amis s'abattit dans ma loge : on s'extasia sur ma beauté. On m'imaginait dans le domaine de M. le duc de Chartres. Le marquis de Villette, cependant, rôda fort autour de moi. Il me proposa même de se charger de ma dépense.

« Non pas, s'il vous plaît, lui dis-je.

— Et pourquoi, belle fantasque?

— Parce que je tiens à ma réputation.

— Elle serait donc compromise avec moi?

— Vous la rendriez suspecte.

— Vive la sincérité! Vous me regretterez peut-être.

— J'aurai soin, alors, de vous le dire. »

Guimard vint à son tour me rendre visite. On répandait force bruits sur son compte : on la disait ruinée. Elle était la première à rire de ces propos.

« Ce ne sera pas moi, disait-elle (connaît-on jamais l'avenir!) qui serai jamais ruinée, mais ces *messieurs du coffre* (elle désignait ainsi les financiers, ses amis) et mes créanciers.

Quant à moi, qui ne me prête ni de la recette ni de la dépense, je suis très désintéressée en tout cela. »

Je la vis néanmoins de mauvaise humeur. Le roi lui avait fait une « impertinence », je répète son propre mot.

« Et, grand Dieu, laquelle?

— Sais-tu ce qu'il m'a donné?

— Non.

— Six cents livres de pension sur sa cassette. A moi six cents livres! C'est-à-dire la dix-millième partie d'une goutte d'eau dans l'immensité de la mer. Une pareille générosité n'est-elle pas une impertinence? »

Puis ce fut le tour de M. le marquis de Sillery-Genlis; j'ai déjà parlé de lui. Je ne puis avoir pour le marquis que de la gratitude. Ce fut un grand fou, et charmant.

« Est-ce par goût que vous venez seule ce soir? me demanda-t-il.

— Curieux!

— On vous croit occupée d'une Altesse Sérénissime.

— On se trompe. »

Comment cela se fit-il? La conversation devint bientôt tendre entre nous. C'est quelques jours après cette rencontre que nous tombions d'accord.

Le marquis de Genlis possédait une foule de qualités précieuses, et, n'eût été son persiflage, il eût été parfait, mais on ne savait jamais, avec lui, s'il parlait sincèrement ou s'il se moquait, et, avec les meilleures façons et des intentions excellentes, on pouvait le ranger parmi ceux dont on a dit :

> ... Et qui pour un bon mot vont perdre vingt amis.

Il n'épargnait personne : son frère, sa belle-sœur, ses parents; il frappait sur tous, mais c'était sans malice âcre, sans fiel, par pur badinage. Il amusait ceux qu'il blessait, à part quelques orgueilleux; ses mots avaient une tournure fine et il recouvrait le trait piquant d'une enveloppe particulière.

Le jeune duc de Fronsac, se trouvant avec lui, parlait

d'une boutique où il avait été faire des emplettes; il racontait ce que le maître et les garçons lui avaient dit, répétant à tout moment le titre de « monseigneur » que ces braves gens lui avaient donné. M. de Genlis, lassé de cette affectation un peu vaniteuse (on sait la prétention des ducs à être monseigneurisés) s'approcha de lui et, le frappant sur l'épaule :

« Tais-toi, lui dit-il, avec ton *monseigneur*, on va te prendre pour un évêque. »

Le rire fou qui s'empara de l'assistance à ce propos et au flegme qui l'accompagnait, déconcerta le duc de Fronsac, très rempli néanmoins de la bonne opinion de lui-même. Il en eut du dépit, mais M. de Genlis ne s'en tourmentait guère.

Je lui reprochais un peu cette tendance à tirer sur les autres.

« Je me revanche, dit-il, en détail de ce que j'ai perdu en gros : ces messieurs m'ont aidé à me ruiner : il est juste qu'ils me rendent en plaisanteries ce qu'ils m'ont enlevé argent comptant. »

Il ne montrait point de susceptibilité à l'égard des accrocs que j'eusse pu faire à notre pacte.

« Ma chère amie, me disait-il à ce sujet, je ne vous recommande que de la prudence; une scène me serait fâcheuse, épargnez-la, et ce sera facile. Faites-moi dire que vous êtes souffrante, et je me réjouirai de votre bonne santé.

— Il faudrait que je fusse bien effrontée.

— Effrontée, non; franche, oui.

— Vous avouer une infidélité?

— Est-ce pis que de la commettre?

— C'est au moins garder le décorum.

— Et bien, je n'en veux pas... je suis homme à me fâcher de l'apparence et jamais de la réalité. Toutefois, reprit-il, quand vous aurez une fantaisie, demandez-moi conseil, je sais le faible et le fort de toute la Cour. »

Il était charmant. Je me rappelle que, un soir, comme je sortais de ma loge à l'Opéra, il vit venir dans le corridor une femme jolie à ravir. Il quitta mon bras, je me reculai;

il fut à elle avec autant d'empressement que de respect, la
salua, causa et puis, revenant à moi :

« C'est ma cousine, la comtesse de Rochefort d'Ally, celle
que Voltaire appelle « madame dix-neuf ans ». Elle m'a demandé qui vous étiez.

— Et vous m'avez nommée?

— Il fallait bien que je me fisse honneur.

— Et qu'a-t-elle dit?

— Elle est trop parfaite pour ne pas vous avoir trouvée
belle. Il n'y a que la laideur de dénigrante; la beauté dispose
toujours à l'indulgence. »

C'était ainsi que M. de Genlis tournait les choses les plus
simples. Je n'ai jamais éprouvé le moindre ennui avec lui. Sa
conversation, légère, variée, aigrelette, avait un charme particulier. Il manquait d'amour-propre, mais homme du
monde, il aurait pu faire du chemin si la paresse, dès le
début, ne l'eût porté à s'asseoir sur le bord de la route. Il
regardait les autres agir, se tourmenter pour arriver vite, et
lui les sifflait. C'était son passe-temps, on ne retrouvera plus
des caractères de ce genre, parce que le moule où on les
jetait a été cassé par la Révolution.

L'expérience m'avait appris, au reste, quel fond il fallait
faire sur la philosophie de ceux qui prétendaient que tout
leur était indifférent : il ne faut s'y fier qu'à demi. Il était
vrai, du moins, que le patronage du marquis ne m'était pas
tourmentant. Je le voyais souvent, mais point de manière à
l'avoir toujours à ma suite et comme mon ombre. Il savait
que pour se faire bien voir pendant longtemgs, il était convenable de se laisser parfois désirer. Il y avait des semaines
entières où il disparaissait, et, au retour, les histoires qu'il
me racontait pour excuser son absence m'amusaient toujours.

Ce fut lui qui me narra l'aventure de cette petite Bèze (1)

---

(1) Danseuse surnuméraire à l'Opéra. Il est souvent question de ses démêlés avec la police. « M. de Feretti a repris la petite Bèze (ou Baize),
bien qu'elle ne soit pas guérie ». *(Rapports des inspecteurs.)*

qui était bien le scandale en personne. Le prince de Lambesc, le prince de Guemené et le marquis de Liancourt s'étaient imaginés de former un mariage à la vénitienne : l'amitié les rendant frères, ils avaient pris une femme à eux trois, et, en vérité, leur concorde était édifiante. Bèze se trouvait si heureuse qu'elle avait adjoint à ses trois amants son coiffeur et son cocher. Mais la prospérité n'est pas de durée! Par la coquinerie d'un des favorisés, les princes et le marquis s'avisèrent un jour qu'ils tombaient en lambeaux, victimes de cette galanterie qui fait détester la découverte de l'Amérique. Ils se plaignirent et la comtesse de Brionne, mère du prince de Lambesc, cria plus fort que lui, si bien que l'ordre fut donné de l'envoyer à l'hôpital. M. de Sartine fut inflexible, et ce fut une sévère détention de cinq mois. Quand elle sortit, guérie, elle était pleine de ferveur pour recommencer sa vie passée. La continence lui avait pesé.

« Avez-vous bien réfléchi pendant ces cinq mois ? lui demanda le commis de M. de Sartine qui lui venait rendre la liberté.

— Ah! monsieur, fit-elle, je n'ai pensé à autre chose qu'aux occasions perdues... je veux me presser à tel point, maintenant, que, si l'on me renferme encore, j'aie pu me précautionner pour plusieurs années. »

M. de Genlis avait parfois des mots impayables. Les dettes sacrées pour lui étaient celles qu'il contractait à l'égard de ses maîtresses. Un jour, un de ses créanciers se plaignait qu'il eût donné ce qui lui restait à une personne dont il s'occupait tendrement.

« Mon ami, lui répliqua-t-il, sachez faire la différence : vous avez mon billet, mademoiselle n'a que ma parole. Vous pouvez me traduire devant les conseils, qui m'obligeront à vous payer. Mais elle ne pourrait adresser ses réclamations qu'aux étoiles. »

C'était lui qui disait de Mlle Tacite qu'elle était beaucoup plus « feuilletée » que l'historien romain. Mlle Tacite (1),

____

(1) Mlles Tacite et Sarron, danseuses surnuméraires à l'Opéra.

blonde assez jolie, fut, en grande rivalité avec une ancienne amie, Mlle Sarron. Mlle Sarron (dont on disait qu'elle me ressemblait, ce qui n'était point pour me faire un compliment) avait fait la connaissance d'un colon prodigieusement riche, qui goûtait fort ses yeux noirs et sa vivacité, son esprit emporté où chaque mot brillait en étincelle. La fortune était tombée sur elle, grâce à cette belle passion de M. Baudrémont. Elle était heureuse, elle eût pu l'être long-temps lorsque le hasard lui fit rencontrer un jeune garçon perruquier, un peu plus beau qu'Adonis, mais un Adonis doublé d'un Hercule. Dans son engouement pour celui-ci, elle manqua de prudence et se laissa surprendre par M. Baudrémont. Le colon s'en alla furieux, et, dans le temps qu'il était le plus furieux, le hasard le mit en face de Mlle Tacite. Elle ne demandait qu'à le consoler ; elle le consola en effet, et il s'arrangea avec elle. Mais Mlle Sarron regrettait la générosité de M. Baudrémont ; elle lui écrivit, il ne lui répondit point. Alors, elle imagina de le reconquérir par la force : elle s'en fut chez Mlle Tacite, armée d'un pistolet, la renversa sur son lit, la fouetta avec une badine qu'elle avait apportée, puis elle ordonna impérieusement à son ancien protecteur de la suivre. Le pauvre homme épouvanté de cette algarade, toujours menacé par le pistolet, obéit, et, sans beaucoup de plaisir, alla achever la nuit chez Mlle Sarron.

C'est M. de Genlis qui me raconta cette autre aventure, assez édifiante. Le marquis de L... était fort gêné d'argent. Il reçut un jour une singulière proposition. Une dame, cachant son nom et sa figure, le vint trouver et lui offrit un présent de mille louis s'il parvenait à lui procurer un entretien particulier avec le duc de Chartres, qu'il fréquentait. La mission n'était pas des plus honorables, mais le marquis était fort mal en point à ce moment. Il conta au duc de Chartres qu'une inconnue s'était fort éprise de lui ; il oublia, bien entendu, de lui dire l'intérêt qu'il avait à cette intrigue. Il piqua si bien sa curiosité que le prince consentit.

La dame avait donné les notions nécessaires pour qu'elle pût être avertie. Le marquis eut cependant un scrupule; il s'avisa qu'il y avait peut-être là quelque guet-apens; il accompagna le duc, s'étant travesti en laquais, et bien armé. Il demeura dans l'antichambre, l'œil au guet, l'oreille ouverte, prêt à faire irruption au moindre bruit suspect. Rien de semblable n'arrive; les choses se passent dans l'ordre naturel; la conférence est longue; enfin elle s'achève et le duc sort transporté, riant, se félicitant de sa bonne fortune. L'héroïne est charmante, bien au-dessus de ce qu'il attendait. Il jure qu'il la reverra.

Il la revoit en effet, et se plaît à quelques confidences au marquis. Il l'avait prise tout d'abord pour quelque femme de financier, point, elle tient à la Cour.

Quelques jours plus tard, le duc prend à part le marquis.

« Parbleu, dit-il, je voudrais bien savoir par quoi tu as pu déplaire à ma nouvelle conquête. Elle m'a dit un mal horrible de toi.

— De moi, monseigneur, et à quel propos, s'il vous plaît?

— J'étais dans un de ces instants où nous sommes faibles; elle me témoignait de l'inquiétude sur la discrétion de mes gens. Je crois devoir la rassurer en lui révélant que ce n'était pas ma livrée dont je m'étais fait suivre, mais que mon prétendu domestique était un ami. Je te nommai. A peine ton nom était-il prononcé que cette personne te dépouille des pieds à la tête, fait de toi un portrait effroyable et cherche de toute façon à me retirer ma confiance. Je t'assure que si tu es aimé de tes amis, tu as là en revanche une amie qui ne demande pas mieux que de te jouer un méchant tour. »

Cette confidence inattendue confond M. de L.... Il prie, il supplie le duc de lui faire connaître de qui il doit se défier; le duc s'y refuse d'abord, mais il finit par céder à des prières instantes, et il lui désigne Mme de T...

A ce nom, le marquis fut près de mourir de honte et de colère ; c'était sa propre maîtresse, qui, sous l'incognito, s'était servie de lui pour arriver au prince. Il courut à Versailles où il savait devoir la trouver et commença l'explication par des reproches mêlés d'injures.

« Halte-là, monsieur, lui dit la dame, réfléchissez auparavant au rôle non moins indigne que vous avez rempli, et que je ne laisserai pas ignorer si vous sortez des bornes de la délicatesse. La Cour et la ville sauront que vous m'avez vendue au duc de Chartres, je dirai que vous saviez qui j'étais : il paraîtra invraisemblable, en effet, que vous ayez écouté les offres d'une inconnue, et voyez la bonne réputation qui vous reviendra ! »

Ma rupture avec M. de Genlis fut assez singulière. Il m'avait plu infiniment, mais le cœur change. Au demeurant, bien qu'il affectât de railler la jalousie, il devenait jaloux, ce qui ne lui allait guère. Je l'aimais mieux quand il m'accablait moins de présents. Je gardais toutefois une extrême considération pour lui, et j'eusse été à mille lieues de me vouloir mal comporter avec un homme que j'estimais. En conséquence, je me décidai à agir avec lui en toute loyauté. J'ai eu bien des égarements, mais au cours même de ces égarements, j'ai toujours penché pour le parti le plus honnête.

Le propos tomba un jour, entre nous, sur M. de Rochefort dont M. de Genlis me citait un mot plaisant. On lui faisait un reproche de n'avoir point de maîtresse.

« Ma foi, répondit-il, rien ne m'ennuie comme de voir toujours devant moi la même figure. Je préfère me procurer à tour de rôle les maîtresses de mes amis : cela contente mon goût et sauve ma fortune.

— Eh ! dis-je en souriant, le comte de Rochefort est un homme de sens, et quiconque est raisonnable devrait imiter son exemple.

— Voici qui est piquant de votre part, fit M. de Genlis. »

Nous badinâmes quelques instants sur ce thème du changement, et j'ajoutai qu'on se sauvait ainsi de la peine ou du désagrément d'une rupture.

« Et quand on ne veut pas rompre ? dit le marquis.

— En est-on le maître toujours?… Moi, par exemple, s'il me plaît de vous quitter, n'y a-t-il pas là une explication pénible? »

Il n'eut point d'inquiétude, croyant à une plaisanterie.

« Quelle folie! dit-il.

— Folie, soit!… »

L'air grave que je pris soudain l'étonna. Il me considéra en devenant sérieux, lui aussi.

« Mon cher marquis, repris-je, je vous dois faire un aveu qui vous portera à estimer ma franchise. C'est que je ne me sens plus d'amour pour vous. L'amitié vous convient-elle à la place? Je vous l'offre et de bon cœur.

— Que signifie ce galimatias?

— Ne suis-je pas assez claire? C'est une belle et bonne rupture qu'avec douleur je vous propose. Nous ne nous convenons plus. A mesure que vous tombez dans la jalousie, je me sens d'humeur plus coquette. Vous voyez bien que nous avons cessé de nous entendre : prenons donc notre parti. »

A mesure que je parlais et à l'expression décidée que je donnais à mes paroles, je voyais une stupéfaction colérique se peindre sur les traits du marquis. Il ne se pouvait plus faire illusion et attribuer mon propos à l'envie de le tourmenter. Force lui était de reconnaître là une détermination très arrêtée et je laisse à juger de tout ce que son âme devait éprouver de dépit et de courroux. Il ne put y tenir plus longtemps et m'accabla de reproches.

« C'est peine perdue de votre part, lui dis-je, je suis décidée, rien ne me fera changer.

— C'est une conduite horrible.

— Point, c'est de la délicatesse et vous m'en devez ainsi de la reconnaissance.

— Ah! parbleu!…

— Préféreriez-vous que je vous fisse jouer le rôle de dupe et que je vous exposasse à la risée publique? Vous n'êtes pas de ceux qu'on traite ainsi : j'en suis d'ailleurs incapable; j'ai pour vous trop de considération.

— Que le diable vous en récompense, s'écria-t-il, exaspéré, je n'en ai que faire...

— Vous êtes si riche en cette denrée !

— Mademoiselle, quand on égorge les gens, il faut du moins leur épargner la dérision.

— En vérité, marquis, répétai-je, j'aurais du regret si quelqu'un vous entendait parler... quelle opinion prendrait-on de vous, à vous voir cette ténacité ? N'est-ce pas toucher au ridicule que d'exiger la constance ? Revenez à de meilleurs sentiments, plus dignes de vous. Armez-vous de dépit, si le courage vous manque. Vous apprêteriez à rire à vos ennemis... Allons, faites un effort, embrassez-moi de bonne amitié, et que tout soit fini... »

Sa fureur, cependant, s'apaisait un peu.

« Peut-être, repris-je, ce qui vous fâche est de me voir gagner de vitesse. Qu'à cela ne tienne ! Mon amour-propre s'immolera au vôtre. Je vous donne huit jours pour vous caser ailleurs, de telle sorte qu'on me croira l'Ariane, et vous le perfide Thésée. »

Malgré ce qui lui restait de colère, le marquis sourit. Sans doute, ce qui lui déplaisait le plus avait été d'être pris au dépourvu : les hommes tiennent beaucoup à ce qu'on ne les dérange point, lorsqu'ils marchent sur une ligne droite ; quiconque les en détourne les contrarie. Je brouillais ses calculs, j'attaquais son orgueil, mais ma proposition de passer aux yeux du monde pour l'infidèle lui paraissait piquante. Tant et si bien que nous discutâmes sur ce point, nous piquant bientôt l'un et l'autre de générosité ; nous faillîmes nous fâcher, pour le coup, tant nous mettions d'ardeur à nous vouloir surpasser en délicatesses. Nous transigeâmes enfin qu'il consentait à être abandonné, mais que puisqu'il fallait que je lui donnasse un successeur, l'amour, avec celui-ci, ne serait point de la partie. Ainsi nous séparâmes-nous, contents l'un de l'autre.

UN COIN D'OPÉRA, *d'après Tony Johannot.*

(Collection de M. G. Hartmann.)

XIV

JE reçus un matin la visite de l'aimable médecin qu'était
M. Bordeu. Il causa d'abord avec moi de choses indifférentes, puis soudain, avec un sourire, il me dit ce par quoi
débute d'ordinaire la conversation :

« Comment vous portez-vous?

— Mais, dis-je, surprise, aussi bien que possible.

— Sans crainte de l'avenir?

— Il est dans les mains de la Providence et on ne peut
savoir sous quel aspect il se présentera.

— Votre salon est fort recherché... Vous en faites les
honneurs avec grâce... Mais voyons, entre nous, qui distin-
guez-vous là... d'une façon particulière, en intimité.

— Mon cher docteur, dis-je, étonnée de la question,
venant de sa part, auriez-vous reçu de monsieur le Procureur
général une commission rogatoire, à l'effet de m'interroger
catégoriquement sur faits et articles? »

Il se voulut bien amuser de mes expressions en langue du
Palais, puis il reprit :

« Ma mission vient de plus haut. »

Cela fut dit sur un ton presque grave, à telles enseignes
que j'eus presque peur.

— Et que me veut-on?

— Votre bien, sans doute, mais avant tout, une confes-
sion exacte... oui, j'ai affaire à la vérité jusqu'au fond du
puits où elle se cache... »

Il avait repris le sourire qui lui était coutumier; il continua :

« Vous accommoderez-vous d'une diète de quinze jours? »

Je m'attachai au même ton de badinage, ne sachant où il en voulait venir.

« On la récompensera noblement, poursuivit-il. »

Je commençais à comprendre sa délicate mission.

« Royalement? dis-je.

— Pas tout à fait, mais presque. »

Ces mots m'intriguèrent fort. J'avais envie d'aller quérir l'*Almanach Royal*. Je fis mon éloge, que Bordeu n'admit point sur parole. Puis il s'en fut, ne revint pas, nul ne se présenta à sa place. Encore que je connusse le caractère de Bordeu, je me crus jouée, j'en rougissais. Mais la semaine ne s'était pas écoulée qu'une personne de confiance me faisait demander si je pouvais recevoir incognito S. A. S. le prince de Condé (1) qui était en route pour arriver chez moi. On devine quelle fut ma réponse, mais quand le gentilhomme qui m'était venu voir eut été la rendre à son auguste maître, ie ne pus m'empêcher de penser.

« Son Altesse a montré plus de courage sur les champs de bataille de Mars... Il n'a pas voulu s'avancer en pays ennemi sans en bien connaître les approches : c'est peut-être de la prudence, mais ce n'est pas de l'urbanité. »

J'eusse poursuivi ce monologue si je n'eusse entendu le carrosse du prince s'arrêter devant ma maison. Ce prince avait aussi un vif penchant pour la galanterie, mais il ne se répandait pas autant que M. le prince de Conti : Mme de Monaco (2) régnait despotiquement sur son cœur. Un peu plus tard, le prince de Condé se devait brouiller avec la majorité

---

(1) Le futur général en chef de l'émigration (1736-1818).

(2) « Femme de grande taille, de grand air. » Catherine de Brignole avait épousé à quinze ans le prince Honoré III de Monaco. Après de graves différends avec son mari, soutenu par le roi Louis XV, elle s'attacha à Condé. Pendant l'émigration, elle vendit ses diamants et son argenterie pour subvenir aux dépenses de l'armée royaliste. Condé l'épousa à Londres en 1801.

de la nation, en se rangeant du parti de la Cour contre le Parlement et alors ce furent contre lui bien des méchancetés et des épigrammes où on le raillait d'être borgne et où on imaginait qu'il exhalait une odeur un peu forte; de là ce quatrain, où l'on était censé s'adresser à Mme de Monaco, pour lui dire :

> Princesse, quand Condé vous lorgne
> Vous voyez alors qu'il est borgne
> Et quand il est à vos genoux
> Vous sentez que le prince est roux...

Mais, au moment dont je parle, il était à l'apogée de la première partie de sa gloire et fort avant dans les faveurs du public. Au demeurant, on tenait à grand honneur, à cette époque, tout rapport avec une personne de la famille royale. Nous n'en étions pas venus à ce point de perfectibilité qui porte à l'assassinat des princes et à leur préférer la canaille des rues. La philosophie la plus sauvage s'accommodait de leur fréquentation.

Dès que j'eus entendu le bruit de sa voiture, et malgré l'ordre d'incognito qu'on m'avait transmis de sa part, je savais trop mon monde pour, à la première visite, l'attendre dans le salon. Je me précipitai d'une course rapide à sa rencontre, et ce fut au milieu de l'escalier que je lui fis ma révérence. Il prit ma main avec cette galanterie ordinaire à ceux

LE DOCTEUR BORDEU

(Bibliothèque Nationale.)

de sa noble maison, me fit les compliments d'usage, et ne
voulut jamais passer devant moi : on ne pouvait être plus
gracieux. La visite de Bordeu, rapprochée de celle-ci,
permettait à mon imagination de s'exercer. Arrivée au salon,
je m'y arrêtai : je lui présentai un fauteuil me préparant à me
tenir debout; mais lui, le prenant de ma main, me le donna,
me força à l'accepter, et se plaça sur celui le plus proche. Je
compris qu'une conversation en règle précéderait tout autre
incident.

« Mademoiselle, me dit S. A. S., j'ai souhaité me
charger moi-même d'un soin dont en général on se repose
sur autrui. Mais mon cœur me fait un devoir de ce qu'on
peut trouver étrange, et je suis venu vous demander la permission de vous présenter un très jeune homme, passablement bien né (1), qui débutera dans le monde, et qui profi-
tera, s'il y entre sous vos auspices; car vous voyez bonne
compagnie, et M. Bordeu m'a répondu de votre probité. »

A mesure que S. A. S. parlait, j'admirais avec quelle politesse délicate elle m'annonçait ces intentions. Je commençais à entrevoir le rôle qu'on me destinait. Je ne pus
m'empêcher de rougir, et ma modestie plut au prince. Il
ajouta que c'était monseigneur le duc de Bourbon, son fils,
qui me ferait l'honneur insigne de me rendre ses devoirs. Je
répète sacramentellement ses propres paroles; je ne pus
toutefois me retenir de m'écrier :

« Mais, monseigneur, vous le faites débuter bien jeune.

— Oui, sans doute, si on l'abandonnait à lui-même;
mais sous ma surveillance et avec de bons procédés... Je le
marie demain avec Mlle d'Orléans, et bien que les jeunes
époux ne soient pas destinés à entrer soudain en ménage, il
est bon que mon fils ne soit étranger à rien de ce qu'un chef
de maison doit connaître: administration, finances, politique
et le reste. »

---

(1) C'est celui qu'on appellera « le dernier des Condé » et qui mourra
tragiquement le 26 août 1830.

Je souris, et ma réponse prouva au prince mon profond dévouement et ma soumission extrême à tout ce qui me viendrait de sa part. J'ai toujours été royaliste, j'ai toujours aimé les Bourbons, d'abord à cause de leurs qualités, puis par reconnaissance, enfin parce que je ne leur suis pas étrangère. S. A. S. parut contente de mes sentiments. Ce fut avec tous les ménagements imaginables qu'il ramena la conversation sur le point où Bordeu l'avait laissée, et je jurai mon obéissance.

S. A. S. m'en témoigna sa gratitude en exagérant mon mérite, en me remerciant comme si j'eusse fait le plus grand des sacrifices. Qu'ils ont tous été mal connus, ceux de cette auguste famille! Pourquoi toute la France n'a-t-elle pu les approcher! Elle aurait appris à les connaître, et par conséquent à les aimer, n'aurait ajouté aucune foi à d'odieuses calomnies, et aujourd'hui, loin de les assassiner ou de les poursuivre avec rage, les verrait à sa tête travailler à sa gloire autant qu'à son bonheur.

Tout alla pour le mieux; le prince, en excellent père, me donna ses instructions voilées par des tournures de phrases d'une délicatesse extrême. Je promis de m'y conformer de point en point. M. le duc de Bourbon était dans son adolescence, et la théorie devait naturellement devancer la pratique. Je ne sais pourquoi le prince de Condé me dit tout à coup :

« Mademoiselle, le sort du malheureux prince de Penthièvre m'épouvante, et je tiens à ce que ma succession n'aille pas augmenter la fortune de la maison d'Orléans. »

Je me tus, et cela parce que je voyais trop loin peut-être. Le prince passa rapidement à un autre texte, me parla de la comédie nouvelle jouée aux Français; et se levant pour me quitter, ne laissa point de me baiser la main. Il y a dans la haute politesse quelque chose d'entraînant qui commande le respect envers celui qui s'en sert.

Plusieurs jours s'écoulèrent encore; j'attendis celui où on m'appellerait pour commencer mon protectorat; il brilla enfin. Je peux dire avec l'assentiment de ma conscience que je me conduisis en maître habile et sage tout à la fois; il y eut de ma part autant de retenue que de discrétion. Il en résulta que, le mystère recouvrant cet épisode intéressant de ma vie, on ne le connut qu'assez tard et, à l'époque où l'on signala mes rapports avec monseigneur le duc de Bourbon comme ne faisant que de commencer, ils étaient suspendus depuis longtemps; je ne dis pas que depuis... Mais alors S. A. S. n'était plus en tutelle, on ne pouvait aucunement me rendre responsable des suites. A l'époque dont je parle, il était beau autant que l'amour; il avait son impétuosité : il en donna des preuves, lorsque, lassé de vivre séparé de sa jeune femme, il l'enleva galamment du saint monastère où elle était à demeure. La jeunesse de M. le duc de Bourbon donnait une haute idée de ce qu'il serait à sa majorité. Les circonstances jusqu'à la Révolution ne lui ont pas facilité les moyens de se montrer à son avantage, hors en une seule, lors de son malheureux duel avec monseigneur le comte d'Artois (1). Maintenant, au milieu de l'exil, il manifeste son courage, soit les armes à la main, soit dans la manière dont il supporte ses infortunes.

Comment ces leçons, que j'avais été appelée à donner, ne me feraient-elles pas souvenir d'une autre aventure?

Plus tard, M. le comte de Modène, gentilhomme d'honneur de Mgr le comte de Provence et fort avant dans les bonnes grâces du prince, qu'il partageait avec MM. de Montesquieu-Fezensac et d'Avaray, me fit demander une entrevue.

M. de Modène ne manquait ni d'esprit ni de souplesse; courtisan consommé, habile à saisir le vent et à faire son chemin, il devait aller loin, si la Révolution ne l'eût arrêté. Il a suivi son maître dans l'émigration; j'ignore où il se trouve maintenant (2).

Rassurée à sa vue, je lui fis l'accueil auquel il avait droit.

____

(1) Voir la préface.
(2) Émigra en 1791 et mourut en Allemagne, vers 1799.

LE DERNIER DES CONDÉ

Il y répondit d'une manière fort agréable, et s'excusa de l'espèce d'incognito dont il s'était enveloppé, en le rejetant sur la mission diplomatique qu'il venait remplir auprès de moi.

« Déjà dans la carrière des ambassades? dis-je. Vous irez loin, monsieur le chevalier.

— J'espère bien vérifier votre pronostic, et rencontrer des occasions de prouver à l'État mon zèle...

— Et votre capacité?

— Du moins, mon dévouement sans bornes. Mais, Mademoiselle, vous plairait-il, sous mes auspices, de faire un voyage de quelques heures à Versailles?

— Un voyage? et vous venez en ambassadeur?

— Oui, et de la part... Excusez-moi si je tais le nom de celui qui m'a confié ses intérêts. »

J'entrevoyais quelque escapade piquante; peut-être me trompais-je, et voulant m'en éclaircir :

« Que vais-je faire à Versailles? Qui demanderai-je?

— Mais... votre très humble serviteur.

— Eh quoi! m'écriai-je un peu désappointée, ne pouvez-vous m'épargner cette course?

— Non, répondit-il en riant; je suis à Paris hors de ma sphère. Tout poisson ne vit que dans l'eau : la mienne est à Versailles; c'est là que je dois causer avec vous. »

Le brave seigneur ne faisait pas attention à ce qu'avaient de rapport parfait sa comparaison et sa démarche ; j'en eus un rire fou intérieur, que j'étouffai du mieux possible : je craignais que l'application ne lui plût pas.

— Vous êtes, messieurs de la Cour, bien capricieux.

— Ainsi, Mademoiselle, vous sera-t-il convenable de venir demain au Château, également en habit de mystère, me faire l'honneur insigne de me demander ?

— Et après ? Monsieur.

— Après ?... répéta le gentilhomme d'honneur, surpris de ma question. Vous saurez... Tant de bonheur n'est pas fait pour moi. »

Cette phrase ambiguë me parut très claire. M. de Modène ajouta :

« Il doit vous sembler singulier que je vous recommande la discrétion. Il y aurait du péril à se livrer au plaisir de trop parler.

— Monsieur, repartis-je, on accuse les femmes d'aimer à tout redire : on feint d'ignorer que ce qu'elles savent taire est toujours ce qu'autrui tiendrait le plus à savoir. A demain donc. Donnez-moi l'heure ? »

Il le fit, me dicta ce que j'aurais à dire, puis me salua et s'en fut.

Je fus, le jour suivant, exacte, et j'étais à Versailles avant le moment indiqué. Il me fallut faire un travail pour me démêler des détours, des corridors, des escaliers de service que j'eus à parcourir, avant d'arriver à l'appartement du chevalier de Modène, par ce qu'on appelait les dégagements intérieurs.

J'atteignis enfin le but, non sans m'être mille fois perdue ; on eût mieux fait de charger quelqu'un de m'en enseigner les détours. Mais il fallait que ma venue n'eût rien de préparé, qu'elle pût être uniquement attribuée au hasard. Le lieu où je me trouvais nécessitait une foule de précautions minutieuses, capables de dérouter la curiosité inquiète de ses habitants. A la Cour, on se cache de tout le monde, même pour les actions indifférentes, jugez des autres! et on a raison; car, comme chacun y combat contre tous, il est bon de ne fournir à aucun des armes avec lesquelles on puisse vous nuire,

Je heurtai à une porte un peu au hasard.

« Que désire Madame?

— Je voudrais parler au chevalier de Modène.

— Il est occupé, ne peut recevoir personne; mais si Madame veut attendre dans le cabinet voisin?

— Volontiers. »

Le laquais ouvrit une porte, et je m'installai dans une petite pièce où je croyais passer beaucoup de temps. Je me trompais, car presque aussitôt que je fus assise, le chevalier de Modène entra; il me complimenta sur mon exactitude, puis me dit :

« Nous sommes ici en lieu peu sûr; voulez-vous me suivre? »

Il toucha un bouton, un panneau joua, s'écarta, et je vis en dehors un petit escalier étroit et éclairé par des lampes. Le chevalier de Modène m'y précéda et descendit devant moi, car il lui était impossible de me donner la main.

« Allons-nous aux enfers? demandai-je.

— Plutôt dans l'Olympe. Nous sommes ici au séjour des dieux, et il est assez commun d'en rencontrer quelqu'un au moment où l'on s'y attend le moins. »

Ces mots achevèrent de me convaincre de ce que je soupçonnais déjà.

Nous atteignîmes les derniers degrés, et le chevalier ouvrit une porte, il me prit par le bras, me poussa devant lui, se recula et disparut... Les ténèbres du petit escalier m'avaient déjà familiarisée avec le peu de jour qui éclairait cette portion du château de Versailles; aussi je pus distinguer assez bien la chambre où je me trouvais, et surtout la personne qui déjà y était avant moi. Elle me frappa, bien que peut-être je dusse m'attendre à paraître devant elle.

C'était un jeune homme ayant vingt ans environ, aussi beau de visage que rempli de noblesse; il avait des yeux superbes, spirituels, non sans une teinte de malice, et la même expression se retrouvait sur ses lèvres colorées; sa peau était blanche et rosée aussi; son nez aquilin ne déparait pas sa figure. Cet ensemble aurait été accompli, si le reste du corps n'eût déjà péché par une ampleur peu commune; cette conformation gênait la marche de ce personnage que, d'ailleurs, je connaissais très bien (1).

Il était assis lorsque j'entrai; il se leva aussitôt, il me salua avec une grâce toute particulière, et me dit qu'il me savait gré de ma venue.

« Vous vous attendiez à trouver mieux peut-être?

— Je n'ai jamais, repartis-je, élevé ma pensée jusqu'à Jupiter.

— Puisque vous connaissez la mythologie, vous savez aussi que souvent une parole indiscrète a causé de grands malheurs aux mortels? »

Cette observation me déplut. Je n'en fis rien connaître. La conversation s'engagea. Ce beau seigneur prétendit avoir eu toujours un vif désir de me connaître. Si la chose était vraie, il ne se mit guère en mesure de me le prouver. Nous causions; j'attendais toujours qu'il m'expliquât le but de ce rendez-vous : cela tardait infiniment, et déjà ma vanité entrait en souffrance. Nous passions d'un texte à l'autre. L'esprit ne manquait pas à mon interlocuteur, à défaut du reste; mais de l'esprit sans trêve fatigue... Je souffrais... Il essaya de changer de leçon, ce fut en vain... Ou il ne savait

---

(1) « C'était (le comte de Provence) un gros pansu, qui vous parlait des femmes et des feux d'amour, à dix-huit ans, comme il avait fait des glaces du pôle antarctique et de la frigidité de la lune. Le duc d'Ayen disait de lui que c'était un drôle de jeune prince et qu'il y avait en lui de la vieille femme et du chapon, du fils de France et de l'homme de collège... Il était formaliste et cynique. » *(Souvenirs de la marquise de Créquy.)* Alors, il aimait fort les mystifications. C'est lui, par exemple, qui avait fait insérer dans le *Mercure* une sorte de procès-verbal de la douane de Marseille, au sujet de l'ouverture d'une malle où le consul d'Alexandrie avait mis des œufs de crocodile, lesquels étaient éclos pendant la traversée, à la grande épouvante des douaniers. Le *Journal des Savants* discuta gravement la possibilité du fait.

traiter qu'un sujet, ou, pour cette fois, je manquais de puissance. Quoi qu'il en soit, et après une séance de deux heures toute employée à parler, on me baisa la main, on sonna; le chevalier de Modène parut et Monsieur..., se tournant vers moi en me montrant ce gentilhomme :

« Mon chancelier vous dira le reste. »

Il se mit à rire. En vérité, il n'y avait pas de quoi, et je prétendais tout bas que Monsieur eût pu choisir une autre façon de parodier un mot fameux du père de sa grand'mère. J'étais confuse pour lui; c'était prendre un inutile soin, car il ne se montra aucunement embarrassé, accoutumé sans doute qu'il était à cette manière de recevoir les dames. Le chevalier de Modène m'emmena soudainement; je partis sans regret, et dès que nous fûmes dans l'escalier, mon introducteur me dit :

« Eh bien? Mademoiselle, regrettez-vous la course que je vous ai fait faire?

— Non certainement, Monsieur, car elle m'a procuré la solution d'un problème que, l'autre soir, on proposait chez moi : il s'agissait, qui du mari ou de la femme, pouvait ou ne pouvait pas?

— Voilà des thèmes de causerie bien indiscrets, répliqua-t-il à voix basse. Puis se déridant, car nous ne pouvions plus être entendus de Monsieur : Il a donc aussi joué de malheur avec vous?

— De malheur complet, et je le crains irréparable.

— On ne peut tout avoir en ce monde.

— Je m'en aperçois. Ah! qu'il ressemble peu à notre auguste roi!

— On prétend que celui-ci a épuisé le bonheur de sa famille... Toutefois, Mademoiselle, si vous avez à vous plaindre, faites comme le barbier du roi Midas, ne contez la chose qu'à la terre.

— Monsieur le chevalier, répliquai-je, un motif supérieur à tout me commandera le silence : mon amour-propre cruellement offensé.

— Ah! reprit M. de Modène, que les femmes sont exigeantes! Elles veulent que dans aucun temps on ne décline le combat. Savez-vous que les Espagnols disent d'un homme : Il fut brave tel jour.

— Tant pis pour lui, Monsieur. Vous avez dit vrai, nous n'aimons pas une valeur intermittente; et si les Espagnols s'en accommodent, je suis certaine que les Espagnoles n'en font pas autant. »

On servit peu après une collation. Je n'y fis pas honneur; je n'étais nullement lasse. Lorsque l'on eut desservi, le chevalier de Modène voulut renouer la conversation où son maître l'avait laissée.

« Non pas, s'il vous plaît, dis-je, je suis superstitieuse, et si un double malheur m'arrivait, j'y verrais le présage de quelque grande infortune. »

Mon compagnon n'insista pas, et au peu de vivacité de sa galanterie, je ne pus m'empêcher de répéter ces deux vers si fameux de Marot :

> Monsieur l'abbé et monsieur son valet
> Sont tous les deux faits de la même cire.

Au demeurant, un peu plus tard, je fus bien dédommagée par un charmant prince de la même famille (1). Ici avec autant de grâce, un esprit plus vif et plus naturel, je rencontrai un fond solide dont il est permis de faire cas.

M. de Modène me remit une bonbonnière en cristal de roche; elle renfermait deux bagues. Je ris toute seule pendant le reste de la route; mais une fois de retour à Paris, je fermai la bouche et oubliai cette aventure. Je ne m'en suis ressouvenue que prise du bel accès de franchise qui me pousse à couvrir ces feuillets de papier de ma petite écriture serrée.

---

(1) Le comte d'Artois. On a vu, dans la préface, le crédit que gardait auprès de lui Mlle Duthé. Le futur Charles X, celui que les caricatures devaient appeler, un jour, le « Pieu Monarque », était alors « rempli de vivacité d'esprit, de bonté naïve et de grâce naturelle ».

Tandis que j'en suis sur cet article de mes leçons, heureuses ou malheureuses, je devrais rappeler un singulier entretien que j'eus un jour avec une femme de qualité, j'oserai dire de très haute qualité, qui me fit demander un jour un mystérieux rendez-vous sous les arcades du cloître des Chartreux. Mais je rougirais vraiment de le rapporter tel quel.

« Vous avez plu à mon mari, me dit-elle brusquement, je vous en ai voulu à mort.

— Pendant longtemps?

— Oui, tant que je l'ai aimé. Mais je ne suis pas femme à me retenir dans la pleurnicherie, j'ai pris mon parti, je compte le prendre mieux encore. »

J'eus lieu d'être surprise en effet, de la tournure que prit bientôt la conversation, car elle aboutit à une étrange consultation. Il ne s'agissait rien moins que lui recommander, en toute confiance, l'homme dont je pouvais le mieux répondre. On entend ce que cela signifiait et qu'il ne s'agissait point de ses qualités morales. Je demeurai stupéfaite de sa franchise de bon appétit.

« Peu m'importe, ajoute-t-elle, la position sociale, et si par cas, vous avez bien trouvé au bas de l'escalier, je ne peux faire faute en y descendant avec vous... »

Cette audace d'une personne de haut rang, que j'avais bien reconnue, encore qu'elle se cachât le visage, me causait une manière de consternation.

« En vérité, Madame... dis-je, embarrassée.

— Je ne vous croyais point si sotte, reprit-elle. Je me moque de tout. Ayez le même courage, vous vous en trouverez bien, venons donc au fait, et renseignez-moi en toute exactitude. »

Je me tirai de ce cas délicat par une ironique espièglerie. Je fis une grande révérence et je lui dis avec toutes les apparences du sérieux, en riant à part moi de sa surprise :

« En conscience, Madame, j'ai le meilleur souvenir du monde de Monsieur votre mari... »

XV

En ces heures où, après la terrible tourmente, semblent se reformer sans cesse de nouveaux orages, je t'écris, Sophie, par un besoin d'échapper au temps présent et pour raviver d'aimables souvenirs. Tout ce qu'annoncent les papiers publics me fait horreur; je me réfugie dans le passé. Dieux! qu'a-t-on fait de notre Opéra d'autrefois? Le débordement révolutionnaire ne l'a pas épargné, lui non plus, et quels spectacles on a donnés sur cette scène où « papillonnait » l'inten-

LA GUIMARD

Gravé par Porreau d'après un pastel du temps.

dant des Menus, le pauvre M. de la Ferté ! Où est le temps du divin *Orphée*, de *Cythère assiégée*, d'*Aline, reine de Golconde*, d'*Endymion*, d'*Alexis et Daphné*, de la *Fête de Mirza* (1)!...

« Sais-tu, me dit un jour Le Clerc, le scandale survenu ce matin à l'Opéra?

— Non.

— Mlle Laguerre (2) a été prise en flagrant délit.

— C'est tout simple, fis-je, cette fille ne peut se tenir en paix. Mais quel est le coupable? Est-ce un laquais?

— Ni moins ni plus que le président de Meslay, de la Chambre des Comptes.

— Il lui donnait quittance de quelque reliquat arriéré. »
Le Clerc sourit de cette mauvaise plaisanterie.

« Il y avait répétition, continua-t-elle, l'heure était

---

(1) Parmi les ouvrages portant la couleur révolutionnaire joués à l'Opéra, on peut citer : *le Triomphe de la République*, paroles de Chénier, musique de Gossec ; *la Montagne* ou la *Fondation du Temple de la Liberté*, poème de Dessiaux, musique de Fontenelle ; *la Fête de la Raison* ou *la Raison républicaine*, poème de Sylvain Maréchal, musique de Grétry ; *Toulon soumis*, poème de Fabre d'Olivet, musique de Rochefort ; *la Journée du 10 avril* ou *la Chute du dernier tyran*, poème de Saulnier et Darrieux, musique de Kreutzer, etc.

(2) « Une très belle voix, une figure passable, une âme de boue, voilà de quoi aller très loin (*Correspondance secrète*). Mlle Laguerre (Marie-Joséphine, 1755-1783), ruina coup sur coup le prince de Bouillon et le fermier général Haudry de Soucy. On raconte qu'elle avait prévenu Haudry de Soucy que, malgré son immense fortune, il n'en avait pas pour deux ans avec elle. Elle avait l'habitude de se surexciter, quand elle chantait, par du champagne. A la deuxième représentation d'*Iphigénie en Tauride* de Piccini (janvier 1781) elle parut sur la scène ivre, au point que, après la fin du premier acte, elle tomba sur une figurante qu'il fallut aussitôt plonger dans un bain. Soulagée, Mlle Laguerre put chanter sa partition jusqu'à la fin. On sait, à cette occasion, le mot de Sophie Arnould : « Ce n'est pas *Iphigénie en Tauride*, c'est *Iphigénie en Champagne!* » Mlle Laguerre fut envoyée au For-l'Évêque. Elle en sortit pour tenir son rôle dans la troisième représentation. « Elle chanta comme un ange », si bien que, au dernier acte, on lui apporta son ordre de liberté, que Piccini lui-même, ne pouvant la remplacer par aucune cantatrice d'égale valeur, s'en était allé solliciter. On dit qu'il est incroyable, combien s'est bu de différentes sortes d'excellents vins, au For-l'Évêque pendant sa résidence dans cette prison. Les guichetiers regrettent beaucoup cette brillante pensionnaire. » Voir Funck-Brentano, *la Bastille des Comédiens*, p. 231.

MADEMOISELLE GUIMARD
(d'après une lithographie de Célestin Nanteuil.)

venue, on allait çà et là ramasser le troupeau. Rebel (le directeur général) impatienté des retards oublie sa gravité et son cordon de Saint-Michel et va lui-même frapper de porte en porte. Il en ouvre une seule et il voit... Aussitôt la colère l'enflamme, il tempête, il menace, et M. le premier président se sauve sans être décemment vêtu. Laguerre rit en faisant mine de pleurer, on s'amasse, on chuchote. Rebel déclare qu'il faut faire un exemple.

— Un exemple? Pendrait-on Laguerre? L'enverrait-on servir sur les galères du roi?

— On ne sait encore ce qu'on fera, mais on assure que l'on sévira. »

Ceci nous intrigua beaucoup, car, à l'Opéra, qui est à l'abri d'un pareil malheur? Une foule de jeunes seigneurs allèrent, *in fiochi*, se faire inscrire chez le président de Meslay, selon l'usage voulu dans les événements majeurs de la vie : chacun accompagna son nom de celui de sa maîtresse.

La plaisanterie occasionna un tapage sans exemple. Le roi le sut et s'en amusa beaucoup.

Cependant on travaillait en chœur à confondre le projet ridicule des fanatiques; on s'écriait contre leur prétention odieuse de vouloir punir, en manière de crime, une distraction qui avait été au moins sans préméditation arrêtée. Le ministre de la maison du roi s'intéressa à Mlle Laguerre, il fut le premier qui recommanda la douceur au vénérable consistoire de l'Opéra. Sachant que Rebel faisait le récalcitrant, il le manda devant lui.

« Voilà, lui dit-il, un grand tumulte pour peu de chose.

— Ah! Monseigneur, et le bon exemple! et les mœurs!

— L'exemple est parfait, c'est celui du genre. Quant aux mœurs, dites-moi, Rebel, ce que vous voulez en faire à l'Opéra? D'ailleurs, soyons juste; il y a selon vous deux coupables : le délit est le même. Ferez-vous comparaître devant vous le président de la Chambre des Comptes? Non, sans doute. Ce respectable magistrat se moquera de vous; ainsi vous n'obtiendrez que la moitié d'une punition. Croyez-moi, lavez la tête à Mlle Laguerre, et que tout soit dit. Le roi, d'ailleurs, trouve bon que cette affaire soit assoupie. »

Rebel, à ces derniers mots, s'humilia, il promit que Laguerre serait traitée avec douceur, et la chose, en effet, se réalisa : il n'y eut d'exemple donné que celui fourni par la chanteuse, qui, au reste, y gagna beaucoup. Ce fut à la suite de cette échauffourée, que le duc de Bouillon, grand

chambellan, devint amoureux d'elle, la plaça sur le pinacle,
et fit sécher de dépit beaucoup d'entre nous, en se ruinant à
moitié pour elle. Ah! Sophie, oui, c'était alors le bon temps.
Quelle différence affreuse avec celui qui s'écoule maintenant!

Guimard, toujours de plus en plus heureuse, aussi, alla,

LA MAISON DE Mlle GUIMARD A LA CHAUSSÉE-D'ANTIN

vers la même époque, habiter sa maison délicieuse, rue de la
Chaussée-d'Antin. Nous fûmes, et Paris le fut avec nous,
éblouies du luxe de cet hôtel, bâti sur le dessin de l'architecte Ledoux. Rien n'y manquait, pas même une salle de
spectacle construite en petit sur le modèle de celle de Versailles, et pouvant contenir cinq cents personnes. Les pein-

tures du plafond du devant des loges et les décorations
étaient de Taraval (1), peintre du roi. On appela, dès le
principe, cette demeure somptueuse, le « Temple de Terpsi-
chore ». Ce nom s'appliquait également à la maîtresse du
lieu et à un magnifique groupe sculpté par Le Comte, et
posé au-dessus des quatre colonnes de l'entrée; il représente
cette muse couronnée par Apollon. L'artiste a donné à la
première les traits de Mlle Guimard.

La première pièce jouée sur ce théâtre fut *la Partie de
chasse de Henri IV*, de Collé, dont on n'avait pas voulu permettre la représentation à la Comédie-Française; on y joignit
la Vérité dans le vin, parade presque indécente du même
auteur (2). Les comédiens du roi remplissaient les rôles dans
l'un et autre ouvrage. Ce qui rendit cette soirée intéressante
fut principalement le triomphe obtenu par Guimard sur le
duc de Richelieu. Ce seigneur, toujours disposé à être
désagréable à l'univers entier, s'était avisé de ne vouloir
permettre que les comédiens français jouassent chez notre
camarade. Le prince de Soubise, appuyé de la du Barry et du
comte de Saint-Florentin, fait, si je ne me trompe, duc tout
nouvellement, sous le nom de La Vrillière; le prince de Soubise, dis-je, alla au roi, et en obtint l'ordre formel pour que

---

(1) Taraval (1728-1785). Deux plafonds de Taraval, *le Triomphe de Bacchus*
et *le Triomphe d'Amphitrite* se trouvent au Louvre. Les *Souvenirs* oublient
un peu légèrement Fragonard parmi les artistes qui décorèrent l'hôtel de
Mlle Guimard. La description de cet hôtel a été faite dans la *Correspondance
secrète* de Metra. Edmond de Goncourt l'a complétée à l'aide d'estampes contemporaines et des plans que donna l'architecte Kraft « des plus belles maisons de Paris ». La Guimard vendit son hôtel en 1786; il fut démoli en 1844.

(2) L'histoire de cette représentation a été cent fois faite. *La Vérité dans
le vin* fit-elle vraiment partie de ce spectacle? « Le but moral de cette pièce,
dit Collé sans rire, est la punition de la galanterie. C'est dans cette intention que l'auteur a chargé de ridicules excessifs les deux femmes galantes
qu'on a introduites; c'est dans cette vue qu'il fait passer celle qui fait son
principal personnage, par les dégoûts les plus cruels et les plus humiliants;
conséquemment c'est par cette raison que le vrai et seul titre de cette comédie doit être: *les Désagréments de la galanterie*. (*Théâtre de Société*, tome II,
chez Gueffier, 1777.) On sait que, à côté de ces spectacles, il s'en donna,
chez la Guimard, de complètement graveleux. (Voir *les Théâtres libertins au*
XVIIIe *siècle*, de MM. H. d'Alméras et P. d'Estrée.)

la défense du duc de Richelieu fût levée. Ce coup d'éclat causa une rude humiliation à ce fier seigneur.

L'ouverture de ce théâtre eut lieu le 8 décembre. Le duc de Chartres et le prince de La Marche vinrent ce jour-là chez Guimard, radieuse d'un tel honneur. Chacune de nous s'y rendit magnifiquement parée; nous étions couvertes de diamants et de pierres précieuses, le coup d'œil était à éblouir.

Je portais une robe de velours bleu clair, brodée en or et clinquant; je parus radieuse, ayant d'ailleurs sur la tête plusieurs belles plumes blanches, sorte de coiffure que j'affectionnais beaucoup. C'est de moi que la dauphine prit cette mode charmante, qui, à son imitation, devint universelle; je sais que la première fois que je l'employai, je causai à l'Opéra une sorte d'insurrection; celles qui trouvaient qu'elle m'allait à ravir me taxèrent d'impertinence, je m'en moquai, et fus heureuse d'avoir produit l'effet que j'en attendais.

Peu de temps après, Mlle Guimard, que j'allai voir, me reçut avec une mine de déterrée.

« Qu'as-tu, ma toute belle, dis-je.

— M. de Laborde est un monstre.

— Un si galant homme !

— Fiez-vous y !

— Si généreux !

— Que le ciel te sauve de certains de ses cadeaux !

— Comment?

— Oui, ma chère, ce qu'il m'a donné, je l'ai rendu sans malice au prince de Soubise; celui-là, sans le savoir non plus, en a gratifié Mme de L'Hôpital, laquelle s'est revanchée sur le comte de La Marche, et celui-ci...

— Grands dieux! Et que résulte-t-il de cette généalogie si bien établie?

— Que le comte de La Marche a failli battre Mme de L'Hôpital, que celle-ci a rudement querellé le prince de Soubise, lequel est venu me faire une scène affreuse, et moi, par contre-coup, j'ai mis à la porte M. de Laborde.

— Et sa fortune aussi?

— Oui, et c'est ce qui me fâche, mais pouvais-je faire moins pour mon honneur? Le prince m'a promis de me dédommager.

— Je doute qu'il le fasse : il s'épuise et tu le verras bientôt à sec. »

Guimard était encore tout échauffée de son malheur, et pas en mesure d'écouter la voix de la raison : elle persista dans sa colère. M. de Laborde, qui s'avisait d'avoir pour elle une véritable passion, en éprouva une douleur qui, à force d'être vraie, nous parut ridicule. Il y a une manière de placer le sentiment qui, loin d'en faire une qualité, le forme en défaut. M. de Laborde, au lieu de prendre une autre maitresse, s'en alla en Italie, passa à Ferney, vit Voltaire à qui il apporta deux baisers de la part de Mme du Barry. On connait la lettre que, en cette occasion, il écrivit à la favorite de Louis XV; elle fit grand fracas; il y avait de quoi. Au reste le philosophe de Ferney était accoutumé à brûler de l'encens en l'honneur de ces divinités.

Ce même mois, cette même année, débuta à la Comédie-Française Mlle Raucourt (1), si célèbre depuis dans les

---

(1) Mlle Raucourt débuta dans *Didon*. Papillon de la Ferté dans son *Journal* enregistre ce succès tout en désapprouvant l'excès de l'enthousiasme. Il n'admet pas la demande du public de donner une représentation au profit de l'actrice. « M. le Maréchal a ordonné aux semainiers, dans le cas où on renouvellerait cette demande, de répondre que le roi la désapprouvait. » Le 24 janvier 1773, Mlle Raucourt jouait Monime et Mme du Barry lui faisait présent « d'un habit de 8 à 9.000 livres ». Mais voici ce qu'écrivaient d'elles *les Annales dramatiques*, en 1811 : « Semblable à nos vieux capitaines, Mlle Raucourt supplée à la vigueur qui lui manque, par une tactique de quarante années; comme eux, elle connaît son terrain à fond. Rien n'échappe à l'œil observateur d'un général à cheveux blancs : ses bataillons, il les a vu former; ses soldats, il les a vus naitre; il les connaît, pour ainsi dire, tous par leur nom; de même, cette vieille et célèbre actrice connaît son théâtre. Il n'est pas une inflexion, une attitude, il n'est pas un geste dont elle n'ait étudié et calculé l'effet. Soyons justes : elle a trop fait pour la scène, elle a moissonné assez de lauriers; il est temps qu'elle songe à la retraite. » — « La nature semblait l'avoir formée pour en faire une reine du théâtre; cinq pieds cinq pouces, belle tête, poumons robustes, superbe menton, physionomie expressive, enfin toutes les qualités physiques se trouvaient réunies en elle. Elle n'eut jamais un grand fonds de sensibilité, mais elle y suppléait par ce que l'art a de plus savant et de mieux combiné. Son organe un peu voilé,

annales de Cythère; jamais actrice ne fit tant de bruit. Lorsqu'elle parut pour la première fois, le public s'engoua de celle-ci d'une façon stupéfiante. Raucourt n'avait guère de talent : on peut le voir encore et le soutenir, malgré l'extravagance de ses partisans; mais on s'avisa de la trouver merveilleusement belle. Il est certain qu'elle avait un éclat propre à séduire; elle était faite à peindre. Mais les gazettes la louèrent avec un peu trop d'enthousiasme en disant « que de mémoire d'homme on n'avait jamais rien vu de comparable à ses débuts », qu'elle avait « une intelligence prodigieuse » et « le son de voix le plus enchanteur ». Pour moi, je lui trouvai un peu de roideur et d'embarras dans sa démarche.

Il est certain que les débuts de Raucourt portèrent l'épouvante dans le camp de la Comédie-Française. Les deux Sainval qui aspiraient au sceptre tragique, Mlle Vestris, qui s'attendait à le reconquérir, éprouvèrent de pénibles angoisses à la vue d'un succès aussi étourdissant (1).

---

ne se prêtait qu'avec peine à l'expression du sentiment, mais dans la fureur et le désespoir, il était excessivement tragique.(*Dictionnaire général du théâtre*, tome VIII, chez l'auteur, rue Bourtibourg, 9, 1812.) On sait le scandale de ses obsèques, le 17 janvier 1815, par suite de l'intolérance du curé de Saint-Roch et comment, pour que la cérémonie religieuse pût avoir lieu, il fallut l'intervention de Louis XVIII. La députation de comédiens qui lui avait été envoyée avait à sa tête Huet, acteur de l'Opéra-Comique; il fut écouté mais il semble qu'on lui sut assez mauvais gré de sa démarche. (Voir : Gaston Maugras, *les Comédiens hors la loi* et la très précieuse relation d'un témoin, Pierre Victor, dans les *Documents pour servir à l'Histoire du théâtre français sous la Restauration.*)

(1) Mlle Sainval l'aînée débuta en 1766 par le rôle d'Ariane. « Le trône que venait d'abandonner Mlle Dumesnil lui était échu, tout semblait lui annoncer le règne le plus heureux, lorsque Mlle Vestris se présenta pour le lui disputer. Le choc fut rude; on se battit de part et d'autre avec un acharnement plus facile à concevoir qu'à exprimer. En 1779, Mlle Sainval céda à sa belle rivale. » (*Dictionnaire dramatique*, 1808.) Mlle Sainval cadette débuta en 1772 dans Alzire, fut reçue en 1776, et obtint sa retraite en 1791. « Cette actrice était vraiment inimitable dans les rôles qui offrent une teinte douce. » Mlles Sainval étaient les filles de M. Alziary, seigneur de Roquefort, près de Grasse. Elles eurent un frère qui poursuivit une honorable carrière militaire. La famille n'est pas éteinte. Voir une étude de M. Paul Pourot dans *Revue d'art dramatique* (1890).

Le mérite de la débutante était relevé d'ailleurs par cette beauté qu'on trouvait merveilleuse; un autre genre de mérite se joignait à ceux-là. Mlle Raucourt était la vertu personnifiée, l'innocence, la candeur revenues habiter sur la terre. Ses parents proclamaient que celle-là n'entrerait pas sur le chemin commun; son père, disait-on, portait toujours des pistolets sur lui, afin de punir tout téméraire, tout papillon indiscret qui tenterait de flétrir cette rose céleste.

Ceci devint pour nous comédie plus amusante que les déclamations tragiques de Raucourt. Des paris s'ouvrirent pour fixer le moment où la belle vierge se lasserait de ce rôle si peu de mise au théâtre : on s'attendait à ce qu'elle sautât le pas. D'abord il n'en fut rien, elle persista pendant quelques mois, à notre grande surprise; enfin l'heure fatale sonna, et des bras d'un porteur d'eau, qui devint le premier heureux, par un de ces caprices de jolie femme, elle alla se reposer dans ceux d'un prince du sang, et de ceux-là, dans nombre d'autres. On sait qu'une fois lancée elle ne s'arrêta plus (1).

Le théâtre me mène à Monnet (2), l'ancien directeur de l'Opéra de Lyon, et auparavant, d'un grand nombre de spectacles. Il a eu le privilège des Italiens et de quelques autres spectacles. C'était un très brave homme, très complaisant, ami sûr et apprécié par les gens de la Cour auxquels il rendait une foule de ces services occultes qui, pour ne faire aucun éclat, n'en sont pas moins récompensés. Il vint un jour — c'était à la fin de 1773 — me demander s'il me serait agréable de recevoir un prince qui gardait un incognito profond. Ce prince était le duc de Glocester, frère du roi d'Angleterre. Le lendemain S. A. R. venait souper chez moi, en petit comité; Monnet et un seigneur de la suite du prince

----

(1) Voir, dans l'*Espion anglais*, tome X, le discours prêté à Mlle Raucourt comme présidente de la secte anandryne, pour la réception d'une jeune néophyte.

(2) Jean Monnet, directeur du théâtre de la Foire (1703-1785 ?). Voir ses *Mémoires*, avec introduction et notes de M. H. d'Alméras. (Louis-Michaud, éditeur.)

LA PROMENADE DE LONGCHAMPS EN 1774
(d'après une composition de Marcelin.)

y parurent seuls avec nous. Je dus sans doute me montrer à
mon avantage, car le prince me témoigna un vif désir de me
revoir. Il n'ignorait pas que j'avais été liée avec un des
sujets de son frère, cet original mylord d'Eggremont,
Anglais dans toute la force du terme, et qui n'estimait, au
vrai, que ses confrères les pairs d'Angleterre. C'était lui qui
m'avait supplié « de le faire enrager » et de ne pas lui donner un bonheur sans traverses et contrariétés. J'avais failli
l'aimer pour ces côtés singuliers de son caractère. La vérité
est qu'il fut moins philosophe qu'il avait promis de l'être ; il
n'est guère de philosophes en amour.

Les hommages du duc de Glocester, qui me furent
adressés le plus galamment du monde firent mourir de rage
Mlle Cléophile, dont la chronique se plut à faire ma rivale.
C'était une petite personne sèche, minaudière, demi-jolie,
demi-sotte, cousue d'orgueil et de prétentions, qui, depuis
peu sortie de l'ombre, s'efforçait d'attirer les regards de la
foule. Je me devais trouver, l'année suivante, engagée dans
une manière de duel, avec elle. C'était au Longchamps
de 1774. J'avais paru, le jeudi saint, dans une voiture à six
chevaux, modèle accompli de luxe et de magnificence ;
c'était le carrosse fameux, et dont on trouve partout la description, que le duc d'Aiguillon avait donné, deux ans auparavant, à la du Barry. Le roi s'était opposé à ce qu'elle s'en
servît ; il avait même exigé qu'il fût détruit. Les gens de la
comtesse prétendirent qu'il valait mieux le vendre. On le
déguisa par quelques changements ; on supprima les écus-
sons, et on me le proposa. Lord d'Eggremont l'acheta pour
moi, et je le gardai en grand mystère jusqu'à ce jour de
Longchamps, où je m'en servis sans qu'on le reconnût. Peu
de monde l'avait vu, et j'eus assez de prudence, l'ayant
acquis, pour ne pas m'en vanter.

Je produisis un effet extraordinaire ; cet équipage était
vraiment radieux. On en fit honneur au comte Radziwil, et
mes camarades en séchèrent de douleur. Le lendemain,
Cléophile essaya de lutter avec moi. Elle était à cette époque,

aux frais du comte d'Aranda, ambassadeur de la Cour
d'Espagne en France. Ce riche seigneur payait libéralement
les fantaisies de Cléophile, mais tout son or prodigué ne put,
en vingt-quatre heures improviser un carrosse pareil au
mien. On y suppléa par les housses, les caparaçons des six
chevaux que l'on attela au plus beau vis-à-vis que l'on put
trouver. C'étaient des harnachements de curiosité, enlevés
sur les Turcs dans la guerre de Hongrie. Leur forme bizarre
amusa ; on se demandait si Cléophile allait tenir la curiosité
et la vieille friperie (1).

Cette tentative maladroite servit de texte aux conversations ; on la comparait au char de Phaéton qui avait voulu
imiter celui du Soleil ; on affirmait qu'en guise de Jupiter, je foudroierais l'insensée aussitôt qu'il me plairait de
reparaître. Cette Cléophile m'était odieuse : on la prétendait
plus jeune que moi ; ce pouvait être au plus de deux ou trois
années, et on en faisait grand fracas.

Son grand orgueil fut de montrer dans sa loge, à l'Opéra,
le prince Radzivill qu'on savait s'intéresser à moi. Il fut
connu bientôt qu'il n'avait paru à côté de Cléophile, que
pour faire endéver le duc de Fronsac qui aspirait à l'enlever
au comte d'Aranda. Au demeurant, que ces rivalités sont
loin, et quelle ironie à les évoquer quand nos visages ont
pris des rides !

Je me sens lasse d'écrire, tant que j'aie de consolation à
penser en français en pays étranger. Que n'aurais-je pas encore de frivolités à demander à ma mémoire ! Mais je m'arrête à un souvenir bien singulier, car il me force à retrouver
un personnage dont j'ai parlé dans les premières pages de ces
cahiers. J'eus une belle peur : j'en avais eu déjà une, terrible,
aux fêtes du mariage du dauphin, où renversée, piétinée par
une foule dans l'affolement, à la suite de l'écroulement des
amphithéâtres construits en planches, j'avais été enlevée par

----

(1) On a vu que les *Mémoires* de Fleury font, au contraire, pencher la
victoire en faveur de Mlle Cléophile.

un homme qui m'avait conduite en une sorte de repaire, dont je ne m'étais échappée que par miracle. Mais cette fois...

M. Bordeu m'avait conseillé un séjour à la campagne : ma poitrine était fatiguée, je toussais, le lait d'ânesse me devenait nécessaire. Je choisis une habitation charmante dans l'étendue de la paroisse de Sceaux, où je fus m'installer. Un bois assez vaste l'environnait, en façon de forêt, et ma compagnie s'amusait à faire des contes sur les troupes de brigands qui s'y devaient abriter. Chacun prenait plaisir à imaginer un récit plus effrayant. On en riait fort, et moi la première, car je me pensais en parfaite sécurité. Le prince Radziwill se rendait presque chaque soir, d'ailleurs, à Meval (1) : (c'était le nom de ma châtellenie) et un personnel nombreux m'entourait. Mais est-on jamais en garde contre les coups du sort?

Il arriva que, un jour, je me querellai fort avec le comte de Radziwill (2), dont les assiduités m'étaient pourtant agréables. Jamais on ne ressembla mieux que lui à un héros de l'Arioste ou au frère d'Amadis, le beau Galaor. Tout se rapportait au roman en ce noble seigneur. Jeune et impétueux, il avait des façons magnifiques de se ruiner. Je n'ai guère connu d'aussi séduisant que lui que M. de Lauzun, dans le temps qu'il ne s'était point avisé de coiffer le bonnet rouge, qui n'assura pas son salut. M. de Lauzun, sans que ses propos perdissent de leur grâce et de leur délicatesse avait insensiblement des manières audacieuses qui finissaient par montrer chez lui un peu de dédain pour ses victimes : M. de Radziwill était un vainqueur plus généreux, obligeant

----

(1) Ce château de Meval a disparu. D'obligeantes recherches de M. Jean Mousnier ont permis d'établir qu'il devait se trouver du côté d'Aulnay, où on a gardé le souvenir d'un lieu dit « Mon Val ».

(2) Le prince Charles-Stanislas Radziwill (1734-1790), palatin de Wilna, dont le nom est associé aux luttes de la Pologne contre Catherine II. Cet homme de courage était aussi un homme de plaisir. C'est pendant un de ses exils qu'il séjourna à Paris, où il mena une existence fastueuse.

celles qu'il avaient vaincues à lui savoir gré de leur défaite. Je pensai être jalouse de lui, jusqu'à la fureur.

Notre querelle portait précisément sur ses galanteries à l'égard de Mlle Dervieux, nymphe ascendante à cette époque, déjà accablée par la malignité humaine. Il faut convenir qu'elle était charmante et ne mérita point les pamphlets et les chansons infâmes qui ne cessèrent de la harceler. Je la ménageai toujours; elle me traita moins bien. Mais, à ce moment, le dépit m'irritait contre elle. Je fis une scène violente à M. de Radziwill; nous nous piquâmes de propos en propos, et la chose alla si loin que le comte partit immédiatement après le dîner. J'en eus encore plus d'humeur qu'auparavant. Je demeurai boudeuse et maussade. Je quittai le salon de bonne heure et rentrai chez moi; je renvoyai mes femmes et quand je me vis seule, je me mis à pleurer : les larmes soulagent. Quand j'en eus assez versé, je pensai qu'il valait mieux rompre en entier avec un perfide. Je courus à mon secrétaire et me voilà à écrire une longue lettre; je la commençai en style ironique, puis je passai à la colère. L'indignation éclata avec tant de véhémence à la quatrième page que, nécessairement, il fallut baisser le ton à la cinquième. La sixième fut tout en reproches et, par degrés, j'en vins à témoigner plus que jamais un ardent amour à l'ingrat. Je touchais déjà à cet âge où la passion devient d'autant plus ardente qu'elle a un peu moins de confiance.

Ma lettre, à mesure qu'elle tirait sur sa fin, revenait donc à la tendresse; le courroux avait cédé au dépit, le dépit à la douleur et, des reproches j'en venais à proposer un pardon que, peut-être, j'eusse fait suivre d'une demande de grâce, si j'eusse continué.

Deux heures du matin sonnèrent à ma pendule. Je m'arrêtai, lasse de tenir la plume. Je me levai, je me promenai. Je réfléchissais. A quoi? A mille choses. Le champ de l'imagination est si vaste, lorsqu'une passion vive la travaille! Il me sembla que j'étouffais, que l'air me serait nécessaire; je me disposais à ouvrir une des croisées de ma chambre, qui s'ouvrait en porte sur le jardin, lorsque je crus entendre un bruit sourd, qui partait du cabinet de toilette... J'eus quelque frayeur... j'écoutai... Le silence avait repris.

« Bon, dis-je, c'est le vent... que serait-ce? »

Le bruit recommença. Il me parut celui d'un carreau de vitre qu'on casserait avec précaution. L'épouvante s'empara de moi à ce point que je demeurai immobile, sans qu'un cri put s'échapper de ma bouche, et que je pusse me diriger vers la cheminée, afin de tirer le cordon de sonnette, qui répondait à la chambre de mes femmes... Je me décidai enfin, mais j'avais à peine fait un pas vers la sonnette que la porte du cabinet s'ouvrit, et deux hommes entrèrent, l'un âgé et portant sur sa figure l'habitude du crime, l'autre...

Mes regards se croisèrent avec ceux de ce malheureux... Il avait le bras levé comme pour frapper. Sa main retomba, une stupeur l'accabla. Il eut la force, cependant, d'arrêter son compagnon, plus menaçant que lui. Il m'avait reconnue dans le même temps que je le reconnaissais moi-même...

Hélas, ce misérable ayant passé par tous les degrés du vice, et parvenu au plus bas, c'était ce Jacquot que naguère, j'avais si tendrement appelé Myrtil, c'était l'objet de mon premier amour, c'était mon petit voisin d'autrefois, que j'avais adoré, à qui j'avais sacrifié M. de Dillon!

Il contraignit son sinistre camarade, encore que celui-ci murmurât, à rebrousser chemin et lui-même disparut, comme si, tout criminel qu'il fût, il eût eu conscience de son abaissement. J'entendis les deux coquins s'en aller; je n'eus pas le courage de donner l'alarme; je demeurai seule, et de nouveau je pleurai. Je pleurais, cette fois, sur un joli souvenir de jeunesse, à jamais fané et flétri.

FIN

TABLE DES CHAPITRES

TABLE DES GRAVURES